U0071305

# 錯亂狂飆的毛時代

啓之 著

# 自序

這本書是一個貨郎擔，前面的擔子裝的是文革，後面的擔子裝的是評論。前者的寫作在近十年間，最早寫的是毛澤東的新人；最近寫的是江青的筆名。後者的寫作時間跨度更長，讀哈維爾的感想寫於上世紀末，《評梁啟超傳》則是前兩個月剛完成的。評論之中，還夾雜了幾篇述往憶舊的小文。活了一大把年紀，總有些值得說說的人和事。王年一的齎志而歿，劉向宏的抱恨長逝，北京四中的經歷，北京大學的見聞，老鄉給我的回扣，學界的「豬窩化」……林林總總，形形色色。對於大陸的把關人來說，統統是劣品私貨。

私貨見不得天日，在此岸無法問世。劣品不合規格，把關人要刪削斧正。刀斧手來自各類官媒，而號稱最敢言的《南方週末》則君子動嘴不動手。舉一個最近的例子，南周找人為《梁啟超傳》寫書評，知我在寫，大悅，來電索後告余：「大文確實是一篇佳作，神完氣足。只是，大文的尺度太寬了，我們這裡發表起來有困難，特別是十七加一大前後。我建議，您把與現實聯繫的一些話，都拿掉，然後我們再試試。如果此稿直接拿給領導去審，肯定被直接槍斃，那就無可挽回了。」

如此用心，可謂良苦。而「十七加一大」的自撰新詞更讓人感到形勢之肅殺。莞爾感慨之餘，揮淚自刪，從五千字刪到二千七，原標題《改良與革命》改為《多變善變梁啟超》。自以為如此痛下殺手，總可以通過。沒想到，主編先生在一番小小的躊躇之後，還是把它斃了。理由是「影射現實」。證據是文中引用了龍應台的一段話：「一百年之後我仍受梁啟超的文章感動，難道不是因為，儘管時光荏苒，百年浮沉，我所感受的痛苦仍是梁啟超的痛苦，我所不得不做的呼喊仍是梁啟超的呼喊？我自以為最鋒利的筆刀，自以為最真誠的反抗，哪一樣不是前人的重複？」

為什麼主編先生從中看到了「影射」，是因為，他從梁啟超時代的皇權想到了當今的「黨天下」，想到了結束專制，落實憲政，實施民主的艱難。他知道這一世界潮流，浩浩蕩蕩，順存逆亡，但是，為了安全地渡過十八大前後這一晦暗不明的敏感期，還是把此文槍斃了為好。他的選擇有相當的合理性，大部分人，包括我在內，在他的位置上都可能這樣做。後極權時代有一個重要特點，就是犬儒的普遍化。阿倫特說，即使是超級極權也無法奪去人們的思想，因此，思想是反抗專制的最後的武器。（大意）阿倫特為我們提供了一個識別犬儒的方法——判斷一個人是否犬儒，以及犬儒的程度如何，只消看看他對專制的態度。我們不妨以莫言為例。

前不久，莫言有一個著名的「答記者問」——

**南周記者**：你曾經講過這樣一個故事：哥德和貝多芬在路上並肩行走。突然對面來了國王和大批貴族，貝多芬昂道挺胸，從貴族中挺身而過。哥德退到路邊，畢恭畢敬地脫帽行禮。你說年輕的時候也認為貝多芬了不起，但隨著年齡的增長，就意識到，像貝多芬那樣做也許並不困難，但像哥德那樣反而需要巨大的勇氣。

**莫　言**：……隨著年齡的增長，對這個問題就有新的理解：當面對國王的儀仗揚長而去沒有任何風險且會贏得公眾鼓掌時，這樣做其實並不需要多少勇氣，而鞠躬致敬，會被萬人詬病，而且被拿來和貝多芬比較，這倒需要點勇氣。但他的教養，讓他跟大多數百姓一樣，站在路邊脫帽致敬。因為國王的儀仗隊不僅代表權勢，也代表很多複雜的東西，比如禮儀，比如國家的尊嚴。和許多象徵性的東西。英國王子結婚，戴安娜葬禮，萬人空巷，那麼多人看，你能說，路邊的觀眾全都是卑劣，沒有骨氣嗎？你往女皇的馬車上扔兩個臭雞蛋，就能代表勇敢、有骨氣嗎？所以當挑戰、蔑視、辱罵權貴沒有風險而且會贏得喝彩的時候，這樣做其實是說明不了什麼的。而跟大多數老百姓一樣，尊重世俗禮儀，是正常的。我一直反感那些不把自己當作普通老百姓的人，我看到那些模仿貝多芬的行為，就感到可笑。

（2012-10-18）

莫言這番言論的核心思想是「服從專制」，其論證方法是混淆是非，偷換概念。眾所周知，貝多芬是反封建反專制的音樂家，他在權貴面前昂首挺胸，不僅僅是由於個性高傲，還源於其骨子裡的「獨立之精神，自由之思想」。莫言只看到了貝多芬這樣做「沒有任何風險」，而沒有看到這種思想性格讓貝多芬付出的沉重代價——貝多芬五十七歲時在貧病之中死去。生無體制給予的富貴，死無來自國家的哀榮。

被莫言視為有著真正勇氣的哥德終生寄身於體制，從走出校門到八十二歲辭世，他大部分時間都是魏瑪公國的官員，從樞密公使的參贊到樞密顧問，從公國持政到文藝大臣。儘管哥德有人本思想，有文學成就，但是，這並不妨礙他為權貴服務。事實上，他本人也是權貴之一。看到國王貴族，這位帝國議員的兒子自然會畢恭畢敬。其恭敬的，除了莫言所說的禮儀，恐怕更多的是權勢，是體制，是社會等級。

權勢喜歡才子，更喜歡順民，哥德兼顧這兩種身分，自然更受恩寵。大公兩次送他帶花園的房子，後一幢房產在他死後成了國家博物館。哥德的低眉順眼換取了豐厚的回報：生有體制賜予的名利富貴，死有隆重的葬禮和官史的芳名。

莫言把貝多芬對權貴的蔑視，等同於向女王的馬車上扔雞蛋，不但污蔑了貝多芬，而且汙損了所有反抗專制的前輩後生。誰都知道，反抗專制與暴民行為是完全不同的兩回事。莫言把它們混為一談，無非是想告訴人們一個莫氏的理念：「反抗專制未必高尚，臣服專制未必可恥。」以此來為他手抄《講話》尋找臺階。

莫言說：「因為國王的儀仗隊不僅代表權勢，也代表很多複雜的東西，比如禮儀，比如國家的尊嚴和許多象徵性的東西。」這種說法忘記了一個基本前提，國王代表的是什麼國家？儀仗隊代表的是什麼政體？英國人在爭看英國王子結婚，戴安娜葬禮的同時，可以對他們品頭論足。而曾幾何時，中國人只要議論一下江青、林彪、毛澤東就犯了「惡攻」罪而生命不保。這兩個政體哪個值得尊重？

不用說，代表了民主的東西會贏得人民的尊重；而專制極權的象徵物則無法令人起敬，所以，李白痛恨「摧眉折腰事權貴」，傅山拒絕清廷的三邀四請，乾隆南巡到了金陵，吳敬梓「企腳高臥向栩床」；而章太炎則把袁世凱發的勳章，當成了扇墮兒。

身為作協副主席，享受著局級待遇的莫言，努力要把自己混同於「普遍老百姓」，無非是想用這個招牌掩飾自己對專制的態度——你看，老百姓都尊重世俗禮儀——向專制鞠躬，我為專制服務，為文網歌唱，不是很正常嗎？他忘了，自古以來，反抗專制的造反者都是「普遍老百姓」。

如果說，莫言是裝糊塗，那麼，龍應台則是真糊塗。記者問她：「在西方媒體看來，政治標準應是授獎的一個重要指標，在你看來是否應該如此？」

她回答：「我覺得挺煩的，我們到底有沒有單純的能力——就用文學來看文學？」

或許，龍應台看到南周主編的「影射說」會多少明白一點，能否「用文學來看文學」不在能力，而在條件——當今的大陸，跟當年的臺灣一樣，凡是與意識形態沾邊的，無論是文藝還是社科，都離不開政治。當年深受臺灣一黨專制之苦的龍應台，一旦當上文化局長，就去力挺為一黨專制說話的莫言。你說她是不是糊塗？

專制時代，說話著文離不開政治，這個道理古人早就懂。所以，嵇康跑到樹下，光著膀子打鐵。阮籍「發言玄遠，口不臧否人物」。劉伶攜酒登車，一邊喝酒，一邊吩咐家人：「死便埋我！」

我小的時候，奶奶就說我眼大心肥。人生短暫，能把一件事做好，就大不易。而我卻像八爪魚似地什么都抓，又是電影研究，又是文革史、又是社會語言學、又是思想評論，又要述舊懷人，稍微有點空，還要寫劇本、小說。這個貨郎擔雖說是只有文革和評論這兩捆草，但也足以累垮貪吃的小毛驢。眼大心肥跟眼高手低是親兄弟，選文入集又敝帚自珍，免不了心慈手軟。你說，挑著這個貨郎擔，能不惴惴乎？

作者謹識于
北京櫻花園
二〇一三年一月三日

# 目次

# 第一輯　文革

# 文革研究雜談

## 一、文革與《紅樓夢》

魯迅說《紅樓夢》：「經學家看見《易》，道學家看見淫，才子看見纏綿，革命家看見排滿，流言家看見宮闈秘事。」這種接受的分歧多樣其實同樣發生在歷史身上，比如文革在人們眼中，左派看見民主，右派看見極權，老幹部看見迫害，造反派看見反特權，八〇後看見荒誕劇，而「維穩」派看見的是火藥庫。

這並不是說文革是一鍋粥，而只是說，文革是一座蘊藏著各種礦藏的大山，各門各派都可以從中找到自己的所需。人們據此創立了接受美學、接受心理學和闡釋學，這些玄妙高深的學問，其實說的都是主觀與客觀的關係。主體的差異性造成了客體的多義性。「人上一百，形形色色」，形形色色的人，自然會有形形色色的看法。

乾隆年間，江南出現了一種名為「叫魂」的妖術，說是剪了人的頭髮，就會把人的魂魄帶走。妖術弄得人心惶惶，坐在太和殿裡的乾隆，既擔心漢人借此謀反，又擔心滿人被腐蝕鬥志，遂敕令各地嚴查速辦。而各級政府或應付，或拖延，或謊報軍情。為什麼？美國的漢學家，費正清的接班人，孔飛力（Philip A.Kuhn）教授，窮十幾年之力，找到了答案：中國文化雖然統一，但並不同質。不同的社會等級使人們「對於種種相同的符號會有各種不同的解讀。儘管邪術讓所有的人感到害怕與憎惡，但每一個社會群體都將妖術傳說中的不同成分重新組合，使之適應自己的世界觀。」[1]

文革不同於妖術，並不是所有的人都怕它恨它，熱愛它，懷念它的大有人在。河南有個武彩霞，窮大半生之力，搜集文革史料，還秉筆直書，寫了本《霜葉集》，專門歌頌文革。[2]

在中國下層，武彩霞這樣的人不在少數，只不過，他們沒有武的辛苦和文筆。我舉武彩霞的例子是想說明，不是妖術的文革，其成分也可以重新組合，組合成完全不同的文革史。

但是，萬變不離其宗。無論怎麼解釋文革，也不能否認客觀存在和它們的基本屬性。什麼是客觀存在？——史實。而史實之一是：北京市「一九六六年八月二十四日至二十九日打死五百五十一人，其中城市地區二十七日打死八十八人，二十八日打死六十八人，二十九日打死三十九人；農村二十七日打死二十三人，二十八日和二十九日兩日打死一百七十七人。」[3]

## 二、文革與現實

歷史，無論是古史還是近史，都有一個規律：離政治越近，離真相越遠。文革中需要反修反帝和宣傳愛國主義，義和團就成了香餑餑。以至於維特克女士認為，江青把《革命自有後來人》改名為《紅燈記》，是受了「紅燈照」的啟發。

---

1 《叫魂——1768年中國妖術大恐慌》頁292，上海，三聯，1999。

2 胡莊子：《河南女作者出版頌揚文革的〈霜葉集〉》，載《記憶》第58期。

3 印紅標：《文化大革命中的武鬥》，載《中國研究》香港，1996年秋季號。

政治以利益為轉移，政客盯著鼻子底下的事。因此，離政治太近的歷史，就會改頭換面成了宣教手冊，而相關的史料也就成了禁區。

比如上邊說的那些駭人聽聞的數字本來是應該在禁區裡的。它之所以見了天日，首先要感謝管理者的無知和疏漏——北京大學教師印紅標先生，一位以研究紅衛兵為己任的學者，一九九三年在北京市檔案館有了一個驚人的發現——因為北京新市委存在的時間短、檔案少。所以，館員們將其歸入到一九六六年允許查閱的「文革前」的檔案之中。這其中有北京市在一九六六年八月下旬到九月初逐日打死人的官方統計數字。

於是，印先生把整個暑假都交給了這個檔案。在一封給朋友的信中，他敘述了當時抄錄這些檔案的過程：「我帶著北京大學開具的介紹信，在檔案館付費提檔案，一字一字地抄寫，抄寫檔案必須購買檔案館專用紙，抄寫後必須經過檔案館工作人員的審查，塗掉被認為不宜公開的內容，才能帶出來。」之後，印先生將它無保留地交給了一位海外研究文革的人士，這位人士將它寫到了著述之中，這些珍貴的史實才大白於天下。

近日，一位資深翻譯家告訴我，她的朋友，在央視工作的俄國專家憤怒地告訴她，上面不准在播出的俄語節目中，出現「文化大革命」及類似的提法。而這以前還是允許的。這個資訊具體而微地說明了現實是怎樣地影響著歷史。

## 三、文革的政治化

歷史與政治的關係，大體分為兩種，一種是為政治服務，一種是把歷史政治化。前者例子無數，不必贅述。後者說的不多，值得關注。

把歷史政治化，簡單地說，就是「唯政治論」。歷史本是多種力量糾扯平衡的結果，可持此論者卻獨尊政治，罷黜百家。在他們看來，別的因素——經濟的、文化的、地域的、社會的、性格的、心理的、性別的、偶然的等等——都與歷史無關，有關的只有政治。

當歷史與政治關係密切的時候，這把尺子還挺靈。這裡所說的靈，是指它很能贏得信眾。比如，旅德學者王容芬發表言論，認定宋彬彬是指使打人的兇手。指責《記憶》第四七期「整個一面倒，全是宋彬彬、劉進、馮敬蘭還有葉維麗他們的文章。講出來跟歷史事實走得太遠了，完全不是那麼回事。」「他們想怎麼塗抹歷史就怎麼塗抹。現在宋彬彬她們就變成了不但和打死人無關，而且劉進居然出來講，他們幾次出來講話，制止打人，最後還是他們給送到醫院，跟醫院據理力爭，要人道主義，要搶救卞仲耘。這歷史就變成指使打人的兇手變成了搶救人的義士了。」

可是，她卻拿不出任何證據來讓自己離歷史事實近一點。她拿得出來的，只是對時下政治的批判：「選中這篇文章的是《炎黃春秋》的編輯李晨，李晨之姐李東東是中國新聞出版總署的副署長。李東東之父叫李莊，李莊一直在人民日報當筆桿子，最後是人民日報社總編輯，李東東還是跟宋彬彬一起並列的、師大女附中二○○六年評的優秀名譽校友。名譽校友是有政治含金量的，必須是副部級以上的。」她最後對記者說：「世界在進步，中國在倒退，為什麼呢？因為今天中國是紅衛兵領導的，是李東東他們在掌握話語權。我的文章在國內既沒辦法發表，也不能夠轉發。所以文革研究控制在這種當年紅衛兵的手中，這就當然沒戲了。」

上述言論贏得了很多讀者。此文在網上流傳的程度可以看出這一點。

王容芬博士是在文革期間以生命挑戰暴政的傑出女性，她對獨立思想的堅守是知識分子的榜樣，她的高尚品格值得敬仰，她的事蹟將與林昭、張志新等女傑一道與日月同光。但是，女傑的話並非句句是真理。一個人的歷史地位和世間對她/他的尊敬與歷史真相和學術研究是兩回事。顯而易見，她的上述言論將歷史政治化了。這裡面有事實，也有訛傳；有正確，也有錯誤；有公理，也有偏執。

文革離政治太近，毛澤東的地位、太子黨的接班、無法扼制的貪腐、日益擴大的兩極分化、社會財富分配不公、人權沒有保障、缺乏安全感等現實政治干擾著文革的研究。除了這些尖銳的現實問題之外，文革還關涉到政治立場。在同樣要求改革的人們中間，漸進派與激進派在對文革的問題上也存在著幾乎不可調和的分歧。激進派要求徹底清算文革中的作惡者；而漸進派則認為，不能將紅衛兵等同於納粹的突擊隊。

所以，研究這段歷史，確如美國讀者鍾青谷先生所說，要麼成了「風箱裡的耗子——兩頭受氣」，要麼成了「豬八戒照鏡子——裡外不是人」。[4]鍾先生所指，是《記憶》四七期發表了宋彬彬等人的文章。但有一點鍾先生不知道，「兩頭受氣」和「裡外不是人」都是歷史被政治化的緣故。

## 四、文革的神話化

前年，我採訪一位耄耋之年的退休教授，老人告訴我，從文革一開始，他就受到了四人幫的迫害。家被抄，人被關進牛棚。我告訴他，四人幫是一九七四年才形成，老人怒，視我為無知且大不敬。

周倫佐談到，某學院教授華先生，說他曾遭到造反派的迫害：五七年被打成右派，一九六六年六月十九日又將他開除公職趕下農村。周糾正他：「一九六六年六月不僅沒有造反紅衛兵，就連官辦紅衛兵都沒有產生，將他掃出校門的只能是官方工作組。他默然，隨之流露出像丟失了手中拐杖一樣難受的表情。」[5]

4 詳見《記憶》第58期的「編讀往來」。

5 《「文革」造反派真相》頁38，香港，田園書屋，2006。

這就是柯文所說的歷史的神話化。

歷史的神話化，指的是對歷史的虛構。這是一種特殊的虛構。它「不是捏造出來的，而是通過對不符合或有悖於其目的的歷史資料的歪曲、簡化和省略來完成的。」[6]一九四六年，陳伯達出版了大作《中國的四大家族》，說蔣（介石）、宋（子文）、孔（祥熙）、陳（果夫、立夫）四大家族貪污美援，榨取民財，聚斂了二百億美元的私產，富可敵國。這只能算捏造，還夠不上神話化的檔次。把林彪說成是篡黨奪權的罪魁、克己復禮的信徒是歪曲。用兩個反革命集團利用毛晚年的錯誤來解釋文革則既是歪曲又是簡化，而這些才是對歷史的神話化。

神話化與歷史的政治化有關，但政治只是神話化的一個因素。與之同樣重要的神話化動力來自於經濟——香港出了好多關於文革的書，其中有不少將文革神話化的作品。這也不能怪只為了賺錢的書商。「對於大多數人來說，經歷和神話具有不容歷史學家忽視的重要性和『情感引力』」。[7]換句話說，大多數讀者寧願相信被神話了的歷史，也不願意相信還原了真相的歷史。宋彬彬親手打殺八人，在殺人比賽中拔了頭籌的編造，比她沒參與打人，但「勸阻無力，反應遲緩」的理性分析要刺激一萬倍。二〇一〇年十一月四日的《南方週末》用實際行動證明了這種「情感引力」的不可抗拒：在〈一個開始，只能是一個開始〉一文中，這家報紙的兩位記者不但擅自將女附中「八五」事件的死難者從一人增加到五人，還煞有介事地告訴人們，這「五人的名字是卞仲耘、胡志濤、劉致平、梅樹民和汪玉冰。」而實際上，後四人都活到了新時期，梅樹民至今健在。

讀者心理決定了市場，市場又激發了為了出書、出名的作者向神話化靠攏的熱情。然而，無論是「高層內

---

6 柯文：《歷史三調：作為事件、經歷和神話的義和團》頁182，南京，江蘇人民，2000。

7 同上。

幕」作家師東兵，「紅牆紀實」作家權延赤，還是以寫「四人幫傳」揚名的葉永烈，從來都不會承認，他們是神話製造者，更不會把他們的作品視為歷史的神話。恰恰相反，他們總是信誓旦旦，說他們的著作如何符合歷史真實，以強化其製造的神話的可信度。

有趣的是，冒著非法經營的風險養家糊口的內地的盜版商們，以同樣敏銳的經濟嗅覺，同樣精微的讀者心理揣摩，卻擔負起傳播多元文化的使命——他們選中的盜版書，往往是嚴肅的文革史著作或回憶錄——決定大陸盜版書豐歉的是小眾讀者心理學，這裡有另一個市場。

沒有人會公開反對恢復歷史本來面目，但是，去神話化的後果並不那麼令人樂觀。柯文提醒我們：「去掉歷史的神話色彩，會產生一定的負面影響。」「恢復披上神話色彩的歷史的本來面目，並不是輕而易舉的事，它常常會造成不可挽回的損失（與死亡造成的痛苦不同），引起嚴重的不安，所以有時會受到人們堅決的抵制。」[8]從「大救星」到晚年犯了錯誤，就是一個神話的破滅。它引起的嚴重不安，到現在還在神州大地上激蕩。而「晚年犯錯誤說」本來也仍舊是一個神話。可以想像，如果這個神話破滅了，或者說，恢復了歷史的本來面目，所受到的抵制會有多大。

文革的歷史包含著二十一世紀中國的方向和發展主題，它與中國的現代化連在一起，而現代化則是中國政治的產物。這個問題不可能在幾十年內得到解決。因此，只要造成文革的矛盾存在，文革就會繼續充當製造神話的材料。歷史學家也就極難客觀地研究和評價它。

[8] 同上，頁180。

# 毛澤東的「新人」——從雷鋒到紅衛兵

毛澤東說他一生幹了兩件大事，他謙虛了，他還幹了另一件大事：改造人。打敗國民黨蔣介石，搞文化大革命。這兩件事，是硬件，改造人是軟件，沒有這軟件，硬件絕對幹不成。

改造人，一方面是改造舊人，一方面是製造新人。前者人們說得很多了，這裡只說後者。

## 一

大凡空想家和革命家都有製造新人的愛好，洪秀全編過一個「十新」的順口溜：「上帝基督住人間，天地新；爺哥帶朕幼做主，朝廷新；父子公孫同做主，天國新；爺媽哥嫂同下凡，天堂新；太平天日照萬方，世界新；天將天兵齊輔佐，爵職新；在地如天聖旨行，山海新；蛇獸伏誅人安妥，臣民新；一統萬年萬萬年，景瑞新，風調雨順天恩廣，萬象新。」在這些重複的、湊數的新氣象之中，有一個「臣民新」。[1]別的新假的居多，這個新，還多少做到了。太平天國的臣民，能夠相信上帝，迷信天兄天弟；能夠長期地男女分營，實行禁欲；能夠一切繳獲要歸公，奉行聖庫制度。餘此等等，確實史無前例，新，很新。

車爾尼雪夫斯基在他的長篇小說《怎麼辦》裡，專門塑造了「職業革命家」拉赫美托夫這樣的「新人」。

---

1　太平天國歷史博物館編：《太平天國文書彙編》頁54，北京，中華書局，1979。

拉先生是貴族後裔，但他是個敗家子，小小年紀就散盡了家產，周濟七名窮大學生完成學業。為了瞭解社會，他做過農夫、木匠、石匠、鐵匠、縴夫等多種雜役賤差。他學習刻苦，曾經不吃不喝不睡連續八十二小時讀書。他鍛煉體魄、意志，冬天洗冷水浴、睡光板床、故意睡在倒立著數百個小釘子的床上，弄得床上身上全是血。以為他要自殺的女房東，驚叫著跑去找醫生。當醫生看到他時，他竟淡淡地說，他如此自虐，只是為了看看自己能不能經受住敵人的酷刑。

墨索里尼在製造新人方面也很熱心：「法西斯主義不只是法律的賦予者和機構組織的創立者，而且是精神生活的教育者和促進者。它不僅重新創造人們生活的各種形式，而要重新創造其內容，重新塑造人，塑造性格，塑造信仰。」[2]列寧似乎也不甘落後，他為「星期六義務勞動」叫好，呼喚「新人」的誕生。[3]

杜美在《歐洲法西斯史》一書中談到，西方學界對極權主義的認識包括六個方面，第一個方面就是：「一種類似革命的極權主義意識形態，它確定極權統治的目的並為此而申辯，這個目的是完全的、激進的，且是永久性的、革命的對國家和社會的改造，直至創造『一種新人』，直至達到一種和平的終極狀態（烏托邦式）。」[4]

毛澤東也很想像洪秀全那樣，創造出一個「十新」的世界。他的「五七」烏托邦，比那個落第秀才的幻想更富於誘惑力。墨索里尼和列寧在製造「新人」上下的功夫，也遠不如毛。年輕的拉赫美托夫用睡釘子來考驗自己的革命意志，晚年的毛用游泳，用拔除醫生給他安的管子來表現人定勝天。而這一切，在毛青年時就種下了種子。

---

2 杜美：《歐洲法西斯史》頁19—20，上海，學林，2000。

3 列寧：《在全俄工會第二次代表大會上的報告》，《列寧全集》第二八卷，頁403。

4 杜美：《歐洲法西斯史》頁28，上海，學林，2000。

# 二

一九一七年，二十四歲的毛有了一個大發現——宇宙的大本大源存在於哲學和倫理學之中：「從哲學、倫理學入手，改造哲學，改造倫理學，根本上變換全國之思想。此如大纛一張，萬夫走集；雷電一震，陰曀皆開，則沛乎不可禦也。」[5]他所說的哲學，指的是思想，他所說的倫理學，指的是道德。「夫思想主人之心，道德範人之行。二者不潔，遍地皆污，蓋二者之勢力，無在不為所瀰漫也。」[6]只有改變全國人民的思想道德，才能改變「國人積弊甚深，思想太舊，道德太壞」。的現狀，才是中國的根本出路。

「五四」前後，呼籲改造國民思想者多矣，毛之不同，在於他對人性的獨特領悟：「人者，動物也，則動尚矣。……動以營生也，此淺言之也；動以衛國也，此大言之也；皆非本義。動也者，蓋養乎吾生，樂乎吾心而已。……愚拙之見，天地蓋惟動而已。」[7]動是人的本性，更是豪傑之士的「人格之源」。但人之動，並不是被客體推動的被動之動，而是主體對客體主動的挑戰和鬥爭。「無抵抗則無動力，無障礙則無幸福」是「至真之理，至徹之言」。[8]這種鬥爭，這種幸福將隨著客體的阻礙、束縛而增加，而強大。所以，毛轉而謳歌客

---

5　毛澤東：〈與黎錦熙書〉1917年8月23日，中共中央文獻研究會中共湖南省委《毛澤東早期文稿》編輯組編：《毛澤東早期文稿》（1912.6—1920.11）頁86，長沙，湖南出版社，1990。

6　同上

7　毛澤東：《體育之研究》1917年4月1日，《毛澤東早期文稿》（19126—1920.11）頁69。

8　毛澤東讀泡爾生《倫理學原理》批語《毛澤東早期文稿》（1912.6—1920. 11）頁182。

體給主體帶來的困難：「河出潼關，因有太華抵抗，而水力蓋增其奔猛；風回三峽，因有巫山之隔，而風力蓋增其怒號。」[9]

問題是，如果沒有潼關、太華、巫山怎麼辦？那麼，水力之猛之威，豈不是無以彰顯了嗎？換言之，如果沒有抵抗，沒有障礙，那麼，前進之動力、人生之幸福豈不是無處尋覓了嗎？對此，毛做出的回答是：沒有困難、障礙，製造困難、障礙。這正是，毛把與天鬥與地鬥與人鬥看作人生之至樂的思想根源。一九四九年以後，毛很多超常的、讓人難以理解的做法，也可以從這種哲學裡找到蛛絲馬跡。

高揚主體的人格力量，也就是崇尚主體的道德精神。在毛看來，道德來自於主體自身，而非客體的強制：「道德非必待人而有，待人而有者，客觀之道德律；獨立所有者，主觀之道德律也。吾人欲自盡其性，自完其心，自有最可寶貴之道德律。世界固有人有物，然皆因我而有，我眼一閉，固不見物也，故客觀之道德律亦系主觀之道德律。」[10]這種主觀唯心主義的道德觀強調的顯然是主體的道德自覺。

從道德自覺出發，自然會得出人性本善的結論：「故吾謂天下無惡，有之則惟次善；天下無惡人，有之則惟次善人也。」[11]懷抱著這種理念，毛有理由相信，不但自己可以成為聖賢，而且「彼時天下皆為聖賢」[12]。看來，「六億神州盡舜堯」，不是一時的詩興。

---

9 同上，頁180—181。

10 同上，頁148。

11 同上，頁250。

12 毛澤東：《與黎錦熙書》，1917年8月23日，轉引自金沖及主編《毛澤東傳》（1893—1949）頁26，北京，中央文獻，1996。

思想史家將毛澤東的上述觀念概括為「動、鬥的宇宙—人生觀」和「貴我的道德律」，[13]它們構成了毛澤東改造人的思想基礎和心理動力。而他的心目中的新人標準，也由此看出端倪：第一，在思想上，新人應該去舊更新，第二，在道德上，新人應該有新道德。第三，在人格上，新人應該具有主動性，戰鬥性，並且能夠自覺自願地改造自己。

## 三

延安整風是毛「根本上變換全國之思想」的第一步。怎麼變換呢？一言以蔽之，就是用毛的思想，徹底改造中共從而「構築以自己思想為核心的中共新傳統，並將此注入到黨的肌體」。[14]肌體是由細胞組成的，作為細胞的黨員幹部，有著不同的經歷、出身、思想和文化背景。要讓自己的思想深入到每一個黨員幹部的血液之中，就必須讓他們「在靈魂深處爆發革命」。只有這樣，他們才能放棄自我，脫胎換骨、重新做人。「改造成黨的馴服工具或『螺絲釘』」。[15]毛為這場改造運動制訂的基本原則之一，就是「把宋明新儒家『向內裡用力』的觀念融入共產黨黨內鬥爭的理論，交替使用思想感化和暴力震懾的手段，大力培養集忠順與戰鬥精神為一體的共產主義『新人』的理想人格，並在此基礎上構築黨的思想和組織建設的

13 李澤厚：《青年毛澤東》《中國現代思想史論》頁122—134，北京，東方，1987。

14 高華：《紅太陽是怎樣升起的：延安整風運動的來龍去脈》頁304，香港，中文大學，2000。

15 何方：《黨史筆記——從遵義會議到延安整風》頁214，香港，利文，2005。

基本範式。」[16]

要將基本原則落到實處，就需要一套行之有效的操作方法，這個方法應該由淺而深，由表及裡，逐步深入人心。第一步，學習文件，以整頓學風黨風文風。第二步，寫「反省筆記」。以便瞭解全黨接受自己新概念的程度，從而因勢利導。同時，還從中尋找異端，選出典型打擊之，以警戒全黨。第三步，肅清「極端危害黨的大患」——「小廣播」。「小廣播」私下談論黨的政策和人事關係，重視個人友誼、講究人情私交，[17]這實際上等於宣佈個人感情和私人交往為非法。這既反映了毛的思想改造野蠻強制的一面，也表明了毛心目中的新人標準。第四步，發動坦白運動，指令黨員和幹部以書面的形式詳細交待個人歷史。「問題的要害是幹部在『三番五次』寫自傳的過程中，必然進一步否定自我，而對黨的領袖和各級領導愈加敬畏。」[18]

沙葉新說，中國是檢討大國。檢討的雛形就是整風中的坦白和自傳。毛以讓別人做檢討為樂，這一嗜好來自延安。奧威爾寫《一九八四》的啟發者和參照物是蘇維埃和史達林，所以，他只能想像出無處不在的電屏、出沒各個角落的思想警察，而沒有想到，自我監督和從「靈魂深處爆發革命」。

在審幹、肅奸的配合下，延安的「新人」終於鍛煉出爐。謝覺哉有一七言詩形象地描述了舊人變新人的過程：「緊火煮來慢火蒸，煮蒸都要工夫深。不要捏著避火訣，學孫悟空上蒸籠。西餐牛排也不好，外面焦了內夾生。煮是暫兮蒸要久，純青爐火十二分。」[19]

---

16 高華：《紅太陽是怎樣升起的：延安整風運動的來龍去脈》頁305，香港，中文大學，2000。

17 同上，頁408。

18 同上，頁422—423。

19 謝覺哉：《一得書》頁85—86，長沙，湖南人民，1983。

由此產生的新人具有如下特點：他們成了毛的信徒，「學會了用毛的思想觀察世界和指導個人的言行。表現在行動上，則是徹底拋棄資產階級人性論和溫情主義。非黨性勿言，非黨性勿聽，非黨性勿動，絕對服從領袖、組織、上級的命令和指示。」[20]半個世紀之後，何方以其親身經歷告訴人們：經過整風後，工具論深入人心。黨讓幹什麼就幹什麼。知識分子「減弱甚至喪失了敢想敢說，獨立思考和勇於創新的精神。」[21]日本投降後，這些延安人普通做到了聽黨的話，願意到最艱苦的地方去，服從分配不講價錢。許多單位就是集中起來宣佈名單，哪些人到東北，哪些人到華北，如何編隊，何時出發。既不徵求意見，也不進行個別談話。沒人有意見。「即使在整風搶救中受了很大委屈的許多人，也能以馴服工具和螺絲釘來要求自己，表示要接受考驗。」[22]這在延安初期是無法想像的。那時候，有意見就提，幹群之間沒有隔閡。

毛澤東在改造人，在製造新人的萬里長征上邁出了第一步，以後還有第二步，第三步，……直至他離開這個世界。

## 四

據統計，一九四九到一九七六的二十八年間，共發動了五十六場政治運動。除了打擊想像中的政治對手之外，毛澤東發動這些政治運動的基本目的就是改造人。儘管延安整風為毛澤東提供了進行這種思想改造的基

20 高華：《紅太陽是怎樣升起的：延安整風運動的來龍去脈》頁436，香港，中文大學，2000。
21 何方：《黨史筆記——從遵義會議到延安整風》上冊，頁235，香港，利文出版社，2005。
22 同上，頁234。

本範式，但是，他清楚地知道，延安整風僅限於黨內，其鍛煉出來的新人也只限在黨員和幹部之中。要將全國人民都變成新人，除了延安經驗之外，還需要樹立足以令人們敬服的道德楷模。榜樣的力量是無窮的，以點帶面，通過學習英雄模範，庶幾可以使思想改造蔚然成風，推向全國。

在延安時期，毛就做過這種嘗試。他白求恩和張思德寫過文章，號召人們向他們學習。毛之所以把他們樹為榜樣，是因為他們都具備了「大公無私」的美德。這種品質對當時的現實政治固然有用，但是，真正使毛感興趣的並不是眼前的功利，而是長遠的理想——顯而易見，他的新人需要這種品質，在新世界中生活的人們應該具備這種美德。

在毛看來，一個人，只有具備「毫無自私自利之心的精神」，才是「一個高尚的人，一個純粹的人，一個有道德的人，一個脫離了低級趣味的人，一個有益於人民的人。」也就是說，「無私」是新人的必備條件，是創造新人的前提，是改造人的基礎。這兩篇文章後來被列入「老三篇」，成為幹部戰士的「座右銘」，全國人民的必讀書，原因就在這裡。

在延安，毛就為白求恩和張思德寫過文章，號召人們學習他們「大公無私」的美德。他的新人需要這種品質。

大公無私是必要的，但是光有大公無私還不夠，個人道德的完善僅僅是新人的基礎，基礎之上還應有更重要的、更能統一「全國之思想」的「上層建築」。新政權建立之後，隨著國內外形勢的變化，毛的新人標準也在「與時俱進」——他選中了雷鋒。在中共奪取天下的歷史中，出現過許多英雄——董存瑞、黃繼光、邱少雲……。在新政權的建設事業中，湧現過許多模範——王國藩、焦裕祿、王進喜……

毛澤東之所以選中雷鋒，是因為這個普通一兵大大超越了白求恩和張思德。他身上不但有其所有，而且還有其所無。

這些所無的東西，在《雷鋒日記》裡得到了充分的展示。首先，《日記》充滿了對黨和領袖的無限感激、崇拜與忠誠。「偉大的黨啊，英明的毛主席，有了您，才有了我的新生命。……在您的不斷培養和教育下，使我從一個孤苦伶仃的窮孩子，成長為一個有一定知識和覺悟的共產黨員。」「偉大的黨啊，您是我慈祥的母親！我所有的一切都是屬於您的，我要永遠聽您的話，在您的身下盡忠效力，永遠做您忠實的兒子。」[23]（一九六〇／十一／八）中國共產黨把我哺育大的，要是沒有黨和毛主席，就沒有我的一切。……」（一九六〇／十一／二十七）「我要時刻準備著為黨和階級的最高利益，犧牲個人的一切，直至生命。」（一九六〇／十二／二十七）「自從來了偉大的共產黨和英明的毛主席，我才脫離苦海見青天。偉大的黨啊——我慈祥的母親，是您把我從虎口中拯救出來，撫育我成長。是您，給了我無產階級的思想。是您，給我指出了前進的方向。是您，給了我前進的動力。是您，給我的一切……」（一九六二／二／十四）類似的表白，在日記中比比皆是。可以說，《雷鋒日記》是一封對共產黨的感恩信，對毛澤東的效忠書。感恩與效忠是貫穿日記的永恆主題，是「雷鋒精神」的心理基礎。值得注意的是，這裡面一片赤誠，絕無半點虛偽、造作和功利主義。

其次，《日記》洋溢著「甘做革命的螺絲釘」的絕對服從精神。《日記》中有一句格言：「一個人的作用，對於革命事業來說，就如一架機器上的一顆螺絲釘。……螺絲釘雖小，其作用是不可估量的。……我要不斷地加強學習，提高自己的思想覺悟，堅決聽黨和毛的話，經常開展批評與自我批評，隨時清除思想上的毛病，在偉大的革命事業中做一個永不生銹的螺絲釘。」（一九六二／四／十七）列寧把文藝比做革命機器上的螺絲釘，雷鋒把個體，把人當做革命機器上的螺絲釘。這種甘當螺絲釘的絕對服從精神在毛澤東提出向雷鋒同志學習之後，產生了極大的社會影響。它不但形成了一時的社會風尚，而且塑造了一種人格。

---

23　《雷鋒日記》，北京，解放軍文藝，1963。

第三，《日記》的主人發誓自覺自願地改造自己。螺絲釘而永不生銹，就要不斷地自覺地改造自己。雷鋒改造自己的方法就是學習毛著——「打仗沒有武器不行，開汽車沒有方向盤不成，幹革命沒有毛主席著作不行。」（一九六一／四／十二）《雷鋒日記》中相當一部分篇幅是學習毛著的心得體會。其特異之處在於，他將學與用緊密結合，毛主席的教導被他融化到血液中，貫徹到行動裡。在短暫的一生中，雷鋒做了大量的好事，以至於在人們的心目中，雷鋒成了助人為樂的符號。

毛澤東之所以要表彰雷鋒，《雷鋒日記》就是答案。

雷鋒不但把「毫無自私自利之心的精神」發揮得更徹底更堅定，以至於發誓「甘做革命的傻子」（一九六○／八／二十），「把有限的生命投到無限的為人民服務之中去」。（一九六一／十／二十二），更重要的是，他不用經歷延安整風那樣的「緊蒸慢煮」，就做到了「非黨性勿言，非黨性勿聽，非黨性勿動，絕對服從領袖、組織、上級的命令和指示。」

一九六三年，毛澤東為雷鋒題詞。雷鋒的出現強化了毛重建烏托邦的信心，同時，也使毛發現，白求恩、張思德身上的道德主義固不可少，但無助於重振權威，無助於反修防修，無助於階級鬥爭。雷鋒為毛提供了新的新人標準——真誠的感恩與無限的效忠，螺絲釘般的服從與可靠，如饑似渴地學習自己的著作，完全徹底地按照自己的指示行動與思考。如果六億國人都像雷鋒一樣，那麼修正主義還能得逞嗎？階級鬥爭還能熄滅嗎？大躍進還能失敗嗎？新世界還會遙遙無期嗎？

在毛的號召下，全國掀起了大學雷鋒，加強思想革命化的運動，新人製造開上了一個快行道。

# 五

毛沒想到，他的新新人標準給他降低了威信，惹來了麻煩。首先，雷鋒之區別於白求恩、張思德，在於他的忠君愛黨和狂熱的個人崇拜，具體表現就是把毛著萬能化、神聖化。「向雷鋒同志學習」，就等於推銷自己的書，推銷對自己的崇拜。換句話說，就等於借雷鋒之口，實行「表揚與自我表揚」。從思想上講，這是傳播個人迷信。從道德上講，這是低級趣味，是自吹自擂。用老百姓的話說，是左臉皮貼到右臉上——左邊不要臉，右邊二皮臉——此節改成：這一運動，帶來了兩個直接後果，首先，「向雷鋒同志學習」，就等於推銷毛自己的書，推銷對人民對自己的崇拜。換句話說，就等於借雷鋒之口，實行「表揚與自我表揚」。從思想上講，這是傳播個人迷信。從道德上講，這是自吹自擂。用老百姓的話說，是左臉皮貼到右臉上——左邊不要臉，右邊二皮臉。

其次，雷鋒之成名，要歸功於他的日記。《雷鋒日記》開創了用日記體向極權討好獻媚的先河。當局對雷鋒式革命化日記的宣傳，其實就是鼓勵全社會的給自己獻媚。自雷鋒以後，日記不再是私秘之物，而成了供他人翻閱、群眾評議、領導檢查、媒體發表的公開物。由此一來，本來就已經惡劣的人權更加糟粕，本來已經浮誇的風氣更趨爛污，保護隱私成了犯法，張揚虛偽成了常態。五七年夏季形成的「佞諛日熾，剛克消亡」「邪夫顯進，直士幽藏」的局面更上層樓。

中國一向不乏捨身求法之士，一位留蘇高材生，年輕的科技工作者，在九死一生的境遇中挺身而出，撰寫了三萬餘字的《諫黨》雄文，對毛的新新人標準，提出了誠懇而尖銳的批評。

……我看到你的題詞：「向雷鋒同志學習」，現在全國人民都在學習雷鋒。……我承認雷鋒身上有很多寶貴的品質，我當然應該向他學習。但是我認為雷鋒並不是一個完善的典型，他身上有著嚴重的甚至致命的缺點。他的美中不足就在於他唯上級命令是從，從不知抵制上級的錯誤決定。雷鋒有句流傳頗廣的名言：「毛主席怎麼說，我就怎麼做。」我認為這句話是不準確不科學的，它孕育著連你自己都意想不到的巨大危險。首先，把你和黨等同起來；其次，它預先就斷定了你永遠是絕對正確的，不但你過去和現在說的話是絕對正確的，雷鋒必須句句執行，而且連你還沒有說出來的話也早已註定了句句是真理，雷鋒早就準備去照辦了。這不是十足的盲從又是甚麼呢？

你想一想，如果全國人民、全體黨團員真的都成了雷鋒，將會形成一種甚麼局面呢？社會風氣、道德面貌固然會煥然一新，可是一旦你說錯了話，你代表黨中央做出了錯誤的決定，又有誰能夠出來幫助你們糾正呢？都像雷鋒那樣，連想都不敢想，哪裡還談得上甚麼發現錯誤和糾正錯誤呢？可是你們卻號召大家都這樣做！可見，你平時提倡的「廣開言路，聞過則喜；言者無罪，聞者足戒」等等實際上都是一些無法實現的空話。也就是說，你們這樣下去，不錯則已，一犯錯誤就得錯到底，後患無窮……

作者指出了雷鋒精神中最致命的病毒——「盲從」，指出了這種盲從一旦蔚然成風將會是怎樣可怕的局面。作者替黨擔憂，「我感到詫異的是：難道我發現的問題別人真的都沒有看出來嗎？我不相信，當前黨內生活極不正常的局面是有目共睹的。我總覺得，有不少人是視而不見，充耳不聞，諱莫如深。唯獨我卻心口如一，偏要說出來。」

在毛「堅持真理，修正錯誤」等諄諄教導的鼓舞下，陳世忠冒死直諫：「我總覺得，我們的黨缺少的是能言敢諫的『諫臣』，而不需要唯唯諾諾，見風駛舵之輩。我現在學你的辦法，在你背後猛擊一掌，大喝一聲：

『你有病呀！』」

這就是劉賓燕在《第二種忠誠》介紹的陳世忠。現在看來，有病的不但是毛，是黨，還是這位忠臣弼士——他試圖用諫臣之忠言，來喚醒皇帝之良知；企圖用道德之勸諫，來療治制度之痼疾。

此文寫於一九六四年，兩年以後，紅衛兵橫空出世。

## 六

其實，毛式的盲從是要佐以鬥爭精神的，而這種品質，正是雷鋒最缺乏的。鬥爭精神，在社會層面，是反抗現存秩序；在人性層面，是不斷地發展自我之本性——

> 豪傑之士發展其所於天之本性，伸張其本性中至偉至大之力，因以成其為豪傑焉。本性以外的一切外鑠之事，如制裁、束縛之類，彼者以其本性中至大之動力排除之。此種之動力，乃至堅至真之實體，為成全其人格之源。[24]

這是青年毛澤東在《倫理學原理批語》中寫的。把動、鬥視為宇宙真理之「大本大源」的毛，[25]是不能滿足感恩效忠、絕對服從的螺絲釘的，他心目中的新人，要兼備服從與鬥爭這兩種品質。從道德理想上講，毛的

---

24　毛澤東讀泡爾生《倫理學原理》批語，《毛澤東早期文稿（1912.6—1920.11）》頁218。

25　同上，頁123。

新人應該是聖賢，但是從人格理想上講，毛更欣賞的，是他早年在《湖南農民運動考察報告》中讚美的「革命先鋒」。

「革命先鋒」是「小人物」，他們最大的優點就是敢於造反。而造反一直是毛的本性。因此，可以說，毛有了一種根深蒂固的「小人物」情結。這一情結使他對挑戰俞平伯的「兩個小人物」青眼有加，對戚本禹等「八司馬」加以庇護，對名不見經傳的文藝青年姚文元會分外倚重。

毛在大樹特樹其新人的時候，是懷抱遺憾的。所以，在為雷鋒題詞前後，毛澤東一方面要求全國人民學解放軍，開展社會主義教育運動，要求「在這個不斷地教育人的運動中……把他們中間的大多數人改造成為新人。」[26]與此同時，不斷地發表內部講話，贊成學生上課睡覺，批評現行的學制、課程和考試方法，鼓勵學生自學，造老師、造教育制度的反。[27]一九六四年七月十四日，毛提出「無產階級革命事業接班人的五條標準」[28]，在這五條標準中，赫魯雪夫被點了六次名。可以說，五條標準的每一條都以赫魯雪夫為反面參照——「防止赫魯雪夫修正主義在中國重演……」「而不是像赫魯雪夫那樣……，絕不能像赫魯雪夫那樣……」「要特別警惕像赫魯雪夫那樣的個人野心家和陰謀家……」

制訂接班人的標準，既是政治鬥爭的需要，也是毛對新人的人格力量的熱切企盼——只有敢於鬥爭，才能反修防修。

---

26 毛澤東：《無產階級專政的歷史教訓》，1964年7月14日，《學習資料》頁119。

27 毛澤東：《春節對青年的指示》，1964年2月；《同毛遠新同志的第一次談話》，1964年2月；《關於學校課程和講授、考試方法問題的批示》，1964年3月10日。見《學習材料》第99頁，100頁，101—102頁。

28 毛澤東：《無產階級革命事業接班人的條件》，1964年7月14日，《學習材料》頁122—123。

這一企盼，在兩年後變成更加明確而堅定——一九六六年六月，文革剛剛揭開序幕，毛就提出：

> 要造就一大批人，這些人是革命的先鋒隊。這些人具有政治的遠見。這些人充滿鬥爭精神與犧牲精神。這些人是胸懷坦白的，忠誠的，與正直的。這些人不謀私利，唯一的為著民族與社會的解放。這些人不怕困難，在困難面前是堅定的，勇敢向前的。這些人不是狂妄分子，也是是風頭主義者，而是腳踏實地富於實際精神的人們。中國要有一大群這樣的先鋒分子，中國革命的任務就能夠順利的解決。

毛之所以把鬥爭精神與犧牲精神作為革命先鋒隊的首要條件，是因為，這個先鋒隊不但是摧毀舊世界的勇士，而且是創造新世界的前驅。兩個月以後，毛澤東呼喚的革命先鋒隊——紅衛兵應運而生。清華附中紅衛兵的「三論」《無產階級的革命造反精神萬歲》使毛澤東看到了兩個「不謀而合」——

第一，它將雷鋒的忠誠、服從與新世界前驅的鬥爭精神、犧牲精神完美無缺地融為一體——「革命就是造反，毛澤東思想的靈魂就是造反，要在用字上狠下功夫，就是說，主要在造反二字上下功夫，敢想、敢說、敢做、敢闖、敢革命，一句話敢造反！」[29]「我們這些造反之眾，有領導、有武器、有組織、有『野心』，來頭不小，切不可等閒視之。我們的領導是黨中央和毛主席，我們的武器是戰無不勝的毛澤東思想！我們的組織是徹底革命的紅衛兵！我們的『野心』是橫掃一切牛鬼蛇神！」[30]「我們，毛主席最忠實的紅衛兵，無限忠於毛主席，一定最堅決，一定最勇敢，最忠實地執行無產階級文化大革命的最高指示——毛主席的關於造反的

---

29 清華大學附屬中學紅衛兵：《無產階級的革命造反精神萬歲》，《紅旗》1966年第11期。

30 同上。

最高指示。」[31]

第二，紅衛兵的造反目的與毛建立新世界的「破、立」理論別無二致：「革命者就是孫猴子，金箍棒厲害得很，神通廣大得很，法力無邊得很，這不是別的，正是戰無不勝的偉大的毛澤東思想。我們就是要掄大棒、顯神通、施法力，把舊世界打個天翻地覆，打個人仰馬翻，打個落花流水，打得亂亂的，越亂越好！……搞一場無產階級的大鬧天宮，殺出一個無產階級的新世界！」[32]

一九六六年八月一日，毛澤東給這些紅衛兵們寫了信，在四百餘字的回信中，毛用了三個「熱烈的支持」。[33]毛的支持不僅是出於當下政治，更讓他動心的，是紅衛兵的道德修養（忠誠與服從）與人格力量（鬥爭與造反）這種「對立」品質的完美「統一」。毛感到無比欣慰：他心儀的新人終於呱呱落地！「興無滅資」，「批判資產階級」[34]一類的任務將由紅衛兵來完成。

就在毛澤東給紅衛兵回信的同一天，《人民日報》發表了〈全國都應該成為毛澤東思想的大學校〉的社論。社論告訴人們，這所大學校「可以培養出有高度政治覺悟的全面發展的億萬共產主義新人。」

---

31 同上。

32 同上。

33 王年一選編：《文化大革命研究資料（上）》頁62，北京，國防大學黨史黨建教研室，1988。

34 這是毛澤東在「五・七指示」中一再強調的內容。

## 七

對紅衛兵抱以極大希望和熱情的毛澤東，立馬將三個「熱烈的支持」化成了實際行動。先放縱他們以破四舊為名，抄家打人，再派「首都南下兵團」將北京的紅色恐怖帶到上海，從而打破社會正常秩序，造成天下大亂的局面，迫使第一線的劉鄧束手。與此同時，八次接見紅衛兵，讓千萬名紅衛兵將文革的火種帶向全國各地，同時提供免費的全國大串聯，大力倡導「重走長征路」，為造反小將們提供條件，鼓勁打氣。

然而，毛很快就發現，這些最早起事的紅衛兵，很有點葉公好龍，他們只能造別人的反，只能打死老虎，只能向無權無勢的弱者掄皮帶。一旦他們的老爸老媽成了黑幫走資派，他們的革命造反精神就被狗吃了。其極端分子，還組織什麼「聯合行動委員會」，把矛頭指向新政治局——中央文革，膽大妄為，還衝擊公安部。

對這些被稱為「老兵」的不過是半截子革命派，毛失望了。從骨子裡，毛對這些「八旗子弟」就看不上，他的出身經歷使他堅信，只有社會底層的「小人物」革命起來才最徹底，造反精神才最強。「小人物情結」使他把目光轉向了蒯大富、聶元梓、韓愛晶，王洪文一類的造反派紅衛兵。他號召他們批資反路線，鼓動他們驅趕工作組，稱讚他們批鬥黑幫，放縱他們到中南海揪鬥劉少奇……。在為這些人的激進極端狂熱武鬥鼓勁加油的同時，他還給他們開出支票：「蒯大富可以當清華大學校長」，韓愛晶「很有希望」，周泉纓是四一四的「理論家」……

然而，這些紅衛兵也不爭氣，「五大領袖」要麼是摸錯了毛的脈，要麼是被權迷了心，要麼是破過了頭。碩果僅存的王洪文，之所以沒犯錯誤，是因為跟著張春橋亦步亦趨地按毛的部署辦事，而終於被扶上了中共副主席的高位，可是，毛又失望了——這位新人，不過是第二個劉盆子。

這兩種紅衛兵用他們的實踐和命運，告訴毛，他心目中的新人只是一個畫餅，他那既盲從又造反，既想讓雷鋒當孫悟空，又想讓孫猴子當螺絲釘的新人標準，沒有人能達到。

事實證明，毛澤東思想大學校培養出來的要麼是「頭上長角，身上長刺」的投機分子，要麼是為達目的，不擇手段的厚黑政客，要麼是思想偏激，觀念僵化的兵馬俑，要麼是毛澤東時代的反叛者。所謂「有高度政治覺悟的全面發展的億萬共產主義新人」，不過是毛澤東不著邊際的胡思亂想。

由此可以理解，為什麼毛的「政治遺囑」那麼無奈，那麼頹喪，充滿了失望與悲涼：「我一生幹了兩件事，一是與蔣介石鬥了那麼幾十年，把他趕到那麼幾個海島上去了，抗戰八年，把日本人請回老家去了。……另一件事你們都知道，就是發動『文化大革命』。這事擁護的人不多，反對的人不少。這兩件事沒有完，這筆遺產得交給下一代，怎麼交？和平交不成就動盪中交，搞不好就得血雨腥風了，你們怎麼辦？只有天知道。」

這個跟天、跟地、跟人鬥了一生，且引以為樂的老人，不得不承認自己的失敗。

# 藍蘋的「自然本色」——江青的審美

楊銀祿說，在他給江青當秘書的時候，江青哭過三次，一次是看程硯秋演的《荒山淚》；一次是謝富治之死；一次是看到內參上登的陳景潤的事蹟。江青還有一次哭，楊沒有看到，維特克看到了。那就是一九七二年夏，江青請這位年輕的美國副教授看嘉寶演的《瑞典女王》，影片演完了，維特克發現，眼淚蒙住了江青的眼睛。

江青告訴維特克：「我非常喜歡嘉寶。她氣質高貴，性格有一點叛逆，她的表演毫不做作，也不誇張，在十九世紀資產階級電影中絕對是一流的。」她因此為美國不頒給嘉寶金像獎而大抱不平。並囑託維特克：「如果你回到美國，能見到嘉寶，請你把我的話轉告她，我真想發給她一個大獎。」

維特克寫的《紅都女皇——江青同志》中，記錄了不少江青的忽悠、浮誇和吹牛皮。但對嘉寶，她說的是實話。這是一個很讓人驚詫的實話——樣板戲的指導者，「三突出」的創建者，以造作、誇張、虛假為美的文藝革命旗手，居然會欣賞毫不做作誇張的表演，並且要給一個為資產階級服務的女演員發獎！

## 以「自然本色」為美

江青對嘉寶的態度，暴露了她內心深處對於美的另一種看法。這看法曾指導著她在早年的演藝事業，並為評論界所認同。這是什麼看法呢？請看看人們對她表演的評價——

十五歲時，她主演《湖上的悲劇》，其「自然主義」的表演使「觀眾感動得哭了」。校長和老師稱讚她是「有成為悲劇演員的天賦」。[1]在此後的表演生涯中，她始終保持著這種「自然主義」。一九三五年，江青主演《娜拉》。得到了評論界的一致好評，蘇靈稱讚她是表演與說白的天才，[2]海士稱讚她的動作和表情非常感人，[3]李成說她的表演自然本色。[4]

只有張庚對她的演出風格持批評態度。認為她的表演『太自然主義』，因為她把娜拉演成了一個「叛逆的女性」。「脫離了易卜生本來對娜拉個性的觀念，根據自己的判斷處理這個人物。」[5]張庚所說的「自然主義」，用表演藝術的術語來說，就是「本色」——江青是一個個性演員，她只能「把角色的內外特徵遷就他自己」[6]她只是順乎自己的個性和氣質飾演著這位挪威女性。

此後，江青又演了幾部話劇，《欽差大臣》中飾小木匠之妻，《父歸》中飾女兒，《嬰兒殺害》中飾女工，在章泯導演的《大雷雨》中擔任女主角卡傑琳娜。按照鄭君里的分法，江青充其量也只能歸為「類型性的演員」。[7]她適合演那種潑辣大膽的、爭強好勝，敢於反抗命運，而又屢遭不幸的女性。這與她的性格相符

---

1 〔美〕洛葛仙妮・維特克（Roxane Witke）著，範思譯，《紅都女皇——江青同志》（香港：星克爾出版有限公司，2006），頁55。

2 蘇靈，《觀〈娜拉〉演出》，《晨報》（上海），1935年7月2日，第八版。

3 海士，《看過〈娜拉〉之後》，《民報》（上海），1935年6月28日，第三張，第二版。

4 李成，《藍蘋訪問記》1—4，《民報》，（上海），1935年8月28日第二張，第二版；29日第三張，第四版；31日第三張，第四版；9月1日第三張，第四版。

5 〔美〕洛葛仙妮・維特克（Roxane Witke）著，範思譯，《紅都女皇——江青同志》（香港：星克爾出版有限公司，2006），頁100頁。

6 鄭君里，《角色的誕生》，（北京：中國電影出版社，1981年），頁19。

7 鄭君里，《角色的誕生》，（北京：中國電影出版社，1981年），第一章第六節。

——她的第三任丈夫唐納對此深有體會，他稱她為「大膽的女性」。讚賞她沒有中國女孩通常的羞羞答答，膽小怕生，主動與男人說話，不怕生人。[8]

江青在銀幕上的表現，也證明了她的類型性。她在《自由神》、《都市風光》、《狼山喋血記》飾演的角色都與她的性格相近。她在《狼山喋血記》飾演的農婦劉三之妻，以人物心理變化過程把握準確，表演樸素真摯而「獲得了影片導演者的讚美，也受到了觀眾的歡迎和好評。」[9]而她的「自然主義」風格，在電影《王老五》中表現得最為突出，她淋漓盡致地表現了女主角的潑辣和強悍——當聽到胖子勸她爹，把她許配給王老五為妻的時候，她竟不管不顧，衝進屋來，當著老父的面，扭住胖子的耳朵，連拉帶罵，把胖子拉到門外，拔出縫衣針，狠狠地扎進胖子的肉裡。

江青當時的即興言論也為她的審美做了注腳——在出演娜拉成名後，她接受記者的採訪，談到當時的女演員，她明確地表示了自己的好惡：「我最喜歡阮玲玉，的確她是很會演戲，而且能夠扮演的角色很廣。她可以說是中國最有希望的一個女演員。還有王人美底的那樣野貓般的姿態和表情，我也很喜歡。的確，她完全是出於自然的。像陸麗霞那樣，就覺得做作和扭捏了。」[10]

趣味無爭辯。江青對同行們演技的評價不管中肯與否，都可以看出她的趣味。

---

8 〔美〕羅斯・特里爾著，張寧等譯，《江青正傳》頁67，北京：世界知識，1988。

9 程季華主編，《中國電影發展史》上，頁473，北京：中國電影，1963。

10 李成〈藍蘋訪問記〉1—4，《民報》，（上海，1935年8月28日第二張，第二版；29日第三張，第四版；31日第三張，第四版；9月1日第三張，第四版。

這種審美趣味同樣體現在江青的裝束和打扮上。她不喜歡首飾和化妝。在上海當演員時的藍蘋，不擦粉，不抹胭脂、口紅，「像鄉下姑娘似的純潔質樸。」[11]進了北京更是如此。江青的第二任秘書楊銀祿說：「她生活說不上多麼奢侈，我沒見她戴過什麼首飾，也沒有化妝品，江青穿的衣服也比較簡單，基本是軍裝。不管穿什麼衣服，都很得體。」[12]王光美去印尼訪問，江青建議她不要戴項鏈，固然有嫉妒的成分，恐怕也與她的審美有關。

左聯人士馬子華在回憶錄《意氣方遒》中說，他在上海時看到的藍蘋「燙頭髮、穿旗袍，著高跟鞋、擦脂抹粉」。[13]可是，藍蘋在上海時的照片告訴我們，這種說法未免得有點「妖魔化」。在照相前，女性或多或少要修飾一下，尤其是當演員的。可是那些老照片展現給我們的，卻是一個樸素無華的青年女性，即使是畫報上的劇照也不過是略施淡妝而已。

## 二、這種審美觀從哪裡來？

那麼，江青的這種審美觀從何而來呢？

這首先要歸功於她的家庭。一九三七年江青到延安後，向組織交的個人小傳中說：「我是產生在一個已

---

11 李成〈藍蘋訪問記〉，《民報》（上海），1935年8月28日，第二張，第二版。

12 李明三〈江青不是孤立的一個人〉，《鳳凰週刊》（香港），期6，（2011年2月），頁31。

13 《左聯回憶錄》上，頁327，北京，中國社科，1982。

經走向沒落的小資產階級的家庭裡，在我的記憶裡，童年的生活充滿了恐怖、淒涼的情調。」[14]這是基本屬實的。江青的父親是木匠，開過店鋪，當過經營地主。她出生後，家道沒落，其母帶著她另立門戶，雖然不至於啼饑號寒，但也絕不寬裕。尤其是其父病故，所得遺產無法維持，生活窘迫，其母不得不外出為傭。特里爾說她媽媽為生活所迫，夜裡出去賣淫，純屬無稽之談。諸城縣委報導組的揭發材料說，江青「全家九口人，吃的是精米細糧，大魚大肉，過著驕奢淫逸的生活。」則很有些「妖魔化」。[15]

審美觀是生長條件的產物。江青家庭的經濟境況使她沒有條件去追求穿戴，置辦首飾。她愛美，也只能根據自身的條件——用烏黑發亮的長辮子吸引人，在服裝的得體上下功夫。回憶文章說，在延安的女性中，江青最會打扮——她把灰土布的軍裝略做修改，就顯出了她的腰身。

審美觀在生長條件中形成，在藝術活動中改變或強化。對於演員來說，如果他／她所接受的角色與其生活經驗和審美觀相一致，那麼，他／她的表演就會大放光彩。她飾演的《湖上的悲劇》的女主角素萍，之所以贏得好評，是因為這個角色的遭遇與她有相似之處，素萍之父的專制，對女兒愛情的阻撓，喚起了她對童年生活的回憶——她的父親怎樣專橫，怎樣打母親。素萍兩度自盡的悲慘命運，則讓她想到了她那正在為人做傭人的寡母，想到了她自己的飄零身世和渺茫前途，正是這種相類的命運，使她進入了角色。

她飾演的娜拉，之所以征服了上海戲劇界，也是因為這個角色與她的經驗和心理契合同構。所以，她才會感到「我在臺上真是自在極了，好像娜拉與我自己之間沒了距離，把娜拉的話當作我的，把我的情感作為娜拉

14　葉永烈：《江青畫傳》頁3。
15　《人民日報》1977年4月27日。

的，什麼都沒有擔心，只是像流水似地演出來了。」[16]

個人的審美取向與時代主潮密切相關。上個世紀三十年代，左翼文藝為了與主流文化爭奪話語權，在貼近現實和藝術技巧上狠下功夫。田漢在左翼劇聯的擴大會議上說得好：「革命的宣傳不能太簡單直接，不能太赤裸，應通過強烈的藝術感染力來表現，政治觀點藏得越深越好，必須講究表演藝術和戲劇技巧，爭取觀眾的喝彩。」[17]要貼近生活，就需要自然本色。阮玲玉以其樸素傳神的演技崛起於三十年代的影壇，成為各派服膺的表演藝術家，是時代使然。

## 三、藍蘋成為江青之後

江青在上海待了四年，這四年給了她毀譽參半的名聲，也給了她的成形的審美觀。在爭主角出風頭，靠男人往上爬，破壞別人家庭的譴責聲中，她離開上海，投奔延安。《講話》給了她新的文藝思想和新的審美，但是上海培育起來的審美趣味並沒有灰飛煙滅，就像毛澤東批評她的那些「資產階級生活習慣」一樣，它在這個女人的內心深處潛伏下來。

三十年後，她成了「文藝革命的旗手」，在指導樣板戲的創舉中，建立起嶄新的創作理論「三突出」。乘著六十年代激進主義的時代大潮，她高揚「革命英雄主義」，塑造著「高大全」的英雄，在崇高的審美旗號下，炮製著「偽崇高」。

---

16 藍蘋：《從〈娜拉〉到〈大雷雨〉》，《新學論》1937年4月5日。

17 王素萍：《她還沒叫江青的時候》頁161，北京，十月文藝，1999。

然而，回到釣魚臺，她卻要在西方電影中重溫自然本色。

維特克問江青：「你這麼喜愛嘉寶的電影，為什麼不公開放映，讓中國的老百姓都能看到？」江青回答：「我們允許資產階級電影在小範圍內放映。如果公開放映，人們對這些影片會展開政治上的尖銳批評，這對嘉寶顯得太不公平了。」[18]江青沒有意識到，她在說這番話的時候，變成了另一個人，這個人在用超階級、純藝術的審美標準衡量文藝。

江青看電影，是消遣，也是工作。而其審美的多重性常常在這消遣之中暴露出來。吳祖強說，有一次，江青看美國電影《鴿子號》。那是一部描寫一美國青年駕孤舟遠航，戰勝種種困難，終於完成心願的故事片。片子的結尾，青年的女友跳進海裡，與男友在海水中擁抱。江青感慨：如果是她，也會跳到水裡撲向自己的愛人的。[19]江青沒有意識到，在說這番話的時候，她已經接受了這部電影的價值觀：個人英雄主義和小資產階級的浪漫戀情。

## 四、江青的實用主義

審美是多樣的，同一個人，既可以崇尚崇高，又可以喜歡優美。審美是變化的，同一個人，發達而得意於廟堂；失意而寄心於田園。但無論多麼複雜多樣，變化多端，都會統一於同一個體之中。江青的特異之處在於，她的多樣是隱蔽的，她明裡要「大江東去」，暗裡要「小橋流水」。她的變化是晝夜交替的，白天要虛偽

---

18 李明三，〈江青外媒眼中最有權勢的中國女人〉，《鳳凰週刊》，期三，（2011年），頁27。

19 網文《劉詩昆回憶非常歲月非常事》http://www.360doc.com/content/11/0729/21/23160_136614618.shtml（2011/5/2）。

造作的「高大全」，晚上要「毫不做作，也不誇張」的嘉寶。

如果把江青的審美觀比做一個建築的話，那麼，它的主體是文藝的階級性、政治性、歌頌性和烏托邦，它的最高層是「崇高」。它的附屬建築則是包括自然本色和優美在內的某些超階級的藝術美。這些東西隱蔽在主體的陰影之中，只有在適當的時候才「偶爾露崢嶸」。

江青的這種兩面性是否表明她具有是分裂人格和多重人格呢？在人格上，江青確實存在著嚴重的障礙，她有著明顯的偏執性人格和反社會人格。但這應是另一篇文章的內容，本文討論的是，是什麼造成了江青審美心理的兩面性。在我看來，江青的審美的兩面性，與我們常說的雙面人，兩面派是一樣的。它並不是人格的分裂，而是完全出於政治功利的冷靜計算。

江青請維特克觀看《紅燈記》，演到李玉和探望獄中母親的一場戲時，江青向維特克解釋：「邏輯上李玉和的頭髮衣服應該是又髒又亂的，但考慮到他馬上要成為烈士，我們讓他的形象較整潔，因為他代表的是高貴的形象，我們不追求自然主義。」[20]

這一解釋說明兩個問題，一，在江青心目中，自然主義就是生活邏輯，就是真實性。二，但是，為了塑造「高大全」的英雄形象，她必須犧牲生活邏輯，犧牲真實性。換言之，在政治功利面前，一切都得讓路，一切都得調整。這包括，她個人的愛好，個人的審美趣味。

政治功利，說到底就是實用主義。江青對待藝術、對待審美，就像對待男友和婚姻一樣，是以實用為第一的。她接受了文藝的階級性、政治性、歌頌性和烏托邦理想的審美意識，因為這是主流。她要在五六十年代大陸的文化環境和審美主流中，嶄露頭角，就得將毛文藝思想中的謬誤和偏執向激進方向發展，她要通過樣板戲

20〔美〕羅克珊・維特克著，範思譯，《紅都女皇——江青同志》頁405，香港：星克爾，2006。

走上政治舞臺，就只能在塑造英雄人物上另搞一套——比原來的更遠離真實，更高大全。

也正是出於實用主義，她沒有放棄對「自然本色」、對好萊塢、對嘉寶、鮑博的喜愛，而是很謹慎地把這些非主流的，甚至「反動」的東西，收藏到內心深處。當她需要的時候，才把它們拿出來，或在私人放映廳，或在私人的談話之中，為之感慨，為之感動。[21]

也正是這種實用主義，使江青在樣板戲與好萊塢這一絕對對立的美學之中，坦然自若，如魚得水。

---

21　維特克在她的書中談到：江青有幾乎所有的嘉寶的主演的影片。有一次，她在廣州別墅用嘉寶演的克麗絲汀女王來招待維特克，這是1933年米高梅出品的片子，江青已經看過無數遍了，看完了「眼中蒙上了一層淚霧。」出處同上，頁119。

# 「藍噴」不是「藍蘋」——江青的筆名考

一九七六年底和一九七七年，內部印發了「供批判用」的「四人幫」資料集和《張春橋、江青三十年代黑文》。上海圖書館還編了一本《徹底揭發批判「四人幫」——張春橋、江青三十年代資料索引》。這個索引列出了江青的十幾個化名、筆名：雲鶴、青雲、雲古、李進……，其中最著名的是「藍蘋」，最令人懷疑的是「藍噴」。

「藍噴」一名之令人懷疑，不在於它的怪誕。用「噴」字做名字的固然古今罕見，但沒有理由不准江青突發奇想。何況編者還引用了一九三六年七月四日《大公報》上一位娛記喬琳寫的〈唐藍珍聞〉一文為證：「此文透露藍蘋曾署名藍噴作文章〈南行車中〉。」

查《大公報》，喬琳是這樣寫的：藍蘋「時常有稿子在報上發表。」「她到濟南去的前後幾天，還有好幾篇稿子在《時事新報‧青光》上發表。〈南行車中〉、〈農村演劇雜寫〉是其中的兩篇。」而這兩篇文章前者署名藍噴，後者署名藍蘋。

那麼，藍噴是不是江青？讓我們看一看藍噴的作品。

從文體上講，藍噴的二十七篇文章都屬於紀實散文。從人稱上講，這些文章分兩類，十四篇是以第一人稱「我」來寫親身經歷或所思所感，十三篇是以第三人稱「他／她」來寫下層人的生活和市井百態。

在以「我」為主角的文章中，除了兩三篇之外，其他文章都很明顯地告訴人們作者是個男性。

《舊照》一文寫道，某日，「我」整理舊書，在《少年維特之煩惱》裡發現了一張「舊得將變黃的姑娘照片」，「我」想起了照片的來歷：畢業典禮之後，這位姑娘丟給我一張照片，「我想把這照片天天放在口袋裡，恐怕弄皺了，想放在匣子裡或皮夾裡，可是沒有好看的匣子，又沒有皮夾，後來總之我夾在這本書裡了。把最愛的人的照片，放在最愛的書本裡頭，恐怕是世界上最合理的事情了罷？」顯而易見，這姑娘是作者的初戀。

〈公墓之夕〉寫作者為「簫」掃墓：「我頹喪地坐在簫的墓上，撫摸著墓上的青草，撫摸著灰色的碑碣，似乎又同簫在一起了！她那晚霞似的臉龐，充滿著靈感和活力的眼睛，可愛的手似乎又在輕輕地擊我肩頭，真摯的說：『藍，向前去吧！』」很顯然，簫生前是作者的女友。

〈小輪船上〉中的「我」乘坐的小輪船，夜裡遭到土匪的打劫。聽到槍響，船中富有的太太和小姐們急忙摘下首飾，藏到胸前；大肚子商人趕緊把鈔票掖到鞋子裡去。土匪提著槍跳上船，挨個搜身。擰著摸著「小姐少奶奶們珍貴的胸口，裡面找出了珠鐲或者金戒，便大笑著拿去了，搜不到東西也要她們的皮旗袍或者大衣，臨走時還要擰一把奶子或摸一摸大腿」。而當劫匪跟「我」要錢的時候，「我」一邊說沒錢，一邊站起身來，「把破大衣二邊拉開」，「同時我的幾本舊西書和手杖一起落在地上。咯啦一響，把土匪嚇得一跳。」這些動作告訴我們，「我」是一個為生活奔波的男子，一個懂得外文的窮讀書人。

在〈憂鬱的調子〉和〈我做了肉票了〉兩文中，作者描述了自己的家庭身世和少年時代的生活——「我」出身於一個大家族，有很多書。「我」從小嗜讀書，「我」雖說是四房生的，地位低微，但似乎沒受過窮。有一盲藝人，每晚在茶館裡說書。「我」每天積下二三個銅板去聽說書，最愛聽的就是《封神演義》。

這個「我」還打殺過人。「我」少年時，某晚被綁了「肉票」，關在一小屋。看押「我」的是一個瘦老頭，一個月間，「我」被迫寫了七八封勒索信，要家裡交二千元來贖票。但家裡一時拿不出來。瘦老頭急了，聲稱三天之內不交錢就扯票。於是「我」決定「打出一條最後的生路來」。「黑夜又到了，我高提著板凳候在房門口，老人照例地托著菜和飯開進門來，我便用盡全身力氣，猛地把板凳擊在老人天門上！老人一聲啊呀……還沒喊完，連飯帶菜湯都倒在地上了……我在老人床邊找到了鑰匙，開了大門，在黑暗中向不黑暗的處所奔，奔，象狂犬一樣。」「我」逃回家才知道，綁匪就是二叔的佃戶，那個「匪窟」就離「我家」六里地。

晚上到茶館聽說書，最愛聽封神。用板凳打倒看押者……這類情事恐怕不是女性能做到的，何況在這兩篇文章裡，「我」被稱為「少爺」。而在〈楓涇布〉、〈在輪埠上〉、〈粉筆字〉、〈雨天的旅行〉等文中，「我」被稱為「先生」。

這位「少爺」、「先生」的老家在哪裡呢？〈松江之鱸〉一文中，做了這樣的表述：「幸運的我做著個松江人，有的四鰓鱸吃。然而，這七、八年在外奔波，四鰓鱸的鮮味，只在回憶裡偷嘗罷了。」松江在上海西南，以前叫松江縣，古稱華亭。四鰓鱸是那裡的特產。在此文中，「我」介紹這種魚的做法，說做魚時最忌放醬油，一旦加了醬油，那魚「就成了掉在秀野橋裡的狗屎」。秀野橋是明洪武年間修的一座石拱橋，是松江的標誌性建築。

如果藍噴真是江青的化名，那麼，江青有什麼必要以男性的身分寫文章？她怎麼可能以男性的眼光看待事物而不露破綻？作為一個木匠家庭出身，成年後在戲劇電影圈裡討生活的人，又從哪裡獲得上述生活的細節和感受？

在藍噴的第三人稱的文章中，有遊記，有隨筆，有小說，作者同情下層人的生活，刻劃了形形色色的人物，其觀察細緻，描情狀物不乏清新之筆。且文字之間，常有感慨議論，或譏諷眾生，或冷嘲世相。

〈香市小景〉、〈佘山行〉和〈佘山之行〉是遊記。「香市」指的是河南方城縣的廟會，作者夜裡乘船路過此地，「眼著許多海蠻子有意去擰路過的婦人的腰、手臂，大家有意推來推去，把醜得像水牛頭一般的臉嘴，擱到女人肩上去……」「佘山」指的是位於上海西南的松江區的佘山。作者兩次到此處遠足，「一路遇到的大半是頭上兜著花布的網船娘，……晚霞色的臉上，飄忽著原始的笑意。」「赭褐的斷壁上，工人們吊在麻索上用鐵鏟和山石拼命，丁丁之聲顫抖地傳來，似乎訴說著他們的未來的命運。」

〈登記〉、〈新穀〉、〈小豬的市場〉、〈漁汛〉、〈施醫局〉、〈某晨紀事〉、〈秋夜〉寫的是草根民眾的苦難：國民政府在農村搞土地普查，在痘神廟進行土地登記。農戶張金生本有祖傳的二畝地，登記者非說他的地只有一畝四分五。要重新丈量，每畝兩塊大洋。交不出錢的金生，「像隻受傷的野狗，歎著氣出來。」（〈登記〉）打穀場上，才根夫婦一邊幹活一邊算計著，有了這三石稻子年夜下就能買下兩個臘豬醃醃，還能給五歲的六寶買新米團子。正在這時，恒記倉的外賬和當地的保正帶人來了，裝走了所有的稻穀。（〈新穀〉）木生不顧母親和妻子的勸阻，到集市上去賣小豬。恒豐花米行的小老闆聞訊趕來，向木生催索欠債，木生正欲分辯，小老闆三拳兩腳把木生打翻在亂柴堆裡，直接把賣小豬錢收了去（〈小豬的市場〉）。順雨領著十幾個漁民駕著木船在渤海灣捕魚，已經四天了，只打上了很少的魚。這天夜裡，「咯咯咯」的黃魚的叫聲讓順雨們興奮異常，大家趕緊下網。可就在收網之際，一艘黑色大輪船鳴著汽笛沖過來。木船趕緊扯篷帆，「船被風向向左一幌，恰好撞在大輪船的高高的鐵船頭。哭聲……叫喚……汽笛叫……黑暗……浪頭卷去了人和船。」（〈漁汛〉）……

在這類文章中，〈生路〉一文最長，其描情狀物可代表作者的最高水準。文章寫一個叫「賊三多」的偷兒，從小孤孀的菜地裡偷拔了萵苣筍和蔥梗，小孤孀發現了，「嘴裡飛著白沫，像敲破金鑼似地罵著：賊骨頭，絕子絕孫。」一邊「像螃蟹一般走來」。賊三多「眨著爛眼睛，拉開嘴笑著」回應：「大阿嫂怕絕子孫，我來替傳種好了！」「說完就跑，只揀小堤岸小竹林奔，奔過小弄堂，奔過坍石橋，瘋狂得像剪去睫毛的牛似的走回痘神廟，鑽進痘神老爺停著陰船的隔壁一間，開始用蚌殼刨刨去萵苣筍的皮。」然後，他就蹲在痘神廟前面的板橋上招呼買主。萵苣筍賣了五百五十文，這些銅錢裝在賊三多的衣袋裡，他每「走一步，便響一響，好像犯人的鐐銬似的。」賊三多到一家團子店吃了肉餡湯糰，剩下的錢「必得去抽二筒才過癮……在煙館的煙鋪上，賊三多噴著三百三十文的煙，有藍的，有白的，有一捲一捲的，有一絲一絲的，也好像依著拐杖的老壽星騰空而去的。……在這神密的世界中，三多尋得了人生的真意義。」正當他抽得起勁，兩個員警來了，不由分說，「充軍似的提著賊三多，向警察局行進。」最後，賊三多以「屢犯竊案邈視法紀私吸洋煙弱種喪生」的罪名「由鎮上的警察局解進城裡的公安局，公安局備文解地方法院，法院三言兩語一審之後，判令發落看守所先行戒煙，然後再入大禁，吃一年六個月的官司。」在局子裡，三多因交不上香煙錢，「半夜過後遭吊打，用細麻繩吊住大姆指和大腳趾，抽一抽，打一打。」更要命的是，斷了大煙，「眼淚鼻涕像開了壩，而且腰裡的肋骨似乎在被人抽去了，一根一根的。」三多受不了了，決定用裝死逃出去——他算計，看守所的棺材一定單薄，釘子也不會牢固。沒想到，典獄官命令獄卒們牢牢地釘上棺蓋，免得野狗把死人骨肉拖來拖去不衛生。於是獄卒們「擊著筷樣長的橄欖釘」賣力地釘棺材蓋。三多著了急，在棺材裡兩腳亂蹬，狂喊救命。眾人嚇白了臉，典獄官可生了氣，「混帳，詐死詐死。既要詐死就給他真死吧！」獄卒們蜂擁而上，釘蓋子，拿繩子，尋杠子。三多在棺材裡喊著救命，他的聲氣，「但似乎很遠，很幽，好像物理室中試驗音的傳出時，罩在厚玻璃鐘裡的電鈴一樣微弱地呻吟著。」

作者筆下的「賊三多」略有幾分阿Q的氣質，其筆調之陰冷似乎也在模仿魯迅，文中那些新穎的比喻，恐怕僅憑想像編不出來。

文學來自生活，如果藍噴就是江青的話，那麼，她從哪裡來的這些生活？她曾在上海大夏大學旁聽，在湖社、拓聲演劇，在晨更工學團和女工夜校教女工們識字、唱歌和演戲。偶而到農村演些活報劇，在被捕入獄獲釋後，到浙江臨海的鄉村養病，從一九三三年到一九三五年，她曾兩次離滬（第一次在一九三四年初曾隨黃敬，第二次在一九三五年初養好病去的）。一九三六年至一九三七年中葉的一年半的時候裡，她除了去過濟南，又從濟南到過一次北京之外，一直在上海忙著演戲拍電影。也就是說，她沒有機會去深入藍噴所描寫的生活，沒有機會去觀察和接觸藍噴筆下的那些人物。更沒有機會頻繁地外出，到藍噴去過的痘神廟、渤海灣和方城縣。

退一萬步講，即使我們假定江青有著非凡的想像力和洞察力，在一九三六和一九三七年中旬的一年半的時間裡，她也不可能以藍蘋之名，在《電通畫報》、《上海大晚報》、《綢繆》、《大滬晚報》等報刊發表十篇文字的同時，還要以「藍噴」為筆名撰寫二十七文章。

藍噴的文章都是發表在《時事新報》的副刊「青光」上，最早出現在一九三六年三月十六日，從那時到一九三七年三月二十日，一年的時間裡，藍噴的名字始終沒有離開這家報紙。除了一九三六年七月是空白之外，藍噴平均每個月發表兩篇文章。

在這期間，江青在幹什麼呢？

她正在忙著演戲、戀愛、革命、婚變、同居和出風頭。她的情緒始終處在亢奮和鬱悶這兩極之間。請看下面的時間表：

一九三五年六月江青演出《娜拉》，受到好評，此後，她參加了《自由神》、《都市風光》的拍攝，飾演配角。同年九月，她與唐納戀愛並同居。據她在〈一封公開信〉中交代，從一九三六年三月到六月的時間裡，她是在生病、吵架、結婚和養病中度過的。

在這三個月中，藍噴發表了〈小酒店〉、〈登記〉、〈香市小景〉〈佘山行〉、〈渤海之夜〉、〈施醫局〉等八篇文章。此時之江青，怎麼可能有心思靜下心來寫文章？二十六日，唐納因江青負心，自殺未遂。兩天後，得到消息的江青從北京回到濟南，陪唐納回滬。

在這一個月裡，藍噴一如既往地發表著他的文字——六月十五日的〈楓涇布〉，寫「我」從上海搭夜班輪船回鄉。六月十八日的〈南行車中〉，寫「我」從濟南上車，往南邊去，鄰座是來自於北平的爹孫二人。

很難想像，在演戲的緊張，北上的倥傯，與舊情人相見的亢奮中，江青還有閒情逸志去關心賣楓涇布的老太婆，與死去了女兒的老人聊天，並把他們寫進文章裡。

從一九三六年七月到翌年三月，江青為事業而奔忙，先是出演《狼山喋血記》，然後與王瑩爭演《賽金花》。敗北之後，轉向《大雷雨》，出演卡嘉琳娜。同時，又投到蔡楚生門下，飾演《王老五》中的女主角。這期間，她的私生活更是精彩紛呈，與唐納始而吵架，繼而分居，分居後還要吵架，甚至天沒亮就跑到朋友家去尋找仲裁。有一次還上演了「全武行」：二人關在屋子裡互毆。江青說當時的精神狀態：「我陷在一種很厲害的鬱悶躁狂中，我時常捶自己的頭，打自己，無故的發瘋一樣的鬧脾氣。」而她的身體也出了毛病。由於「白天演《大雷雨》，同時夜裡拍《王老五》。使我的身體壞到極點，尤其是心臟衰弱的更厲害。……我又病了。」（〈一封公開信〉）這並不妨礙她移情別戀——她與《大雷雨》的導演章泯同居了。

在這八個月裡，藍蘋默默地筆耕。八月發表了〈公墓之夕〉〈我做了肉票〉。九月發表了〈在輪埠上〉、〈舊照〉、〈生路〉等五文。其中的〈生路〉在《時事新報》上連載六天。從是年十月到次年三月，藍蘋在《時事新報上》發表了十篇文章。

一九三六年七月十一日，《娛樂週報》發表了江青對近年生活的總結和反省：「自己在上海，度著跑跑舞場、吃吃咖啡的頹廢生活，感到環境移人，意志消沉，所以離滬北去，參加救國運動的工作。」[1]江青的反省是痛切的。但是，這與藍蘋無關——在藍蘋跑舞場的時候，藍蘋在小輪船上的輾轉；在藍蘋吃咖啡的當兒，藍蘋想念著家鄉的四鰓鱸；在藍蘋爭角色、鬧婚變的時候，藍蘋在爬格子。

至此，我們有足夠的把握這樣介紹藍蘋：男，一九一〇年前後出生，籍貫江蘇省松江縣，出身地主，成分

[1] 葉永烈：《「四人幫」興亡》，頁113，北京，人民日報，2009。

學生。受過高等教育，懂外文，善寫作。一九三五至一九三七年間常為報刊撰文……。

藍噴與藍蘋，風馬牛不相及。

# 林彪與諂諛——為「九一三」四十週年而作

一

林彪出事的時候，我正在內蒙土旗插隊。隊長二銀虎病下了，我這個記工員更沒法歇，整天領著三四十號社員苦受。前晌東墳地，後晌馬蓮灘，穀子、玉茭子、糖菜、胡麻，地裡的活兒沒完沒了。晚上回來，查工分的社員擠了半屋子。把他們打發走了，一頭倒下，死一般地睡。那時候，你就是一頭牲口，帝力於牲口何有哉！

我何時，何處，從何人那裡聽說林彪的事，現在一點也記不起來了。就連當時必有的驚駭，在心腦間也不留一絲痕跡。那些年，經歷的國家大事太多，不免麻木不仁——彭羅陸楊、劉鄧陶、王關戚、楊余傅，二月逆流、六十一個叛徒集團……昨天是高官顯貴，今天就被砸爛狗頭。死上一兩個副統帥，也見怪不怪了。再說了，不管怎麼天地翻覆，明天我還得領著人下地。

能說話的知青都回北京了，當地的農民成了我的討論對象。十一月的一個晚上，村裡的知識分子程天正來我這兒，我按最高規格招待——遞給他一支太陽煙。他接過來，夾在耳朵上，上炕盤腿，拉過炕頭的塑膠袋，捏起一撮黃楞楞的煙葉子，一邊捲，一邊說：「林彪死了，知青政策可能有變化。」

「哼，你就灰撇（內蒙方言：胡說）吧！」我說。

## 二

一個月以後，他的灰撇成了現實——內蒙工業局到土旗招工，我被內蒙鑄鍛廠挑中。

告別塔布賽時，天正請我到他家吃餃子。吃完了，他從大紅躺櫃的深處，翻出一個木盒子，盒子裡裝著照片、獎狀、私信、公函——他原來是內蒙水泥廠的團委書記，一九六〇年廠子下馬，他回鄉務農。因為地主出身，原來的女友分手了。三十大幾，才有一個從察哈爾逃荒來的醜女子嫁給他。

天正一樣一樣地給我看，最後從這些「細軟」的下面，翻出了一本破舊的《封神演義》。這是他送給我的禮物。他大概是用這本珍藏的讀物，償還他欠我的錢——兩年前，他家的女娃發高燒，送公社看病沒錢，我給了他十塊錢。

帶著這本書，我到了鑄鍛廠鑄鐵車間，成了混沙組的一個熟練工。

成了工人階級之後，我享受到了前所未有的政治待遇——在政治學習會上，給大夥念「五七一工程紀要」。

——農民生活缺吃少穿。

——青年知識分子上山下鄉，等於變相勞改。

——紅衛兵初期受騙被利用，已經發（配）充當炮灰，後期被壓制變成了替罪羔羊。

——機關幹部被精簡，上五七幹校等於變相失業。

——工人（特別是青年工人）工資凍結，等於變相受剝削。

念完了，我不禁對林彪父子暗生敬意——他們說得何等好啊！

敬意之外，還有一點兒不可告人的猜測——是不是中央要消除知青「變相勞改」的惡劣影響，我才有幸當上了工人？

## 三

批林批孔使我有了讀史的機會，范文瀾的通史就是那時候看的。《封神演義》也就在這種名義下翻了一遍。我對神魔小說不感興趣，但也不免有些聯想——看到商紂王的暴虐，不知不覺與B—五二（毛澤東）對起號來，而《紀要》對毛的評價更讓人想入非非：「他不是一個真正的馬列主義者，而是一個行孔孟之道。借馬列主義之皮、執秦始皇之法的中國歷史上最大的封建暴君。」再思謀起來，我又不免佩服起主席來——敢於將如此惡毒的詛咒發下來，足以證明其胸襟氣度。

但是，最讓我佩服的還是五七一的作者——據李偉信交代，《紀要》是「於二十二日至二十四日）寫的。《紀要》說，中國的社會主義是法西斯主義，說中國的國家機器是個互相殘殺，互相傾軋的絞肉機。真是字字見血、句句入骨。尤其是那個「絞肉機」的比喻讓我銘心刻骨——十八年後，我把它寫進了《內蒙文革實錄——「民族分裂」與「挖肅」運動》。

邱會作說，毛知道林彪死了，很高興，讓汪東興告訴政治局，「感謝林彪幫了一個大忙！」還和汪碰了杯。[1]幾天後，毛的輕鬆快活變成了僵臥長愁——整天躺在床上，很少說話和做事。一下子蒼老許多，背駝

1 《邱會作回憶錄》下冊，頁786、788、798，香港，新世紀，2011。

了，腿也不聽使喚了。腿腳浮腫，肺部發炎，濃痰不斷。弄得他夜不能寐，只剩下咳嗽。[2]毛的病源於心，他醒悟過來——他固然可以把「二月逆流」、「亂黨亂軍」等等一大堆屎盆子都扣在林彪頭上。但是，林彪也用他的死揭了毛的老底——副統帥、親密戰友、寫進黨章的接班人，居然是個叛國投敵反革命。這意味他這位「英明領袖」不過是個飯桶、騙子、教唆犯。

## 四

國人對文革的投入和信任，基於對毛的迷信和崇拜。林彪的一腔污血，被歷史之手一滴不剩地潑到了毛的身上，令其靈光大減，文革的基礎從此動搖。人們開始用自己的腦袋思考問題。而獨立思考的車輪一旦啟動，就會沿著因果邏輯鋪設的軌道疾馳。毛這個神一倒，一九六六年以來被官方肯定的一切，就會隨之倒下。

因環境、稟賦的不同，人們對文革的覺悟有遲有早，林昭，北大右派學生，在文革伊始，就看出這是毛在禍國殃民。徐明曜，前北大數學系教授。當時在唐山當中學老師。紅衛兵一起來，他就覺察到了這運動的荒謬。馬德波，前北京電影製片廠文學副廠長，劉少奇一被打倒，他就認定這場運動不過是爭權奪利。清華的武鬥，更讓好些人重新思考這場革命。但是，真正讓民眾懷疑毛，懷疑文革的是「九一三」。應該說，林彪之死是國人大面積覺悟的開始。它為一九七六年的「四五」天安門事件開闢了道路，為八〇年代的思想解放添磚加瓦。

我屬於後知後覺者，直到一九七二年初在《粉碎林陳反黨集團反革命政變鬥爭（材料之二）》的附錄裡看到《五七一工程紀要》，才悟出這個世道不對頭。我的幾位四中同窗，就是從那時開始研究中國的新階級和政

2　陳長江、趙桂來：《毛澤東最後十年》，頁178，北京，中央黨校，1998。

治經濟學的。

儘管林氏對他所抨擊的暴政貢獻多多，且這個《紀要》也不過是「彼可取而代之」的藉口，而絕無救民於水火之誠心。但是，我還是要借此機會，向文革思想史的作者獻上一個鄭重的建議：請您在大作中為《紀要》寫上一筆。

## 五

想到林彪的赫赫戰功，想到他的滅門之災，想到他對毛的忠心赤膽，想到他成了毛的替罪羊，有些人不禁熱血沸騰，為他鳴冤叫屈。

王年一，文革研究的著名學者，我尊敬的前輩，給舒雲的《林彪畫傳》寫序，稱林是「中華民族最優秀的兒子」，有著「愛國家、愛人民的偉大人格」，而他「讀這本書的過程，是感動的過程，是受教育的過程，是與偉人親密接觸的過程。」[3]我不以為然，提醒王先生：林彪吹毛，壞了一代風氣。王先生以林之功、之冤反駁我。說著說著，不禁涕淚漣漣。

從王到舒，從內到外，為林彪翻案的人不少。一位朋友給我寫信，痛陳林彪之冤。並引了一九五一年胡風給牛漢信中的一句話：「到我看準了的時候，我願意割下我的頭顱拋擲出去，把那個髒臭的鐵壁擊碎的。」他認為：「這話用在林彪身上很合適。」

3 《還原一個真實的林彪——喜讀舒雲的新著〈林彪畫傳〉》。載《王年一文集》百度貼吧http://tieba.baidu.com/f?kw=%BA%EC%BE%FC%D6%AE%D3%A5）

我為有這麼一位糊塗的朋友欣然，於是建議他用比較史學的方法，寫一篇〈林彪與胡風異同論〉。事過七年，他仍沒寫出來。

據我看，除了尊毛愛黨之外，林彪與胡風完全是不共戴天的兩類人。林彪看準的不是「髒臭的鐵壁」，而是一個反覆無常，以整人為樂的皇帝。林彪從來不想擲出他的頭顱，他只是不想向毛低下他的頭而已——廬山會議後，毛先搞「批陳整風」、再反黃吳李邱的「軍事俱樂部」。「毛澤東的方針很明顯，步步升級、步步緊逼、步步圍攻，實際上是『敲山震虎』，看你林彪什麼態度，毛澤東已下定決心，不投降就讓你滅亡。」[4]但是，林彪自恃功勞蓋世，堅持「三不主義」：不屈從，不檢討，不發言。他知道，檢討不檢討都一樣。林彪的死扛，在四十年後，獲得了其「死黨」的高度評價——「劉少奇投降了，作了檢討，也未能挽救自己的滅亡。鄧小平多次檢討，表態『永不翻案』，站起來之後不久，又強加『走資派還在走』的罪名，被打倒了。……黃吳李邱檢討多次，中央通過毛也通過了，最後還是被打倒。」[5]——他為毛立下了汗馬之功，有資格向毛說「不」！

是的，林彪那顆燒焦的頭顱確實給那個「髒臭的鐵壁」砸開了一個大洞。但是，他既非慷慨赴死的英雄，也不是反抗暴政的勇士。是的，林在文革之中當過觀潮派、逍遙派；他的出逃的確是毛逼出來的。[6]考慮到九屆二中全會的表現，我們還應該說，林彪還抵制過毛、抵制過文革。但是，有兩件事明擺著，第一，沒有林彪的支持，文革發動不起來。第二，在「造神運動」中，林彪功勞第一。

4　《李作鵬回憶錄》下，頁681，香港，北星，2011。

5　同上。

6　見王年一：《毛澤東逼出來的「九一三林彪出逃事件」》、《林彪是「文化大革命」中特殊的觀潮派、逍遙派》，載《王年一文集》。

## 六

林彪用他的謟諛與冤屈給人們出了一個大難題。以至於有些史學家舉臂踟躇，踟躇猶豫之中，不免坐錯了地方。隨便舉個例子——

澳大利亞墨納斯大學（Monash Universith）教授，與Frederick C. Teiwes合著過《毛澤東主義時代的終結》（*THE END OF Ths. MAOIST ERA*）一書的孫萬國（Warren Sun）說林有三大冤。其二是：「林彪儘管骨子裡也不以大躍進為然，也主張包產到戶，但鑒於劉的教訓，不惜隱抑私見，處心積慮標榜毛之正確，最後仍落個反毛行刺的罪名、身敗名裂的下場。」[7]

這裡的邏輯是，林對得起毛，毛對不起林。換句話說，既然林「處心積慮」地拍毛之馬屁，他就不應該身敗名裂。如果身敗名裂，就是不義不公，就是冤比竇娥。

孫生先生的屁股坐在哪兒了？是坐在毛家灣的沙發上？還是坐在了懷仁堂的門檻上？

什麼叫冤？無故受到指責，無罪說成有罪，是為冤。林彪沒反黨，更沒反革命，也沒證據說他謀害毛，可非要這樣說，那是冤，冤得很。

林彪吹毛、造神、搞個人崇拜、現代迷信，將謟諛之風從黨內刮向了社會，壞了黨風、政風、社會風氣。如果按照敗壞風氣罪判林彪，不冤。

林彪的問題是罪非所罰，罰非其罪。他本來是在道德上犯了罪，卻非說他是政治犯。就好比是一人組織

---

7 孫萬國：《古有竇娥，今有林彪》，載《明報》月刊1996年7月號。

賣淫，卻判他顛覆國家。生產毒牛奶，卻定他裡通外國。不是以事實為根據，以法律為準繩；而是以逼供為根據，以需要為準繩。勢必要造成這種罪與罰的錯位。

## 七

人欲辱之，必先自辱。林彪遭此不測之災，蒙受替罪之冤，有一半是他自找。

毛說他一生幹了兩件事，一是打敗了蔣介石，二是搞了文革。林彪一生也幹了兩件事，一是打仗，二是挺毛。林的兩件事跟毛的兩件事其實是一件事——沒有林的力戰，毛不易打敗蔣介石。沒有林的力挺，毛搞不起文革。為林鳴冤叫屈的人們，似乎忘記了林彪挺毛的手段和惡果。

林彪挺毛之法，一言以蔽之：投其所好。林知道，毛愛聽好話。而林認為，作為毛的嫡系和親密戰友，他有義務有責任滿足主席這個低級趣味。

從一九五九年當上國防部長，林就致力於此。其最傑出的表現是七千人大會。當時劉少奇總結大躍進的經驗教訓，在大會報告中提出「三分天災，七分人禍」。毛大窘，提出重寫報告。在劉亞樓、陶鑄等人的鼓動下，林彪站出來挺毛。[8]怎麼挺呢？請看林彪的發言：「事實證明，這些困難，恰恰是我們有許多事情沒有按照毛主席的指示去做而造成的。」「毛主席的優點是多方面的，我個人幾十年的體會，他突出優點是……不脫離實際。」「凡是毛主席的思想不受尊重，受到干擾時，就會出毛病。幾十年的歷史，就是這個歷史。」[9]

---

8　《吳法憲回憶錄》下，頁546，香港，北星，2007。

9　李德、舒雲編著《林彪日記》下冊，頁827，香港，明鏡，2009。

本來是毛脫離實際，林偏偏說毛不脫離實際。本來是聽了毛的話才造成三年困難，林彪偏偏說三年困難是因為沒聽毛的話。林彪用他的言傳身教告訴中共的官員們，顛倒是非，混淆黑白；胡吹亂捧，諂媚阿諛才是英雄好漢！

高文謙說林彪「生性孤傲」，「個性極強、從不服軟。」[10]這只是他性格中的一面。他性格中還有另外一面——諂諛。在中國官場上，「諂諛文化」源遠流長，西元前的哲人就給它下了這樣的定義：「希意道言，謂之諂；不擇是非而言，謂之諛」。意思是「迎合對方順引話意，叫做諂；不辨是非巴結奉承，叫做諛。」[11]林彪具備了諂諛者的全部素養和本領，從出山到摔死，十二年間，他有十一年半像李林甫一樣迎合上意，像李蓮英一樣阿諛取容。

毛投桃報李：林要求軍隊學毛著，毛就號召全國學習人民解放軍；林支持毛搞文革，毛就把他定為接班人，還假模假樣地寫進了黨章。

## 八

《林副主席語錄》正文三八〇頁，其中充滿了對毛的諛辭和諛贊。《林彪日記》中的林彪講話，則以更完整、更有條理的方式重複著這些內容。我在這本書中劃了無數的道道，一個大疑問盤踞不去：林彪為什麼要如此肉麻地吹捧毛？

10 《晚年周恩來》頁323、335，香港，明鏡，2003，

11 《莊子・漁夫》。

在吳李邱寫的回憶錄中，以及邱父子的心靈對話中，除了吳法憲略有提及之外，其他人都迴避了這個問題——林彪的「語錄不離手，萬歲不離口」是真心還是假意？他何必如此？

我請教鄭仲兵先生。鄭說，林吹毛，是為了山頭——中共黨內分了幾個山頭，毛是林這個山頭上的老大。林彪是軍事家，知道要戰勝對手，就得保住自己的山頭。而保住山頭，首先得保住老大。這裡有感情，有義氣，也有為臣之道。

但是，這個解釋仍不能解我心頭之困——當「山頭」已經穩如泰山了，你林彪幹嘛還要肉麻個沒完沒了？拍馬逢迎者，一定有所圖。而林彪並無所圖——他身體不好，又無野心，且位極人臣，何必還要如此阿諛取容？

這是一種自污式的自保。

在官場上，你要是不跟同事、上級一道吃喝嫖賭、貪污受賄，你的官就當不長。在黑道裡，你要是不跟著同夥們一起作奸犯科，殺人放火販毒，你的小命就難保。在政治運動中，你要是不承認種種莫須有的罪名，革命群眾就把你往死裡整。自古以來，自污都是自保的一個重要手段。林彪為了自保而拍馬，與官員們為了自保而貪污，黑手黨為了自保而殺人，文化人為了自保而認罪，一個道理。

我們不妨這樣揣摩林彪的心理：彭德懷倒了，因為頂撞毛；劉少奇完了，因為跟得不緊。我來個恭順緊跟，你劃圈我劃圈，你說東我不西；語錄不離手，萬歲不離口。這樣，該沒事了吧？

如果一個時代，從中央領導到底層百姓，只能用自污才能自保，那麼，這是個什麼世道？

## 九

在我會唱的「紅歌」之中，「毛主席語錄再版前言」唱得最好：「毛澤東同志是當代最偉大的馬克思列寧主義者。毛澤東同志天才地、創造性地、全面地繼承、捍衛和發展了馬克思列寧主義，把馬克思列寧主義提高到一個嶄新的階段。」現在唱它，是滑稽，是反諷，是黑色幽默。可想當初，一旦那雄壯莊嚴的曲調在耳邊響起，一種崇高感就會在我心中升騰。我相信，當這歌聲響徹神州大地的時候，有無數人會像我一樣被這陽剛之美所感動。

那麼，林彪，這首歌的詞作者，有這種崇高感嗎？換言之，他的阿諛逢迎是發自肺腑，還是發自皮膚？

一九七〇年下半年，在拍馬受挫之後，林彪對家人吐露了真言：「今後再也不能隨便講話了！講話都要有根據，不然你好心好意擁護毛主席，還會犯擁護過頭的錯誤。」「什麼路線，就是毛線。」「什麼講老實話，他（指毛——作者注）就是最反對講老實話，最喜歡吹捧，誰講老實話，誰就完了。」[12]解讀林彪的上述真言，可以得出如下結論，第一，他知道自己以前的講話是沒有根據的。但是，他不願意承認阿諛逢迎，而以「隨便講話」代之。第二，他知道毛最喜歡吹捧，最不喜歡講老實話，而他以前不講老實話，就是為了自保。第三，他的反思和不滿是因為好心沒得好報。如果毛在批陳整風中不再揪住他和黃吳李邱，而是高抬貴手，也就是說，如果他的好心得了毛的好報，那麼，他還會接著說那些沒有根據的，不老實的話，繼續吹捧下去。

據高文謙分析，《五七一工程紀要》的「主要思想顯然出自林彪，像林立果那樣二十幾歲的年輕人，即使初生牛犢不怕虎，思想上再有反骨，也難以在批毛時寫出這種只有長期在權力核心圈中與毛共事，對政情極

---

12 《晚年周恩來》頁314。

為瞭解的老手才會有的那種感覺。」[13]這種分析有相當的道理。我還可以補充一些推理性的證據：《紀要》中說：「當然，我們不否定他在統一中國的歷史作用，正因為如此，我們革命者在歷史上曾給過他應有的地位和支持。」「過去，對B－五二宣傳，有的是出於歷史需要；有的顧全民族統一、團結大局；有的出於抵禦外來侵敵；有的出於他的法西斯的壓力之下……」這種說法，很像是林彪在為自己的吹毛做解釋，找臺階。

如果林彪確是《紀要》主要思想的提供者，那麼，他政治做秀的功夫絕對是天下第一。有史以來，有誰能像林彪一樣把兩面派演得如此出神入化——會上吹毛是馬列主義的頂峰，會下說他是秦始皇、法西斯？在媒體上為中國的社會主義大唱頌歌，回到家裡咬牙切齒要「打倒當代的秦始皇——B－五二，推翻掛著社會主義招牌的封建王朝」？

「語錄不離手，萬歲不離口，當面說好話，背後下毒手。」這是林彪出事之後，主流媒體大力宣傳的文字。事實上，這後兩句用在毛澤東身上更合適。至於林彪，說他「當面說好話，背後吐真言」似乎更為愜恰。

## 十

聽說林彪摔死，鄧小平說了八個字：「林彪不亡，天理不容。」在這個天理之中，應該包括對諂諛的憎惡。可是，兩天後，鄧小平給毛寫信，也還是得寫上「報上每天看到我們社會主義祖國在國內建設的突飛猛進，和國際威望的空前提高，都使我的心情激動起來，想做點事，使我有機會能在努力工作中補過於萬一。」

13　同上，頁321—322。

「我衷心地誠摯地祝願主席萬壽無疆，主席的健康長壽就是全黨全國人民最大的幸福了！」[14]

對於鄧小平的這些「訣詞」，鄧榕做了自相矛盾的解釋：「文革以來，他寫過檢討，寫過自述，寫過各種信函。不得不為了家人為了孩子求助於他人。多少年了，想說的話不能說，不想說的話卻逼著一定得說。由於政治和時勢所使，他不得不進行一些違心的自責，不得不使用文革的通用語言。」「在保持人格、保持一個共產黨員應有的原則和氣節的前提下，他向毛澤東作檢討，作自我批評。」鄧榕差矣：你可以把說違心的話歸為政治家的策略。但請勿扯上道德操守——違心者，豈有原則、氣節、人格可言？

鄧小平的困境，是中共的困境——一九四三年三月二十日，中共高層作繭自縛，賦予了毛「最後決定之權」。一九五八年三月，毛為獨攬大權，悍然推翻八大關於反對個人崇拜的決議，以正確崇拜與錯誤崇拜的詭辯，混淆是非，大力推崇對他本人的崇拜。「參加一九五八年三月成都會議的省委書記和中央委員們，開始吹起了對毛澤東的個人崇拜之風。」[15]八屆二中全會上，黨內高層更是帶頭吹毛，劉少奇稱「主席比我們高明得多……有些地方，我們是難以趕上的。」[16]柯慶施稱：「相信毛主席要相信到迷信的程度，服從毛主席要服從到盲從的程度。」[17]周恩來稱：「毛主席是真理的代表。」[18]

上有所好，下必甚焉。中央帶頭，地方影從。從此，諂媚之風日盛。一個以反獨裁，要民主起家，以解

---

14 毛毛：《我的父親鄧小平》第21節，北京，中央文獻，2001。

15 林蘊暉：《國史箚記》頁252，北京，東方出版中心，2008。

16 李銳《大躍進親歷記》頁224，廣州，南方出版社，1999。

17 同上，頁252。

18 同上，頁332。

放全人類自許，發誓帶領中國走向共產主義的政黨，居然搞起了吹拍比賽。大家比著吹，看誰吹得好。比來比去，林彪勝出——在諂諛上，他不是第一個，也不是最後一個，但無疑是最最最傑出、最最最有創造性的一個。說他傑出，是因為他有言論，更有行動，說他有創造性，是因為他有一套別人想不到的方法和措施，他把吹毛變成了一個由軍隊發起，中央領導、政府響應，全民參與的系統工程。

## 十一

《毛主席語錄》的出版可以說是這項工程的奠基禮。其重大意義，周恩來說得清楚：（一九六一年）「首先在軍內出版了《毛主席語錄》，然後很快推廣到全國，直至全世界，這是無產階級文化大革命準備階段最重要的措施之一。這一紅寶書把毛澤東思想所發展的馬克思列寧主義大眾化了，使毛澤東思想在中國人民以至於全世界人民中都得到了廣泛傳播，從思想上武裝了億萬群眾，這是對無產階級文化大革命最有力的輿論動員，並且具有深遠的影響。」[19]

這段話從反面證明了林彪吹毛——出版《毛主席語錄》與文革的關係：

用毛「思想武裝了億萬群眾」，是文革準備階段最重要的措施之一。

因此，為文革做了「最有力的輿論動員」。

「小紅書」首先武裝的是軍隊。林彪接替彭德懷主持軍委工作以後，做的最大最持久最有成效，而與軍事最無關的一件事，就是把軍隊變成一所學習毛思想的大學校——確切地說，是一所造神的學校，一所以宣傳現

19 1969年4月14日周恩來在九大上的講話，《邱會作回憶錄》頁623。

代迷信為主業的學校，一個極左思潮的大本營。

林彪治下的軍隊，是不是世界上最不怕死的軍隊，我不敢說。但是，我敢肯定，這是世界上最愚昧的軍隊。以《毛主席語錄》的出版為標誌，林彪將黨內的諂媚主義提高到一個嶄新的階段。

## 十二

這個嶄新的階段的重要標誌是，毛的兩個寵信——林彪、江青雨露同沾，且在沒翻臉之前，林、江還形成了互吹的默契。為了插手軍隊，江青放下身段，給林彪當「轎夫」。[20] 林彪心裡恨不得一槍斃了江青，可在軍隊幹部會上，卻是一片阿諛——

江青同志是我們黨內的女同志中間很傑出的同志，也是我們黨的幹部中間很傑出的一個幹部，她的思想很革命，她有非常熱烈的革命的情感，同時又很有思想，對事物很敏感，很能看出問題，能發現問題，能採取措施……她一方面忠實地執行毛主席的指示，在另一方面她有很大的創造性，能夠看出問題、發現問題。文化革命中間樹立了許多豐功偉績，固然是主席的領導，全體中央文革同志的努力，黨中央同志的努力，但是她是有她獨特的作用，始終在這個運動中站在鬥爭的最前線。[21]

20 《邱會作回憶錄》頁609。

21 同上，頁562。

一方面是林、江互抬轎子，另方面是黨政軍高層爭先恐後向他們獻媚——

江青同志是一個堅強的共產黨員，無產階級戰士。她不是從今天，從無產階級文化大革命開始，三十年代她就是一個堅定的共產黨員、就是一個同叛徒、同假共產黨員、特務和社會的反動派做鬥爭的一個堅強勇敢的女戰士。……三十多年以前，江青同志成了我們偉大領袖毛主席的親密戰友和學生，得到毛澤東思想長時期的修養、學習和鍛煉。經過了戰爭的年月，解放以後正是江青同志身體很差的時候，受到黨內一小撮走資派的代表人劉、鄧、陶、彭德懷、賀龍、彭、羅、陸、楊，譚震林等等，以至受到蕭華的迫害。儘管如此，江青同志堅強不屈，高舉毛澤東思想偉大紅旗，在我們無產階級文化大革命準備階段，進行社會主義革命教育的時候，進行了文藝的改革。大家知道，一九六四年演出樣板戲八齣，都是經過江青同志親自指導、修改出來的。……江青同志是我們黨內傑出的女戰士，傑出的共產黨戰士，值得我們向她學習！向她致敬！[22]

誰能相信，這些肉麻的吹捧出自「人民的好總理」？而「好總理」在講完了這番話之後，餘興未盡，「還領著喊口號：誰反對江青同志就打倒誰！誓死保衛江青同志！」[23]

這種講話，這類表演，在文革中司空見慣。竟至形成了要講話就非阿諛拍馬不可。隨便抄上幾段高層領導拍林彪馬屁的講話——

22 1968年3月24日周恩來在駐京軍事單位團以上幹部會議上的講話，見《邱會作回憶錄》，下冊，頁562—563，香港，新世紀，2011。

23 同上，頁563。

我們不僅為著我們偉大領袖、當代最偉大的馬克思列寧主義者毛主席而感到無限幸福，我們還為有了眾所公認的毛主席的接班人林副主席而感到很大幸福。（周恩來在中共九大上的發言。）[24]

林彪同志的身體比我們中的任何人都好。我們確信林彪同志跟著毛主席領導個二、三十年是毫無問題的。有了主席，有了林彪同志這樣英明偉大的領袖，有了他們兩個人，剛剛好。馬克思、恩格斯也是兩個人，毛主席、林彪同志也是兩個人，我們的革命就無往而不勝，就可以信心百倍地完成我們偉大勝利的革命事業。[25]

擁護偉大的毛主席必須以林副主席為榜樣。林副主席是毛主席最好的學生，他對毛澤東思想鑽得最深，學得最活，用得最狠，貫徹執行得最好最徹底。……林副主席就是我們老幹部學習的榜樣。[26]

這些話是誰說的並不重要，重要的是，當時在臺上的人都得這麼說。討好昏君以獲寵倖，也是當年一項重要的政治任務。所以，深明君臣大義的周恩來諄諄告誡黃吳李邱：「中央政治就是處理好主席、林副主席、江青的關係。」[27]

---

24 《邱會作回憶錄》，下冊，頁623—624，香港，新世紀，2011。

25 葉劍英講話。李德、舒雲編《林彪日記》下冊，958，明鏡，2003。

26 同上，頁978—979。

27 《邱會作回憶錄》下冊，頁680，香港，新世紀，2011。

鄧小平說，文革中，囿於形勢，周恩來也說過一些錯話，辦了一些錯事。這些錯誤裡面，就包括周對毛、林、江的吹捧。以周在黨內外的崇高威信，他的吹捧對提升時代的諂諛之風起了大作用。問題是，這個形勢是誰造成的呢？

對於林彪來說，要維繫他創造的「嶄新的階段」，保住自己吹毛第一名的光榮，他就得在拍馬逢迎上不斷升級加碼。唐德剛所說「騎虎難下」「欲罷不能」，只有用在這時候才準確。[28]滋味難受，又不得不吹，一直吹到毛說了「討嫌」。

人們常說，阿諛奉承之徒沒有好下場。事實上，這種人的下場各異，終生榮華富貴的大有人在。「使李將軍遇高皇帝，萬戶侯何足道哉」，搞吹拍者也有一個遇與不遇的問題。林彪的不幸在於，他沒有遇到唐明皇，而是碰到了「始皇帝」。

## 十三

懷念毛時代的人們，常常誇讚那時的吏治，以彼時的清廉對比現今的貪瀆。頌揚毛的人們，常常拿毛的樸素節儉說事：蓋了N年的毛巾被，打了N個補丁的舊衣，一年不吃肉等等。這些人無知於一個基本常識——腐敗有種種，拍馬逢迎、阿諛取容同樣是腐敗，而且是比貪污受賄更隱蔽、更可怕的腐敗。

諂諛的對象是權力。誰掌權，誰就會得到它。絕對的權力導致絕對的諂諛。諂諛是精神性的權力尋租——掌權者付出權力，獲取諂諛者的歌功頌德。諂諛者以正直良心為代價，換取權力者賜予的種種好處。毛澤東是

---

[28] 唐德剛：《毛澤東專政始末：1949—1976》，頁204，臺灣，臺北遠流，2005。

當代最大的權力尋租者，在長達三十年的時間裡，他支出權力，得到了上至中央高層，下至黎民百姓的諂諛。林彪有足夠的資格提醒那些生活在烏有之鄉的人們：早在文革之前，這種腐敗就已經在神州大地氾濫成災了。

諂諛源自人性的趨利避害，源自變態心理和人格缺損。任何社會、任何制度、任何政黨都不可能杜絕諂諛。但是，好制度可以抑制諂諛的病毒，使諂諛之人缺少機會；壞制度則是諂諛病毒的培養基，可以使正直之人走上拍馬奉迎之路。

批林批孔使我讀了中國通史。由此知道了古代朝廷的派系——外戚、宗室、大臣、太監……清除精神污染時，我突然有所領悟：康生、「四人幫」無非是外戚的變種，毛遠新、王海容、遲群、謝靜宜、汪東興不過是宗室的變形；華國鋒、葉劍英、李先念、吳德、鄧小平等則是大臣的代表。「始皇帝」駕崩，宗室集團與大臣集團聯手，打掉了外戚集團。先華後鄧，保住了紅色江山。

有人說，中國的歷史是鬼打牆。嗚呼，信矣夫！

# 春秋大義與「客觀中性」

## ——從《毛澤東最後的革命》談如何寫史

### 一、褒貶歷史

如果把這本書交給中國學界匿名評審，如果評審人——那些一流的國史／黨史專家拋開意識形態上的考慮，此書也仍舊通不過。這不是無端的臆測，而是經驗之談——香港中大邀請的評審人，都以我那本小書《內蒙古文革實錄》使用了諷刺、推測、比喻和議論而要求我一改再改。如果《毛澤東最後的革命》（下簡稱《最後的革命》）落到這些人手裡，恐怕就不是修改，而是直接槍斃了。

槍斃的理由正大光明：作者違反了史學著作的通行準則，在書中表現出明顯的主觀傾向性和強烈的感情色彩，從而失去了「客觀中性」的學術立場。造成這一嚴重後果的主要原因，是作者採取了各種不適當的修辭手段。

確實，《最後的革命》幾乎調動了所有的修辭格，諷刺、比喻、推測、議論在書中隨處可見。特舉例如下：

第一，諷刺。包括嘲弄和挖苦：

·（羅瑞卿跳樓自殺，摔折腿後）羅的批評者們對著他坐過的空椅子喋喋不休地進行著抨擊。（《毛澤東最後的革命》，左岸文化，臺灣，二〇〇九，第四五頁。下面只標明頁數）

·她（江青）終於有了對她俯首貼耳、畢恭畢敬的聽眾。（第四八頁）

・個人一旦被清洗，就證明那個人是「打著紅旗反紅旗」。（第一一六頁）

・天安門廣場的挖運花木事件象徵社會主義控制力的崩潰。北京老百姓認真落實了毛的格言——敢想、敢說、敢挖。（第三八一頁）

第二，比喻，主要是隱喻：

・「主席是一個經驗豐富的游擊戰士，儘管他不會輕易攤牌，但是他會很快採取隱蔽的行動來展開黨內的清洗。」（第三二頁）「（毛）給新生的紅衛兵運動開出了一張空白支票，以其全部政治資本——他的職位以及對他的個人崇拜——作為擔保。」（第一〇三頁）「毛的同事們被畏懼和怯懦控制了心神，就像是兔子們在眼鏡蛇面前嚇得不能動彈。」（第四五八頁）

・因為長期以來第一次在政治光譜的極左端出現了一隻無可置疑的替罪羊（指林彪——本文作者），因為急於要使許多「問題」必須得到糾正的人們都歸咎於這隻替罪羊。（第三四五頁）

・該小組的成員急於討好這位手握重權的女施主。病中的馮友蘭在接受江青邀請一起視察天津後，向她獻上了下面這首詩……（第三七三頁）

第三，推測與假設：

・（清洗羅瑞卿時）如果有一個理想的狀況，讓在場的與此無關的政治局常委們——劉少奇、周恩來、人大委員長朱德元帥、鄧小平團結起來，再加上彭真（即使級別與前幾位不同，他的影響也相當大），告訴毛他們不贊成這樣的誣陷，……但是他們放過了這個機會。這是這群強有力的人物團結起來制約主席的最後機會，此後他們自己將被分而治之，而文革中受到公開抨擊。（第四四—四五頁）

・顯然，林彪希望在這個尷尬的位置上，即使跟不上主席，也能通過這種徹底服從的態度，避免重蹈劉少奇的覆轍。（一一四頁）

・林彪事件對於毛也是一個重大打擊。他也許曾希望慢慢地讓林彪退休或下臺，理由大概是他在南方巡視中所闡述的野心勃勃和口是心非。也許仍然會有不利的反響，但是不會像現在已發生的情況這樣具有破壞性。（第三三四頁）

第四，議論與評點：

・江青對政治地位不斷增大的興趣也許和主席對她不斷減小的興趣有關係。他們經常分開，毛一直以來喜歡與一群年輕貌美的女性跳舞和調情。（第三三一三四頁）

・儘管中共的黨史學家受到鼓勵去批評文革的觀念和必要性，但是還沒有什麼人願意說：主席為了搞文革，無情地密謀打倒其過去的親密戰友。一個晚年誤入迷途的戰略大師的形象是可以接受的，但是一個暗地裡策劃卑鄙手段的黑幫頭子的形象是不可接受的。這對於黨的合法性的衝擊實在太大了。（第三三一頁）

・這又是一個「緊跟主席」的例子，不明究竟的下屬們一心想奉承他們的主子，卻真的沒有想到玩過了火。（第三三二頁）

・鄧在六四時候的行動證明，毛在文革中拒絕把鄧打入地獄確有先見之明。（第四五九頁）

上面所舉，不過是九牛之一毛。而這些修辭不但互相交叉雜揉在一段之中，而且深入全書的肌理，不能簡單地刪一詞、一句、一段了事。它們已經構成了此書的風格。對於如此「踐踏學術規範」以至無可救藥的著作，敬業的評審人除了槍斃還能幹什麼？

## 二、「客觀中性」

幸好還有哈佛大學，幸好還有另一種評審標準，使《最後的革命》在高度評價中得以問世。在中外對此書的一致好評面前。中國的評審標準受到了嚴重的質疑，一個不容迴避的問題擺在學界面前——什麼是「客觀中性？」

誰都知道，客觀就是從事實出發，中性就是排除主觀色彩。而《最後的革命》一書卻輕而易舉地把這個概念置於難堪之中——《最後的革命》資料之豐富，考證之詳確，以實立論，據實遣文，俾同類史書戚戚然不敢望其項背。此書之客觀，無可置疑。但它又充滿了強烈的情感，明確的好惡。其主觀性躍然紙上。可以想像，當這個主客觀結合的「史學怪物」向中國同行宣佈：「客觀是必須的，主觀是必要的，中性是辦不到的」的時候，後者的憤怒。

憤怒的中國同行會奮起反擊：如果「主觀是必要的」，那麼「客觀中性」從何談起?!如果「中性是辦不到的」，那麼，學術的價值何在？

這個強有力的質問將《最後的革命》的評審人逼到了前臺。他們不得不為自己辯護：我們依據的是西方史學中「道德判斷」的傳統。你們所說的「客觀中性」其實同樣來自西方。它最早的源頭是哲學中的實證主義，這種主義否認感性認識，以理性主義自居，它認為靠客觀實證和邏輯推理就可以解決人類社會的一切問題。這種觀點為科學主義打開了方便之門，後者主張自然科學統率一切，它不但是哲學的基礎，而且是研究所有人文科學的金鑰匙。這兩個主義給歷史學帶來了兩個後果，一個是歷史決定論。即把歷史看成是恐龍化石，或者水分子一類的研究對象，認為歷史跟自然科學一樣，是按照因果律發展的一個必然的過程。另一個是歷史客觀論。即完全無視史學家在研究中的主觀因素。事實上，從選擇材料開始，史學家的傾向性就無可避免地進入了學術，「客觀中性」就已經被「污染」。而史家要想摒棄主觀，就像拔著自己的頭髮上天一樣。正是因為認識到這一點，「客觀中性」在西方始終沒有像中國那樣罷黜百家，一統天下。何況近半個世紀以來，隨著科學主義和實證主義的式微，史學中的「客觀中性」之說也漸趨衰落。

在這個解釋面前，憤怒的中國同行會如何舉措，我們不得而知。我們知道的是余英時在一本書的序中說了這樣的話：「在二十世紀的史學實踐中，我們發現，想把史學變作自然科學同類的東西在事實上是不可能的……五十年代以來，不少有慧見的史學家和歷史哲學家已突破了決定論的牢籠，坦率地指出：在歷史中尋找所謂『規律』或『因果律』是徒勞無功的。這種努力過去不曾成功，現在沒有成功，將來也不會成功。」（《重建價值系統，使中國人恢復辨別善惡是非的能力》）

在同一篇文章中，余英時還提到了派普斯的質疑：「一九九三年哈佛大學俄國史大家派普斯（Richard ies）刊行了《布爾什維克政權下的俄國》（Russia under the Bolshevik Regime）一書，他在書末提出了這樣的問題：面對著這場空前的災難，史學家是不是應該還是保持冷靜，像科學家面對著自然現象一樣，不動一絲感情？」

## 三、春秋大義

派普斯的問題，《春秋》早就做出了回答。《三字經》說：「詩既亡，春秋作。寓褒貶，別善惡。」中國古人從小就知道，史書不是中性的。「寓褒貶，別善惡」是它們的功能之一。懲惡揚善，使「亂臣賊子懼」是史家的重要使命。

這一功能和使命，來自於「春秋大義」。《左傳》說：「《春秋》之稱，微而顯，志而晦，婉而成章，盡而不污，懲惡而勸善，非聖人，誰能修之？」晉朝的大學問家，人稱「武庫」的杜預，據此提出春秋的「三體五例」。1「三體」人們不認可，「五例」為史家所稱道。

司馬遷在《太史公自序》中說，「夫春秋，上明三王之道，下辨人事之紀，別嫌疑，明是非，定猶豫，善善惡惡，賢賢賤不肖，存亡國，繼絕世，補敝起廢，王道之大者也。」這些擲地有聲的文字，在他撰寫《史記》的漫長歲月中，由朦朧而清晰，從遊移而堅定。而一旦形成，就成了他的聖經，他的座右銘。

也正是在這個序裡，司馬遷將春秋大義提升到「貶天子，退諸侯，討大夫」的層面。無數的興亡存廢告訴他，給社稷、民眾帶來災難的是統治集團，是昏君暴君，而遠不止幾個「亂臣賊子」。所以，他把批判無道天子的責任，鄭重地放到了史家肩上。

這一「春秋大義」在歐陽修手中發揚光大，他的《新五代史》不但填補了空白，而且將「廢興存亡之跡，奸臣賊子之罪，忠臣義士之節」傳於後世。御史陳師錫在序中說：「其事蹟實錄，詳於舊記，而褒貶義例，仰師《春秋》，由遷、固而來，未之有也。」

問題是，這一傳統在中國何時中斷，何故中斷，並被「客觀中性」所取代了呢？

余英時給出了答案：「清代中葉考證學大興，褒貶之說漸受冷落」加之「二十世紀以來，中國史學受西方實證主義的影響甚大」（出處同前）。在考據與實證的內外夾攻之下，春秋大義消歇，「客觀中性」盛行。

有趣的是，中土消亡的傳統，卻在歐美學者手裡得到了復興——《最後的革命》正是褒貶歷史的好例子。

---

1 「三體」：「發凡正例」、「新意變例」、「歸趣非例」。「五例」：「一曰微而顯」、「二曰志而晦」、「三曰婉而成章」、「四曰盡而不污」、「五曰懲惡而勸善」。

# 四、如何寫史

說老實話，儘管我對香港中大的評審標準不以為然，但是要讓我認同「主觀是必要的，中性是辨不到的」，我還沒有這個膽氣。捫心自問，我在評閱學生的論文或給國內學術機構充當匿名評審人的時候，奉行的不也是這個「客觀中性」的標準嗎？換句話說，如果讓我做《最後的革命》的評審人，我也會拿上面的理由說事，也會當一名心安理得的劊子手。

《最後的革命》改變了我的理念——這本書給我的不僅僅是對歷史的認知，更重要的是歷史的寫法。對於歷史，尤其是是非分明的歷史，史家有責任表明自己的傾向性。日本侵華是惡，是不義，國人抗日是善，是正義。在這類常識面前，如果史家以中性自律，無一字有褒貶，那麼，這種無善惡是非的昏昏之作，絕談不上以史作鏡。換言之，如果面對著確鑿的事實，明確的是非，昭彰的善惡，卻要以客觀為藉口，以中性為依歸，說一些沒鹹沒淡，沒傾向沒感情的話。那麼，這樣的史家就只有兩種可能：或無識無膽，或沒心沒肺。不管屬於哪種，其所作所為都是在掩飾真相，歪曲歷史。

史家當然可以隱藏自己的好惡，壓抑自己感情和衝動，從而將那些有明顯主觀色彩的諷刺、比喻、推測、議論等拒之門外。但是，有兩點可以保證，一，它一定味如嚼蠟。我書架上有一層擺滿了這類當代國史／黨史著作。它們對我的最大好處就是治療失眠。二，它一定只有知識而無思想。

在我看來，要有傾向性，就只能借助修辭。諷刺、比喻、推測、假設和議論斷不可少。《最後的革命》充滿了諷刺，但這種諷刺不是人身攻擊，而是對人物性格的揭示。《最後的革命》有大量的隱喻，但這隱喻不是扣帽子，而是在聯想和比較中豐富了我們對歷史的認知，更新了我們的思維方式。《最後的革命》發表了無數議論，這些議論滲透著作者對人性，對歷史的深切領悟。《最後的革命》有很多推測和假設，作者以其豐富的想像和嚴謹的推理，深化了對文革的理解，開拓了新的視野。

事情很清楚，中國史學界遵奉的似乎是放之四海的學術標準，其實也就是放之香港而已。「主觀是必要的，中性是辦不到的」不是離經叛道，而是正道滄桑。至於此間自詡的「中性」，實際上是個自欺欺人的偽命題。

讓我們回到派普斯。在提出上述問題之後，他給出了「一個有力的反面論證：『拒絕對歷史事件下判斷其實也是根據一套道德價值的系統。沉默等於承認一切發生過的事情是自然的，因而也是對的。這是為歷史上所有的勝利者做辯解的一種說辭。』」（出處同前）

# 文革題材創作隨感——兼談田建模長篇小說《史跡》

## 一

國人常說：「國家不幸詩家幸。」其實，這也要看時間地點。二戰給許多國家帶來了災難，也給文藝家提供了無窮的素材。文革給中國帶來了浩劫，卻給文藝家增添了無窮的麻煩：畫家畫了「高呼萬歲」的油畫，只能藏在七九八的角落裡。雕塑家塑了林昭的像，被有司找了好幾次。作家寫了關於紅衛兵的小說，沒有一家出版社敢出；導演導了一部涉及到文革的電影《藍風箏》，國內通不過，偷偷送到國外評了獎，立馬就被停了執導資格。並且一停就是七年。

文化大革命，折騰了十年，「傷痕」、「反思」之後，相關作品寥寥。國共內戰，只打了三年，小說、傳記、回憶錄、專題片、電影、電視連續劇滿坑滿谷。這一冷一熱說明了中國特色：言說是一回事，行動是另一回事。

以前搞文藝的，管這叫「題材決定論」。意思是，題材決定作品的興衰生死。作品之好壞，完全由題材決定。這當然很鬱悶。五六十年代的文藝家忍無可忍，冠之以「題材決定論」來譏諷，來批評。左派們聞之大怒：認定，這是要在中國搞資產階級的創作自由。於是大批特批。文革中，此論更被列入「黑八論」，批了整整十年。

按理說，「四人幫」打倒，不應該再搞題材決定了吧？事又有大謬不然者。

為什麼會有「題材決定論」？學問家說，是因為「語境」。

# 二

語境只是一方面。寫什麼之外，還要看你怎麼寫。

抗日題材，應該是一路綠燈吧？《鬼子來了》的劇本卻沒通過——電影審查委員會給劇本提了四十多條意見。其中有「日本軍官野野村變完把戲之後，不僅把糖給了孩子們，而且還幾次表現中國孩子追在日軍後邊要糖吃」，「片中多處借日本人之口辱罵中國人為『支那豬』，嚴重損害中國的形象」等等。[1]姜文被逼上梁山，不但一字不改，反而變本加厲，加上了掛甲屯農民與日軍大聯歡的戲。坎城給了他評委大獎。國內給了他嚴重警告，片子至今禁映。結果出現了盜者與被盜者皆大歡喜的和諧局面——有一次，姜文見一安徽小夥賣此片的盜版盤，一下子買了一百五十張。意猶未盡，還要再買。

文革也一樣。不是絕對不能寫，端看你怎麼寫。余華與閻連科是一正一反兩個例子。

余華五十萬字的小說《兄弟》，其上部就是用現代派手法寫的文革故事：某南方小鎮，一個叫李光頭的十幾歲的男孩，嚮往女人的屁股，鎮上的美女林紅出恭，李光頭就去偷看。看完了到處炫耀，鎮上的男人們聽得如醉如癡，為了讓李光頭一遍一遍地講觀後感，大人們爭著請他吃陽春麵。這一看一講一吃，就占了《兄弟》兩章的篇幅。

閻連科的《為人民服務》[2]寫一個師長，娶了個小他十九歲的護士劉蓮。師長因戰傷失去性功能，劉蓮

1 啟之編著，《姜文的前世今生：鬼子來了》頁9，臺灣，秀威，2011。

2 《花城》2005年第一期。

與師長的警衛員吳大旺私通。私通的暗號就是一塊「為人民服務」的語錄牌。有一次，師長帶隊伍出去拉練，兩人幽會了七天七夜。這期間，兩人的主要工作就是做愛。劉蓮發現，砸主席像可以提高他們雙方的性慾。於是，家裡的主席像一片狼藉。師長拉練回來，發現了隱情。但劉蓮的懷孕，又給他爭回了面子。為了表示感謝，吳大旺退伍的時候，妻兒都辦了農轉非。

這兩個小說都寫了性，《兄弟》寫的是超現實的情色，是荒誕派的性變態，閻連科寫的是階級特權造成的畸形婚姻，隱喻的是性與政治的關係。就是這樣兩種寫法。余華的《兄弟》出版四年了，至今仍在熱銷之中。而閻連科的《為人民服務》剛一問世就被禁，《花城》那一期也被追回銷毀。

茅盾文學獎的評委這樣評價余華的大作：「《兄弟》是商業成功炒作的案例，該作品審美趣味低下，文本細節失實。」說它「趣味低下」，正中肯綮。說它「細節失實」則實在失實——余華用的是現代派手法。現代派，至少中國的現代派是把真實視為仇敵的。「細節失實」正是人家的追求。

## 三

田建模的《史跡》走的是另一個路子。他鄙視余華式的超現實，遠離閻連科的政治隱喻，他堅守現實主義，一切從真實出發。以創造典型環境中的典型性格作為己任。

作者的生活經歷決定了這一美學選擇，從學生右派到現行反革命，從勞改流放到鋃鐺入獄。二十多年來，他從皖北、甘肅到新疆，在生死線上掙扎，在最底層思考。當他將這些苦難和思考鑄成文字的時候，生活也就撲面而來。「著眼於『史』，而著力於『跡』。」這是作者的創作宗旨，而這部小說「之所以敢題一個『史』字，就時代社會而言，它直面人生，而不屑於諱言；就人物情節來看，其中雖有虛構，只為於暴露中創造典型環境之典型性格。」[3]

小說將三十年的中國社會納入個人的際遇之中，從國共內戰開始，抗美援朝、批胡風、肅反、合作化、反右派、大躍進、大饑荒、四清、文革、「四五」天安門事件……一路寫來，直至「紅太陽」不再升起。當代的政治運動，毛澤東治下的「豐功偉業」，一一盡現筆端。在中國當代作家之中，還沒有一個作家有如此魄力與雄心。

《史跡》揭示並反省了三十年來的民族的精神創傷，繼承了「傷痕文學」與「反思文學」的傳統，昭續了八十年代初期的文學主題——人性與真實性。[4]但它不是「傷痕」文學。因為作者並不認為那傷創來自於「母親」的錯打，並不以為新時期的到來就意味著傷口的痊癒。它反思體制之弊，政策之失，但它努力超出「反思」文學的舊軌。儘管田建模與所有的反思文學的作者一樣，「在五十年代已經確立了與國家意識形態相對應的個人和社會理想。」但是，與這些反思者不同的是，他並沒在因為「苦盡甘來的平反昭雪」而「加深了這種信念和理想。」[5]因為作者認為，當年的信仰值得重新審視，當初的理想不過是心造的烏托邦，民族的苦難並沒有因為太平盛世的宣傳而結束，製造苦難的幽靈仍舊在我們頭上徘徊。

儘管作者本人是政治的「歸來者」，是文壇上一朵「重放的鮮花」，但他與大多數「鮮花」不同，他試圖告訴人們，慶父雖死，魯難未已。這是《史跡》的寶貴之處，它沒有在「和諧」「穩定」面前停下思考的腳步，它稟承了《苦戀》的性格和血脈。如果說，白樺筆下瀕死的淩晨光以其在雪地上畫出的巨大問號，表明了

---

3 《史跡・後記》美國，成家，2003年。

4 王慶生主編：《中國當代文學史》第二編第三章，北京，高等教育，2003。

5 陳思和：《中國當代文學史教程》頁205，上海，復旦，1999。

作者上下求索的心願。那麼，田建模筆下的受難者方哲，則用他藏在鋪板下的《全民抗爭陣線聯盟宣言》，彰顯了知識分子對極權的反抗，突出了作者對社會歷史的拷問。

## 四

《史跡》中的人物，很值得一說。

方哲是貫穿全書的人物。他聰明好學，思想左傾，在中學的時候，就跟同學辦文藝刊物，議論時政，批評國民黨的腐敗。他講義氣，敢承擔，救過起義的國民黨軍官。建國後，他參加了志願軍。

他的思想變化是從批胡風開始的，從朝鮮戰場回來，他在縣政府裡當文書。批胡風運動來了，他從一位學者那裡借到了胡風的三十萬言書，他覺得胡風說得在理，對批判產生了懷疑。而那位學者很快就成了胡風反革命集團的成員，被捕入獄。帶著困惑與同情，他去看望那位學者的妻子和女兒。

他的困惑隨著合作化運動而加劇。深入基層使他知道了農民的願望，權力之爭讓他看到了官場的黑暗與齷齪。當局違背農民意願的作法令他不滿；長官為了緊跟，為了政績，打擊務實派的惡行，讓他反感。

他上了大學。但是很快他那多血質的性格、不合時宜的正義感，讓他付出了慘痛的代價——因為替一位打成右派的教授鳴不平，他成了極右分子。在此後漫長的歲月中，勞改——逃亡——再勞改——再逃亡，成了他基本的生活方式。而他的壯舉，就是寫出了《全民抗爭陣線聯盟宣言》——批判當局的獨裁專制，呼籲政治的民主化，主張實行孫中山的五權憲法。

宋玉明是烏魯木齊鋼鐵廠的工人，他在葉城的新華書店遇到了方哲，又在荒漠之中搭救了這個逃亡者。方哲的思想學問吸引了宋玉明。就這樣，一個俠肝義膽、好學深思的工人，與一個逃亡的知識分子走到了一起

——在葉城，公安拘捕了方哲，宋玉明冒險犯難搭救了他，從此，他自己也成了通緝犯，不得不棄業離家四處逃亡。在方哲因為《宣言》而被捕的時候，他也成了反革命集團的重要骨幹，兩人在東湖勞改農場相遇。與體質瘦弱，身無長技的方哲不同，魁梧高大的宋玉明憑著一身技術在農場站住了腳。而他那男子漢氣概和冷峻外表則吸引了俏麗的場醫葉小玲。在葉小玲的引誘下，宋玉明強暴了她。想不到的是，葉小玲從此跌入愛河，不能自拔，直至冒著危險，幫宋玉明逃離東湖。

宋逃走後，靠著出賣手藝糊口，但在流浪之中，他仍不忘關注國病民瘼——在河南，他搜集了三年人禍時期當地餓死人的數字。在北京「四五」天安門廣場事件中，他救了被首都工人民兵追捕的女學生。在全市大搜捕中，他被捕，並在毛澤東去世後，以反革命罪槍決，在槍斃前的大會上，他張嘴呼喊，卻發不出一絲聲音——像張志新一樣，他被割斷喉管。

葉小玲是這部小說中最光彩也最引人爭議的形象。儘管作者對她著墨不多，但這個形象卻鮮活生猛。她紅杏出牆，是因為無愛的婚姻，造成這婚姻又源於三年困難造成的饑荒。前者使她渴望愛——帶有濃烈肉欲的愛；後者使她有可能對宋玉明產生同情——接受他對專制主義的反抗。

## 五

當代國史上有一個奇特的現象——潛在研究和地下寫作。顧准、張中曉是其中代表。《顧准文集》中的文字無一不是他潛在研究的結晶，張中曉的《無夢樓隨筆》則是他被打成胡風分子後，用隱晦的語言記在本子上的思想。他們的著作都是在其病逝多年後，經友人整理，才得以問世的。

具有諷刺意味的是，這種奇特現象不但沒有因為改革開放的深入而消失，反而隨著經濟起飛和和諧社會的提倡而愈發普遍。從學術研究到文學創作，從歷史回憶到個人傳記，潛在研究與地下寫作與山寨春晚、手機短信、線民帖子和民間電子刊物在一起，形成了一個浩浩蕩蕩的時代潮流，造就了一種宏偉壯麗的文化景觀。

過去的說法似乎得改一改了。由於環境的寬鬆，媒介的多元，潛在研究和地下寫作似乎可以被「違禁寫作」取代。所謂違禁寫作，指的是違反主流話語，因此被禁止在國內公開出版發行和傳播的學術、時政和文藝等方面的著作。當然，官方難以杜絕這些違禁作品在網上的存在和傳播，也無法阻止這些著作的個人印製與民間交流（雖然按有關部門的「掃黃打非」規定這也是「非法」的）。

顯而易見，田建模的《史跡》屬於「違禁寫作」的作品。所以，人們只能在網上看到它的一兩章，愛好者只能看到它的電子版。它的出版、發行也只能在海外。這是作者的遺憾，也是作者的光榮。

《史跡》的出現是歷史的必然，也是文學的必然。

## 六

傷痕文學和反思文學出現在二十年前，從思想立意上超過它們並不難。真正困難的是藝術。如今，每年有兩千多部長篇小說問世，其中有幾人超過了老舍、郁達夫、蕭紅、張愛玲？生活積累重要，藝術技巧同樣重要。

《史跡》的作者有生活，但沒有足夠的藝術準備。文學史家說，傷痕文學雖然寫了真實，但是「真實的思想情感還沒有完全找到一種很好的文學表現方式，致使有些傷痕小說存在著質勝於文的缺陷。」[6]這話同樣可

6 王慶生主編，《中國當代文學史》頁208，北京，高等教育，2003。

以用在《史跡》上。這裡的「文」，不僅僅說的是文采，它是一個美學概念，一部作品的結構、情節、人物，語言等等都在其中。在這些方面《史跡》有著一定的提升空間。

現實主義要求創造典型環境、典型性格。《史跡》第二章描寫的抗美援朝既不是典型環境，也看不見典型性格。事情發生在「三千里江山」的坑道內外，方哲淹沒在十幾個志願軍之中。戰爭成了主角，主角成了配角。一本四十萬字的書，有八分之一的篇幅在這種濃墨重彩之中，這不能不說是一種遺憾。

作者的雄心是以跡寫史。寫史離不開社會，而作者卻把主要人物封閉在一個狹小且特殊的空間——農場或監獄之中。這些地方固然也是社會之一角，但是，要從這一角來反映社會，勾勒歷史是相當困難的。作者在寫第二部的時候，已經意識到了這個問題，為了克服這種二元結構造成的難題，作者塑造了另一個主人公宋玉明，讓他逃到大牆之外，通過他的活動來展示河南餓死人的慘劇，展示「四五」天安門事件。儘管宋玉明的出現和他的種種壯舉缺乏鋪墊。但是，作者的這一措施仍舊有效地扭轉了第一部的不足。同時，這一調整，也提示我們，如果從一開始就建立一個農場／監獄與家庭／單位的二元結構，將會為讀者展開一個更廣闊的歷史時空。

二元結構要求有兩條情節線。一條是主人公在農場／監獄裡受難，另一條是主人公的親友（父母／手足／親愛者／朋友）在社會上（家裡、街道、單位）受苦。顯而易見，這種結構要求調整人物設計。在這種設計中，方哲的母親和女友李心秋責無旁貸地要成為此書的女主角。她們將會更好地完成「著眼於史，著力於跡」，的創作宗旨。

上述不足，對於整部小說來說只是白璧微瑕。歷史有一天會發現，一位特立獨行的思想者和藝術家，曾經用他的苦難和才華為當代文學留下了一部具有獨特價值的作品——《史跡》。

# 政治符號與被符號

## ——大寨・陳永貴・邢燕子・宋要武

人類離不開符號，從商標到國徽，從甲骨文到奧運吉祥物，符號無所不在。因此有了各種各樣的符號學。但是，從索緒爾到羅蘭・馬特，從查理斯・皮爾士到安伯托・艾柯，似乎都冷落了政治符號。

政治的功能之一，就是將事物符號化，即將某一事物賦予某種抽象的意義。無論是思想一元的舊時代，還是以一元統帥多元的新時期，中國的政治都最擅此道。「戴帽子」是符號化的形象說法，「掛牌子」是符號化的具體演練，媒體宣傳、巡迴報告是符號化的必經之路。它們的功能都是貼標籤，讓人們一看，就知道誰是階級敵人，誰是革命榜樣。以便於教育學習或口誅筆伐。

文革十年，政治滲透到生活的每個毛孔之中。政治符號也進入史無前例的大發展時期。武訓、雷鋒、大寨、陳永貴、邢燕子、劉文彩、收租院這些文革前產生的符號，在經受了「把顛倒的歷史重新顛倒過來」的考驗之後，有的打入冷宮，有的紅得發紫。紅衛兵、黑幫、黑線、黑五類、造反派、走資派、陳裡甯、宋要武、黃帥、張鐵生等新生符號，一時風起雲湧，走馬燈似地攪得周天寒徹。

那麼，什麼是政治符號，為什麼某些事物會被符號化？政治符號與被符號有哪些特點？「被符號」與政治符號之間是什麼關係？這是一個具有中國特色的符號學問題。筆者願以淺見拙識就教於方家。

## 什麼是政治符號？以大寨和陳永貴為例

讓我試著給政治符號下一個定義：政治符號是在某一時期，由國家製造的，為完成某種政治使命而被廣泛宣傳的、抽象性的標識或記號。

定義總是枯燥又費解。讓我舉一個盡人皆知的例子——

大寨是個政治符號。此符號誕生於一九六四年。這一年三月，毛澤東南巡，走到邯鄲，從陶魯笳的彙告中發現了大寨。喜不自禁。以至走一路，說一路——每召見一位地方大員都要說：「大寨是一面旗幟，你們學不學？農業要過關，沒有大寨那種精神不行啊！」「同年十二月，這個位於太行山脈的七八十戶人家的小山村，被確立為國家級的政治符號——在《政府工作報告》中，周恩來宣佈：「大寨大隊所堅持的政治掛帥，思想領先的原則，自力更生、艱苦奮鬥的精神，愛國家愛集體的共產主義風格都是值得提倡的。」

在各級政府總動員的同時，全國媒體以百倍的努力，千倍的熱情將這一符號不舍晝夜地灌輸給六億蟻民。僅新華社一家，對大寨的報導每年就不少於三萬字，全國媒體的報導上千萬字。學大寨的書籍車載斗量，介紹大寨的會議成千上萬，到大寨參觀的人次突破萬萬。大寨成了農民的人間天堂，成了國人朝聖的「耶路撒冷」，成了第三世界國家農業的發展方向。

那麼，這一符號的真相如何呢？

---

1 張英茨：《陳永貴本事》頁28，香港，時代國際，2008。

大寨被樹為自力更生的榜樣，號稱沒拿國家一分錢。一九八〇年中央調查組告訴人們，十五年來，大寨占地方便宜無數，國家「吃偏飯」難以計算。架電線、建水庫、修人造平原和農田基本建設，甚至農忙時的人工都來自外單位的支援。

大寨以糧食產量傲世。實際上，從一九七三到一九七七年，五年虛報糧食產量兩億七千多萬斤。比這五年實際糧食產量多報了近二十四％。[2]隱瞞農田三萬畝，占耕地總面積的六％。「這麼多幫忙田，不僅少繳農業稅，什麼『過黃河』、『過長江』就是一句大謊話了。」[3]

大寨與陳永貴是連體胎兒，陳從大寨大隊的一介支書官至中央政治局委員、國務院副總理，靠的是毛澤東——毛選中這個連體胎兒，是因為它可以為三年大饑荒遮醜，為人民公社打氣。

文革期間，昔陽縣非正常死亡一百四十一人。農村一百三十二人，其中直接被打死的二人，上吊死的六十二人，跳井死的二十八人，服毒死的十三人，跳崖死的五人，投河、水庫、水池、水窖、水甕死的七人，臥軌死的一人，因批鬥致病而死的十三人。縣直機關和企事業單位死九人，上吊死三人，跳井死二人，觸電死一人，服毒死一人。原昔陽縣委書記原耀先，一說是自殺，一說是他殺，一直沒調查清楚。文革後調查，這「一百四十一人全是冤案和錯案。」[4]

一九八〇年十一月二十三日，中發八三號文件：「文化大革命以來，在山西省內推行大寨經驗的錯誤以及由此造成的嚴重後果，山西省委已經承擔了責任，就全國來說，主要的責任在當時的黨中央。」「文化大革命

2 見1980年7月7日《人民日報》。
3 張英茨：《陳永貴本事》頁81，香港，時代國際，2008。
4 同上，頁115。

以來在大寨和昔陽推行左傾路線以及由此造成的嚴重後果，主要應由陳永貴同志負責。」[5]

這是個捨車保帥、文過飾非的文件——大寨之害並非自文革始，把責任推給了文革，也就是讓林彪、四人幫為「大救星」背黑鍋。不過，阿彌陀佛，不管把責任推給誰，壓在中國人民頭上的這座大山總算搬掉了。其首義之功，不在中南海，而在安徽鳳陽小崗村。

## 政治符號的屬性：工具與騙局

大寨和陳永貴提示我們，政治符號至少有如下兩個屬性——

第一，它是工具，是個為了眼前的功利，而不管明天是否洪水滔滔的工具。二十年前，鄒讜為這個工具的生產廠家起了一個含蓄的名字——「全能主義」。全能主義的工具也很全能——它是打擊政敵的捧子，是攀登幻想之城的梯子，是社會動員的宣傳隊，是虛報浮誇的播種機。

第二，它是個「大忽悠」，是為了政治需要製造的偽劣商品。這個商品的基本特徵是虛假，常用手段是歪曲、片面、編造。其主要任務是把問題、缺點、毛病藏著掖著，把成績、好處、優點誇大一萬倍，以達到根本的目的——誤導民眾。

除此之外，政治符號還有一些大寨和陳永貴所概括不了的特點，比如，它的多樣性。政治需要多樣，符號自然多種。雷鋒是為忠君愛黨的，劉文彩是為萬惡的地主階級的，劉文學是為階級鬥爭的，邢燕子是為紮根農村和上山下鄉的，黃帥是為反潮流的，張鐵生是為教育革命的，陳里寧是為打倒劉少奇的，宋要武是為號召紅

---

5 同上，頁279。

衛兵起來搞暴力的……

多樣之外，還多變。政治是個變數，尤其是文革時的政治，就像山裡的天氣，小孩兒的臉。當政治變了臉，舊符號就成了廢品。新政治就會毫不猶豫地把它們扔到一邊，再去製造新符號。

政治符號的特性還有，這裡說的只是犖犖大者。無論是什麼符號，在政治需要它的時候，都會通過國家機器，以無孔不入的宣傳，無處不在的教育，把這個符號弄得家喻戶曉，就像張裕葡萄酒廣告似的。

## 政治符號的壽夭：雷鋒與陳里寧

同為符號，其夭壽大不相同。有的生命短暫，像莊子所說的不知春秋的蟪蛄。有的長命百歲，「如南山之壽，不騫不崩。」

有人以為，既然政治符號是政客鼓搗出來的，其久暫一定與選中它的政客的政治生命相始終。這是一個誤解。一般來說，符號中普世價值的含量越高，這個符號活得越長；越低，活得越短。

在毛澤東時代製造的符號裡，活得最長的，大約是雷鋒。這要托庇於其中助人為樂、勤儉節約等普世性內容。我們今天學雷鋒，大都學的是這些東西，而不是學他的愚忠，他的方向盤，他的革命螺絲釘。

在這個時代，活得最短的符號，大約是陳里寧。此人在一九六〇年代就開始反劉少奇，批判《修養》。還多次給毛、周、林等中央領導寫信，指斥劉少奇是三反分子。曾三次被單位送進精神病院。一九六七年一月初，他被清華大學的紅衛兵從紅衛醫院（安定醫院）挖掘出來。戚本禹得知其事蹟，感慨：「這個人很了不起，那麼早就看出劉少奇是修正主義者，我自愧不如。」

從此，陳里寧即被中央文革冠以「反劉少奇英雄」的光榮稱號。大報小報一齊宣傳，話劇《新時代的狂人》在天津、北京、鄭州等大城市上演。這位英雄調入社科院歷史所。請他做報告的造反派蜂擁而來，一時大紅大紫，婦孺皆知。可是，沒多久，人們發現他常常把馬、恩、列、毛的話改成自己的話。於是，這位英雄成了「假反劉少奇，真反毛主席」。負責與他聯繫的中央文革辦事組組長王廣宇被捕入獄，其第一大罪就是參與包庇「反革命分子」陳里寧的翻案活動。這個「反劉少奇」的符號從紅紫到澌滅不過半年。

## 被符號者種種：「順竿爬」、「守本分」及其它

近年來，「被」什麼什麼成了風尚——被自願、被自殺、被就業……。其實早在六十年前，好多人和事就都「被」起來了——被肅反、被胡風、被右派、被 洗澡、被上樓、被放衛星、被牛鬼蛇神……。這其中也有「被符號」。

「被符號」的定義比政治符號要簡單得多：被符號是政治符號的承載物，是具體存在的人或事。被符號的事，也是人幹的。所以，這裡只說人。被符號的人形形色色，他們對待符號的態度，或者說，與符號的關係大致可分成三類——

第一類是「順竿爬」。雖說所有的被符號者起初都是被動的，但這一類人一旦被符號，就會變被動為主動。他們把這個符號抱在懷裡，貼在心上，爹親娘親不如這個符號親，天大地大不如這個符號大。

陳永貴是「順竿爬」的佼佼者。背靠「農業學大寨」這棵大樹，他以「反大寨」、「反陳永貴」的罪名整肅昔陽，不管是誰，一旦背上這個罪名，「輕則批判鬥爭，重則關禁閉，辦『學習班』，甚至由法院判刑，也

可私設公堂，捆綁吊打，嚴刑逼供，打死逼死也不負法律責任。」[6]

大寨是靠記者吹起來的，可在陳永貴眼裡，「百分之九十五的記者是反大寨的。」[7]因為記者要瞭解情況，要採訪大寨人，而這是陳永貴嚴禁的。「來大寨工作的各方面的人，和大寨人合不來，矛盾鬧得最大、問題出得最多的，要數記者這一行。」這是他在一九六八年九月三日的《人民日報》上說的。他認為，「總結不出大寨經驗，寫不好大寨文章的記者，是受劉少奇的毒太深，有名利思想。」[8]

對昔陽之外，陳永貴祭起了兩個法寶，一個是「不學大寨就是反大寨」。一個是「學大寨要不走樣」。為了不走樣，山區砍光了林木，草原沙化了草場。東北某大隊在一馬平川的黑土地上，用人力堆起了一座土山，上面造出了一級一級的梯田。不用說，這個大隊成了學大寨的先進典型。[9]

在被符號者中，像陳永貴一類的畢竟少數。多數是比較本分的。他們沒想投機，卻身不由己地成了符號，雖然當上了官，有了權，為毛澤東的路線跑前跑後，但沒誠心害人。

邢燕子就是這類「守本分」的被符號者。這位一九五八年初中畢業後回鄉務農的女青年，無意之中成了上面穩定農村人心，安排城市就業，號召青年上山下鄉的先進典型。被毛接見了五次，周恩來接見了十三次，從大隊、公社、縣、市到省，從婦聯、共青團到貧代會，擔任過大大小小十六個職務。官至中央委員、天津政協副主席、天津市委書記。但是做市委書記時，為了燒火做飯，她還得到地裡撿柴禾。她唯一的特權就是開會有

---

6 張英茨：《陳永貴本事》頁41。

7 同上，第42頁。

8 同上。

9 同上，第37頁。

車接送。她最大的光榮，就是跟毛、周合影。

在被符號者中還有一類，我們不妨叫他們「冤大頭」。他們因為個人條件以及某種特殊原而被符號化。儘管他們從來不曾接受過這一符號，媒體上宣傳的這個符號的事蹟也與之無關，但歷史需要這類符號，人心需要把這個符號。因此，不管他們多麼無辜，仍然成了群體心理的寄託，成了社會洩憤的「代用品」。

比如宋彬彬。她沒打過人，但是，因為她所在的學校的校長被學生打死，而她在十三天後，又上了天安門，給毛戴過紅衛兵的袖章，並被毛戲言「要武」。官方媒體遂將「宋要武」強加給她，小報、傳單造謠傳謠，說她搞殺人比賽。學者信以為真著書立說。而造成文革的體制、思想、文化多年來不得清算，社會積怨無以宣洩，宋彬彬遂成了歷史的人質。

## 被符號者該負什麼責任

政治符號是工具，是「大忽悠」，是變色龍，但是，不管政客用這些符號幹什麼，被符號都阻止不了。就算有那位被符號者識破騙局，宣佈與這個符號實行徹底的決裂也沒用。政治有一萬個辦法讓他閉嘴。

我們追究被符號的責任，只能根據他在被符號期間的所作所為——他是否為這個符號的工具性、欺騙性添磚加瓦，是否利用這個符號迫害無辜、謀取私利。也就是說，無論在道德上，還是在法律上，被符號者的責任都只能依據他與政治符號之間的關係來判斷。

上面說了，被符號者與政治符號之間有三種關係，順竿爬、守本分與冤大頭。

「順竿爬」的強化了政治符號工具性和忽悠功能，這種人是應該受到譴責的。陳永貴用「不學大寨就是反大寨」，「學大寨要不走樣」為這一禍國殃民的政策推波助瀾，迫害良善。罪不容赦。郭鳳蓮為他在大寨建墓園，雕漢白玉的石椅，立半身像，並不能改變上述事實，而只能說明這個時代的思想混亂。

「守本分」的，以為自己是為人民服務，其實是為符號服務。這種人是應該反省的。晚年的邢燕子對自己的一生做了這樣的總結：「我這一生，就跟說笑話似的。一會兒這樣一會兒那樣。全是急轉彎：我沒想出名，卻出名了，還鬧到中央去了；我沒想當官，卻有了那麼一大堆職務；可是等我想繼續革命工作的時候，卻突然什麼也不讓我幹了……你說是笑話不是？」[10]

這是一個令人深思的笑話。它讓人們看到了一種特殊的政治製造的悲劇。它告訴人們，除了陳永貴一類的「順竿爬」的，大多數被符號者都是政治的受害者。他們被利用、被異化、被愚弄，一旦新桃換了舊符，他們就成了陪葬品。

「冤大頭」的最大心願就是擺脫政治符號。在被妖魔化四十多年後，宋彬彬在給朋友的信中悲哀地訴說：「他們不會不用我說事兒，我的事向來不能被我控制。我的底線就是不說話，不摻合。」半年前，她向同學們吐露心聲：「文革中的經歷讓我只想遠離喧囂，認認真真地工作，清清白白地做人。我不經商不從政，不想出名不想升遷。我只和岩石、空氣、資料打交道，對身邊的人，我一律坦誠相待。但樹欲靜而風不止，無論我走到哪兒，謠言和謾罵都永遠相伴。」[11]幾十年來，被扣帽子、打棍子、揪辮子的痛苦經歷，使她已經不指望人們會相信她的話：「我很迷茫、很苦惱，很無望。」[12]

---

10 譚璐：《邢燕子：我這一生跟說笑話似的》，原載《北京青年報》，轉引自星島環球網www.stnn.cc 2010-01-20

11 見《記憶》2010年，總第47期。

12 同上。

## 「同一論」者：「政治選中你，就說明你有問題」

有人把政治符號與被符號視為一體——「蒼蠅不叮沒縫的蛋」。政治選中你，就說明你有問題。這是「同一論」者的邏輯。那麼，被符號者的「縫」是什麼呢？以宋彬彬為例，這個縫就是她的老爹，她給毛戴袖章，毛戲言「要武」，媒體以「宋要武」之名寫了文章——這些「縫」豐富誘人，太值得一叮。

在「同一論」者看來，不論宋彬彬是否接受了「宋要武」這個名字，不論她是否參加過紅衛兵，是否參與、組織了虐殺卞校長。作為政治符號，她都應該承擔這個符號所意味的一切——負載「老紅衛兵」的惡名，承擔組織殺人的罪責。作為文革暴力的女性代表，她理所當然地要釘在歷史的恥辱柱上。

出於對文革、對制度的痛恨，出於除惡務盡的責任感，這些人的激憤之情壓過了理性之光，將矛頭指向了一切「非同一論」者。他們認為，所謂「真相在細節」之中，不過是打壓文革研究的藉口；所謂公正公平，就是為宋彬彬和「無關論」者提供詭辯的機會和平臺。允許宋彬彬和她的同學說話就是「替紅衛兵翻案」，就是文革沉渣泛起，就是「打著索求歷史真相的招牌迫害人」，[13]就是「忙著為可能的兇手、為已經實實在在絕脫不了干係者撇清、塗脂抹粉。」[14]為此，他們以極其沉痛的語氣質問《記憶》：「你們這樣做「對得起卞仲耘亡靈麼？對得起在一九六六年『紅八月』裡被主要是宋彬彬們參與的紅衛兵小將在街頭在光天化日大庭廣眾下以革命的名義用棍棒用銅頭皮帶活活打死的一七七二名北京底層民眾麼？毛澤東是禍首！『要武』是罪魁！這

13 王容芬：《迫害何時到頭》，《記憶》2010年，總第49期。

14 《記憶》讀者來信。

已是歷史！無論誰都不可能改變這一鐵鑄的大歷史！」[15]

「同一論」者沒看到被符號們的差異和複雜性。他們不是從事實出發，而是從情感出發。對於不合心思的事實和明擺著的錯誤，採取不理睬、不承認、不講理的「三不主義」。他們以民主、自由、人權、思想文化多元為政治訴求，但是，知與行之間常有距離。這個距離沒有產生美，而是產生偏執、偏見和偏激。這「三偏」的具體表現之一，就是為文革製造殉葬品。在他們看來，既然當局沒有懲辦「紅八月」的兇手，那麼，「宋要武」就應該代表兇手出席公審大會。既然最大的惡人還歆享著人間的香火，那麼，為毛戴袖章的宋彬彬就應該老老實實地當一個「現代秦始皇」的兵馬俑。

「同一論」者反對製造政治符號的體制，但他們沒有意識到，當他們非要把宋彬彬等同於「宋要武」的時候，幹的正是他們所反對的事。「同一論」者為文革受難者伸張正義，但他們沒有意識到，他們在製造著新的受難者。

當然，「同一論」者不會這樣考慮問題。他們堅信，他們的事業是正義的，正義的事業是可以不擇手段的。既然是在為中國的民主自由而戰，那麼他們的一切手段就都是善的。這種目標和手段的天然協調統一，使他們不必為事實擔憂。換句話說，在他們看來，只要中國民主自由了，給不同意見者扣扣帽子，貼貼標籤，或者製造些冤假錯案，也算不了什麼。

劉賓雁說得好，每人心中都有一個小毛澤東。

---

15 《記憶》讀者來信。

## 實驗中學的校慶：在符號與被符號之間

二〇〇七年九月，北京師範大學附屬實驗中學（即師大女附中，下簡稱「實驗中學」）的九十年校慶因評選宋為榮譽校友，展出宋的諸多照片和說明，包括八．一八宋彬彬給毛澤東戴袖章的照片，引起了海內外對宋彬彬、對校方的強烈批評。

輿論質問校方：宋彬彬在炫耀其血染的歷史，在向人類良知挑戰，女附中評選殺人魔頭，至少是選組織殺人的紅衛兵為榮譽校友，是在為文革翻案！

校方回答：我們評選宋彬彬，因為她是麻省工學院第一位取得地球物理學博士學位的女附中校友。經調查核實，宋在文革中沒犯錯誤；她上天安門給毛戴袖章是組織行為，不是她個人的行為。不應該由她個人負責。

這裡的問與答是兩回事，輿論說的是政治符號，學校說的是被符號者。

實驗中學是兩難的：九十年校慶，不能不提文革。那張宋給毛戴袖章的照片是學校與文革關係的最重要的標誌，不展它，人家會說你刻意隱瞞。展示它，就會如資中筠所說，「哪壺不開提哪壺。」[16]唯一正確的辦法是既展示又批判，但是，校領導沒有這種認識，就算有，在大唱紅歌的年代，也辦不到。

實驗中學是蒙昧的，他們認識到的只是上面的道理——他們以為，在學校「九十年圖志」上，在「十年浩劫的苦難歲月，不堪回首的歷史錯位」的標題下面放上這張照片，就尊重了歷史。他們沒想到，這張照片所代表的符號隱含著多麼深巨的歷史內容，多麼激烈的社會情緒，他們不知道，如此尊重歷史，傳授給青少年的仍

16 資中筠：《能反省歷史的民族才有光明的未來》（網文）。

舊「是謊言和顛倒的榮辱是非觀」。[17]他們沒有意識到，他們自以為「輝煌」的校慶，再一次將宋彬彬置於縱身有百口，也不能辯其一端之地。

從這個意義上講，實驗中學的蒙昧，是國人的蒙昧，實驗中學的兩難，是現實的難題。實驗中學的無知與困惑，是當代社會的一面鏡子。

17 同上。

# 謠言是怎樣煉成的——關於宋彬彬殺人

## 一、一個謠言的誕生

文革中有一句話：「造謠可恥，信謠可悲，傳謠有罪，闢謠有功。」由此，我們可以看出當時的謠言之盛。所以，當聽說林彪折戟沉沙的時候，好多人都以為是謠言。

關於宋彬彬的謠言就是那個時代中無數謠言中的一個。一般的看法是，這一謠言最早源於一九六六年底的傳單和小報上。這些享有短暫而有限自由的造反派媒體，在反「血統論」的旗幟下，同氣相求，萬眾一心，信心百倍地把宋彬彬描寫成一個嗜血者，一個殺人狂。

除了瞭解宋彬彬的人，人們都在不同程度上相信了這個謠言。因為它有堅固的現實基礎：

一、紅衛兵抄家打人，濫殺無辜，一九八〇年的官方媒體承認：一九六六年八月至九月僅北京就打死了一千七百七十二人。

二、北京師大女附中（現在的北京師範大學附屬實驗中學）的卞校長被打死，而宋彬彬不但是這所學校的學生而且是學生幹部。文革初期，她參加過兩個學生組織，其一是工作組時期的學生代表會，是四位副主席之一。其二是八月八日各派學生成立的文革「籌委會」。

三、一九六六年「八一八」宋彬彬上了天安門，給毛澤東戴上了紅衛兵袖章，毛在問了她的姓名後，開玩笑說「要武」。

四、一九六六年八月二十日《光明人民》發表署名「宋要武」的文章〈我給毛主席戴上紅袖章〉。文中洋溢著暴力氣息，「暴力」、「暴烈」、「暴動」、「砸個稀巴爛」等字眼充斥文中，僅「要武」一詞就出現了八次。《人民日報》等媒體迅速轉載。

五、宋彬彬之父宋任窮是中共高幹——東北局第一書記。在一九六六年八月一至十二日的八屆十一中全會上被增補為政治局候補委員。

這些真實準確的資訊，彼此關聯、相互證明，為謠言提供了一個堅實的基礎。而在這五個資訊中，毛的「要武」和《光明日報》的文章是要害。

拉爾夫・L・羅斯諾給謠言下了這樣一個定義：「謠言表達了試圖認知生存環境的人們的憂慮和困惑。」[1]顯而易見，關於宋彬彬的謠言，表達了民眾對紅色暴力的恐懼，對生命安全的隱憂。這一謠言迅速而廣泛的傳播，表明了社會普遍存在的不安和對這一史無前例的革命的困惑。

拉爾夫還認為，謠言「是夾雜了個人對世界的主觀臆測的公眾資訊。」[2]作為個人的主觀臆測，變化性，或者說不確定性，就成了謠言的先天特徵。傳播學也證明了這一點——資訊在傳播過程中會產生變異。比如，宋彬彬打死了什麼人，打死多少人的說法，就有四五種之多，有的說，打死了校長；有的說，打死了校長和老師；有的說打死了六個人，有人說，不，是八個。《南方週末》雖然沒有指明兇手，卻將死難者從一名擴展到

---

1 柯文：《歷史三調：作為事件、經歷和神話的義和團》頁124，南京，江蘇人民，2000。

2 同上。

五名。[3]

傳播學告訴我們，資訊在傳播中的變異有一個規律——凡是具有刺激性的內容都會在傳播中放大增強。這一點跟電影一樣，性與暴力之所以是製片方最愛，就是因為它有穩定的票房。電影是講故事，這類資訊在傳播過程中也會變成故事，經過各種接受者的添油加醋，變得有鼻子有眼，活靈活現，完整自洽，合情合理。於是，宋彬彬就成了一個或男或女的暴力符號，今天在首善之區屠殺黑五類，明天在五羊之城拷打神父、修女，後天現身於武漢三鎮，指揮保守派反擊……

小報和傳單是大眾傳播，與之相配合的是人際傳播。這種口耳相傳的原始方式雖然影響有限，但在添枝加葉方面卻比媒體來得靈活且精彩——因父親被審查而行動受限制的宋彬彬，在一九六九年初冬的一個夜裡，在弟弟妹妹的幫助下，女扮男裝從家裡偷跑出來，到內蒙牧區投奔同學。四一年後，她回憶道：「我人還沒到，謠言就先到了，說宋要武殺人放火、強姦婦女、無惡不作，許多老鄉都很害怕，不敢要我。」[4]

這種事，欽定右派鍾惦棐也遇到過。一九八三年，他到鼓浪嶼評「金雞獎」回來，路過蒲田，初次見他的年輕人都深感失望——在他們的想像中，這個敢於敲著電影的鑼鼓向黨進攻的主兒，是個「手持左輪、腰繫絲帶的『江洋大盜』」，誰誠想，「卻原來是個如此這般極不起眼的小老頭。」[5]

---

3 2010年11月4日，南方週末記者楊繼斌、朝格圖：《一個開始，只能是一個開始》。

4 馮敬蘭等：《也談卞仲耘之死》，載《記憶》2010年，47期。

5 鍾惦棐：《起搏書》頁441，北京，中國電影，1986。

## 二、謠言成為「信史」

小報和傳單為這一謠言開闢了通向學術殿堂的道路。文革後，文人、學者、教授、知名人士、媒體從業者不約而同地把它寫入著述之中。其犖犖大者如：

一九八五年，樂黛雲（北京大學比較文學教授）的《面對風暴》，書中把「宋彬彬」誤為「胡冰冰」。

一九八八年，徐友漁的《形形色色的造反》。

一九九五年，王友琴的《一九九六：學生打老師》。

一九九六年，萬樹英《「太子黨」的青少年時代》。

一九九九年，千家駒的自撰年譜。

二〇〇四年，王友琴的《文革受難者》。

二〇〇五年，唐德剛的《毛澤東專政始末：一九四九－一九七六》。

在此前後，金鐘、胡平、王容芬、陶洛誦等人亦有述評。

上述作者在表述上分為兩派，一派是「親手殺人派」，他們直接采信小報、傳單之說，言之鑿鑿地認定宋彬彬有人命。如海外著名國史大家唐德剛就以自信而輕薄口吻告訴人們：「當年替毛主席佩帶紅衛兵袖章的、在北師大附中就讀的高幹子弟——小美女宋彬彬，主席嫌她芳名太文雅了，勸她要武一點。果然她就改名宋要武。其後在要武的銅頭皮帶猛抽之下，就有六個牛鬼蛇神被要武活活打死。後來改革開放了，這個美麗的小殺人犯、murderer（兇手——本文作者注），曾就再度改名到美國留學、結婚、流產。霜晨月夕，面對在暗處徘徊的六條冤魂，不知她姑娘何以自遣良宵？」[6]

另一派是「組織殺人派」，其代表據說是對女附中文革做了最認真調查的王友琴，她不再采信小報、傳單上的說法，而是將謠言產生傳播的五大現實基礎，即前面說的，紅衛兵的暴力、宋彬彬在學校的職務、宋給毛戴袖章，毛戲稱其「要武」，以及宋父是東北局第一書記等資訊合為一體，從邏輯上指認宋是「八五」暴力的組織者，應該對卞仲耘之死負責。

打一個不甚恰當的比喻，「親手殺人派」走的是「淺水」；「組織殺人派」趟的是「深水」。水淺易清，宋彬彬是否殺人，很容易弄清楚。深水則不然，那裡面有暗礁，有旋渦，有毒魚……。試圖一探究竟的「潛水夫」即使躲過了旋渦、暗礁，也免不了被毒魚咬上幾口，不致你死命，也讓你難受。

深水就是渾水。誰趟這渾水，誰就是自找苦吃。

於是乎，多年來，「組織殺人派」縱橫環宇，如金庸小說中憑藉一根竹枝就打敗了三千甲士的越女阿青，真正是氣吞萬里如虎。互聯網上更是山呼海嘯，徵引、評說、紹介無數，憤怒青年、坊間史家、社會賢達，一呼萬諾。一個現代版的「曾參殺人」儼然鐵案，宋彬彬組織殺人，幾成「信史」。

## 三、艱難的闢謠

在一個法治健全、文化多元的社會裡，「一言堂」不可能長久。因為它有多種糾錯機制——當事人可以在媒體上闢謠，見證人可以在媒體作證，不同觀點的人可以在電視上辯論，如果願意的話，還可以訴諸法律……

6 《毛澤東專政始末：1949—1976》頁196，臺灣，臺北遠流，2005。

而這在中國都辦不到。

所以，最早澄清事實的在美國——二〇〇二年，因美國學者Emily Honing依據王友琴的著述，在一性學論文集中將宋彬彬說成是「八五」事件的組織者。在宋彬彬的努力和美國朋友的調停下，此書的作者、序作者和出版社在一家著名學術刊物《亞洲研究通訊》（Asian Studies Newsletter）上向宋公開道歉。」[7]

此後至今，宋彬彬和見證者共有四波闢謠的努力——

第一波在二〇〇四年，美國人卡瑪在紀錄片《八九點鐘的太陽》中採訪了宋彬彬。宋告訴人們，她從來沒有打人，沒有參加紅衛兵，沒有使用過「宋要武」這個名字，那是《光明日報》強加給她的。這是此謠言快活自在地獨霸天下三十八年之後，第一次在大眾傳媒上被否定。此片問世後，王友琴向卡瑪發難，為宋彬彬辯解的馬悲鳴遭到了批判。馬的反駁文章被《開放》拒絕。海內外眾多達人以各種方式向卡瑪表示了自己的義憤。

第二波在二〇〇六年。葉維麗在美國發表了英文版的學術文章〈卞仲耘之死〉。此文的中文版以「白芳」的筆名，發表在《二閒堂》網站上。英文版的一百多個注釋，因故未譯。此中文版甫一問世，作者即遭到多方指責，網民們斥其為老紅衛兵翻案，為文革暴力辯護。

第三波在二〇〇七年。北京師範大學附屬實驗中學（即師大女附中）九十年校慶，校方評選「榮譽校友」。為了借此機會討還清白，宋彬彬參評，並被評上。但因為校方的顢頇無知與不負責任，使宋彬彬再次成為焦點人物，攻訐、斥罵一時如錢塘大潮。幾個出來說明真相的校友亦被網民極盡辱罵之能事。

第四波在二〇一〇年四、五月間，《記憶》刊出女附中文革專輯，刊登葉維麗、馮敬蘭、劉進、宋彬彬、于羚、劉沂倫等人的文章與訪談，再次說明真相，也再次遭到了來自海內外的指斥和攻訐。美國的王友琴、德

7 詳見《記憶》2010年，47期，此期後面附有道歉方的英文原文和中譯。

國的王容芬、西班牙的黃河清、香港的金鐘，以及與其同氣相應的大陸學人、網民團結一致，眾口鑠金，斥責說明真相者。《記憶》亦成為眾矢之的，罪名同前。

## 四、堅硬的謠言

按照拉爾夫的說法，謠言有多種多樣。除了上面說的憂慮型謠言之外，還有表達心願的，寄予名利的，暗藏陰謀的，或者是難以解釋的。如果說，關於宋彬彬的謠言在文革中表達了人們對暴力的憂慮；那麼，在文革後，在暴力的威脅已經遠去的歲月裡，為什麼人們還要堅守它，捍衛它呢？如果說，在國內沒有這個環境，那麼在思想多元、資訊暢通的海外，為什麼人們得知了另一種說法，還要為捍衛它而不遺餘力呢？如果對極少數人來講，堅守它有利於個人的名聲。那麼，對於絕大多數未曾為此著書立說，而仍舊堅守它的人來說，又意味著什麼呢？

我的理解是兩個字：心願。

是的，這個謠言關乎人們的心願。

在王容芬的譴責中，在金鐘的質問裡，在敏一鴻、黃河清等人義正辭嚴的筆下，奔騰著一股浩然之氣。在他們看來，如果不把宋彬彬牢牢釘在歷史的恥辱柱上，就意味著「維護紅衛兵的名聲和掩蓋毛的罪行」（金鐘），就意味著「當年的紅衛兵控制了當今中國的話語權」（王容芬），就意味著放棄「追究直接責任者、兇手、以至元兇。」而使「參與毆打卞仲耘的一群人也都隨之金蟬脫殼，讓當年全校師生有罪同當，再對毛澤東適當「寬大」，於是「擺平」一切？（敏一鴻）……。總之，就意味著為文革翻案，讓暴力捲土重來，使毛主義九泉重坐，讓同胞吃二遍苦受二茬罪。

然而，正義感不等於具體史實，浩然氣不能替代學術研究。好心願未必有好結果，好故事不等於好歷史。不過，正義感和浩然氣至少告訴我們，現實語境對文革研究的限制非但沒有達到預想的「維穩」，反而為激進派，為「憤青」提供了廣闊舞臺。言論的控制，並沒有使官史磅礴萬里，反倒刺激了民間傳說的發展，而民間傳說需要好故事。

## 五、謠言與謊言

紅衛兵的暴力造成了社會的大恐懼和大憂慮，這一社會心理為上述謠言提供了土壤和邏輯。在澄清事實，弄清真相的同時，我們還須追問：為什麼一九六六年的中國會充斥暴力？

人們把這歸咎於「階級鬥爭為綱」，歸咎於十七年的「狼奶」教育，歸咎於青春期的躁動和叛逆。對，這些都對。但是，人們似乎忽略了一個心理原因——從六十年代初，以毛澤東為首的領導層就生活在焦慮、抑鬱和恐懼之中：蘇聯變修了，如果不反修防修，那些被打倒的階級就要復辟、要變天。我們就要人頭落地。這是你死我活的鬥爭……。

國家機器開足馬力，報刊、廣播、會場、課堂、電影院，年年月月天天時時刻刻，將這個自製的彌天大謊灌輸給國人。謊言就像病毒，將上層的心理疾患迅速傳染給整個社會。社會心態從安定變為焦灼，從平和變為憂慮，被視為革命接班人的幹部子弟籠罩在一種莫名其妙的緊張、狂躁的情緒之中。

毛澤東發動文革，從心理層面上講，是要消除自己的焦慮和恐懼，消除的辦法之一，就是訴諸暴力——號召青少年橫掃社會，縱容他們殺人抄家。對於紅衛兵來說，暴力釋放了他們的內心的緊張，張揚了接班人威風和膽氣。

謊言是謠言的導師，是謠言的溫床，是謠言的老祖宗。

# 從官方到民間——王年一的道路與意義

紀念某人，自然要紀念一個貨真價實者。對著逝者的相片，發一通言，說些奉承話，用這些話樹起一個連自己也陌生的偶像。這樣的紀念我不幹——既不去紀念別人，不管他是誰。也不煩別人紀念我，哪怕是我的兒女。因此，如果有人要打出「紀念當代司馬遷——王年一先生」，「王年一是史學界的南董筆」一類的橫幅，讓大家頂禮膜拜。我就退場。

中國有個牢不可破的傳統——阿諛死人。好像人一死了，就成了完人。費正清說慈禧的長指甲是最廉價的裝飾品。他不知道，中國還有一個最廉價的非物質遺產——諛墓文。有人說了，人都死了，說幾句好話礙著誰了？我說，礙著王年一了，他堅持了一輩子的實事求是，在自己身上都沒兌現。

實事求是，知易行難。《紅旗》改為《求是》二十年了，求是了嗎？如果以求是之名，行紅旗之實，跟官家一樣為尊者諱，我們還研究文革幹嘛？

人無完人。要挑王年一的毛病，多了。比如對他太太的大男子主義。問題是，我們不是評好丈夫，而是說他的學術。

就是學術，我與王年一也時有分歧。比如，他認為是「經驗不足」加「驕傲自滿」，造成了文革前十年的左。認為「反右派確有必要」（《大動亂的年代》二〇〇五年版前言），還有，他光說林彪的冤情，不提林彪對個人崇拜的貢獻（《林彪畫傳‧序》）等等。

王年一是學者，這沒錯，但學者的花樣多了，有追隨馬列的，有拒絕馬列的；有緊跟形勢的，有死守書齋的；有郭沫若，也有陳寅恪。進一步說，王年一是史學家，這也沒錯，但史學家也有種種，有御用的，有坊間的；有犬儒的，有獨立的，有張夏，也有黃宗羲。

那麼，王年一算是什麼學者，算是哪種史學家呢？有人說，王年一是正直的學者，是性情中人；是尊重史實，獎掖後進的史學家，這都不錯，但沒說到點上。以我之見，王年一是一個從「黨文化」走向「自由化」的學者，是一位從官方走向民間的史學家。

前一點無須多說，後一條需要解釋。史學從來都分官方和民間兩種。某些犬儒派史學者告訴我們一個規律：凡是社會動盪的時代，民間史學就要勃興，如魏晉南北朝，如宋元之交、明清之際。而當社會太平穩定時，官方史學就興盛。我對這門學問景仰得很，但是對這說法不敢恭維——今年是改革開放三十年，據說，這三十年是中國少有的太平盛世，是知識分子前所未遇的黃金時代。按此規律，在如此太平，如此黃金，如此和諧之世，民間史學絕無萌生之必要，即使偶爾萌生，也絕無發展之可能；即使發展，也絕對應該投奔官家，或者被官家收編招安了去。可，不，研究當代史的民間人士層出不窮，「延安學」、「五七年學」、「文革學」雲蒸霞蔚。上頭夢想一元統率多元，下頭卻關心多元什麼時候取代一元。於是，剛剛小康的人們，談論《紅太陽怎樣升起》，琢磨《新發現的毛澤東》，爭購《晚年周恩來》，研讀《吳法憲回憶錄》，傳閱謝韜的民主社會主義……。二〇〇六年民間召開文革四十週年國際研討會，二〇〇七年，殘存的右派們自發地紀念反右運動五十週年。北大出版社把節本《夢繫未名湖》扼殺在印刷機上，香港卻將其全本推向市場。雖然圖書審查制嚴格執行，民間的自印書卻方興未艾。從李慎之到哈維爾，從《我的右派經歷》到《內蒙古挖肅實錄》。南京大學敢為天下先，圖書館設專人搜集民間自印書……

看來，這規律也得改改。改成什麼呢？犬儒學者心裡明白：大凡專制高壓鬆懈之時，必是民間學術興盛之日。但他說出來的卻是：「民間史學存在是個事實，但其發展空間太小，成不了氣候。」怎奈這話不那麼理直氣壯——明末三大家活著的時候，或隱居田野，或伏處深山，或奔走南北，性命幾乎不保，著述不見天日，不要說發展空間，就是生存空隙都罕有。可是，三百年後，顧炎武、王夫之、黃宗羲的學說都成了顯學，其著述從民間的自印書變成了官家的常銷書，其人其學都成了大氣候。

誰敢保證，今天民間的自印書，不能成為明日主流學術中的顯學呢？

誰能否認，官方學術是飯碗，隨風而逝；民間學術是事業，天長地久？

八十年代中，王年一寫《大動亂的年代》的時候，是很信奉《決議》的，「兩個反革命集團利用了毛晚年的錯誤」是他著述的基本思路。「『資產階級反動路線』的錯誤，『聯動』的錯誤，當時我就沒有認識到；『林彪事件』當時我已有一點認識，但不敢秉筆直書，只能曲折地模糊地表達。」這是他在文集自序中的夫子自道。說這話的時候，他已經坐在了民間史學的板凳上。他的轉變是從九十年代中後期開始的。其標誌就是大家熟知的，關於林彪一案的著述和思考。

搞黨史的多了，研究文革的也多了，為什麼王年一能夠轉變，而那些專家學者卻不能呢？有兩點至關重要，第一，他尊重史實，敢於獨立思考。第二，絕棄專制，推動民主已經成為他新的信仰。請看他去世前一年向朋友的剖白：「『難得糊塗』，很難做到。我的老戰友、老同學中，沒有一人做到。大家都是痛心疾首，無可奈何。『先天下之憂而憂，後天下之樂而樂』已溶入血液中。……我十分贊成杜光、于光遠、胡績偉、李銳幾位老先生的共同宣言，要為民主而奮鬥。我可以一切不聞不問，但這不是我的性格。我還要聞、問，為民主作一點小貢獻。為了人民，為了我們的子孫……。」[1]

從「黨文化」走向「自由化」，從官家走向民間中的「走」是行動，行動就需要膽量和勇氣。「其上申韓

1 見〈記憶〉創刊號《王年一書信選輯》致閻長貴先生信。

者，其下必佛老」（王夫之）。極權靠恐懼維持，後極權靠犬儒運轉。王年一以前也曾犬儒過——「思想上禁錮又很多，放不開，不敢亂想和亂寫」，「不敢秉筆直書」。[2]他的老病之軀有一萬個理由，讓他繼續犬儒下去。但是，他沒有，他打開了思想上的禁錮，大膽秉筆直書。「國防大學的組織部、保衛部多次找他談話，禁止他寫作。王先生怒極，四次以掌擊桌，痛斥來人。」由此，我們可以說，王年一在走向自由化，走向民間的同時，也從「犬儒」走向了戰士。

王年一是路標，他指示著一個真正的史學家的必由之路。

王年一是證明，他證明了犬儒主義在理想、信仰面前的失敗。

同時，王年一也是一名信使，他告訴以「獨立之精神，自由之思想」研究學術，書寫歷史的民間學人，他們活著，不再是散兵遊勇；死了，不再是孤魂野鬼。而其無論生死，都將被《記憶》記住，並受到《記憶》讀者的尊敬。

2 同上。

# 第二輯　思想評論

# 「義」中的正邪

中國人非常重視「義」，誰要是在別人眼裡成了不義之人，那麼他就等於被開除了人籍，與禽獸無異。古人講義，今人也講義；聖人講義，百姓也講義；守法良民講義，法外強徒也講義。孔曰成仁，孟曰取義，義利之辨，其理深且微矣。在百姓眼裡，義就是情，是忠。《三國》以結義開篇·《水滸》以聚義為本。劉備拒領荊州牧，怕天下將他視為不義之人。宋江受眾好漢擁戴，因為他最仗義。上海的青紅幫、湖南的哥佬會以義為幫規第一要義，為幫會利益而死，就死得其所，即使不被封為烈士，也是同道中的英雄，死後家眷會得一大筆撫恤金·能夠自裁而保護同夥的，就是義貫長虹的好漢，其妻於兒女將終身享受贍養費。

今天的青少年仍舊崇尚哥們義氣，只要是哥們，就去撐腰打氣；而今的個體戶也保留著「三言兩拍」中的古風，崇尚義氣，為的是在無序之中，維護自身利益。報載，台港的「竹聯幫」、「天道盟」、「和勝和」等黑社會組織已經滲透到東南沿海一帶，大陸的黑社會也死灰復燃。[1]「黑社會也是很崇尚義的，誰不夠義氣，就等於犯了法。開《三國演義》電視劇研討會的學者們，在會場上聲討義的小農意識，可在酒酣耳熱的飯桌上，也不得不與舉杯倡議的東道主來個三結義五結義的。許昌市的文藝工作者將「桃園三結義」編成了節目，讓孩子們上臺扮演。《水滸》播出後，地方會有哪些舉措，民間會如何模仿，我們不得而知，想來也不外乎聚嘯山林，過一過綠林好漢的癮吧？

1 李穀馨：《中國掃蕩黑社會》《中國鄉鎮企業報》1995年3月4日。

古典文學作品，尤其是英雄傳奇、武俠小說和歷史演義中充滿關於義的描寫，結義、聚義、義氣、義士、仗義疏財、見義勇為等等，觸目皆是。把《三國》、《水滸》和《東周列國》這些名著和准名著搬上螢幕有很多難題，難題之一就是如何對付其中與義有關的人物和故事。建國以來，專家們對這個「義」討論不休，絕大部分人對它持肯定態度．偶爾也有反對者，批評它小農、小生產、小私有者，表現了狹隘的幫派思想，但是考慮到階級鬥爭、工農聯盟、領導意圖、政治氣候等等外在因素，臨末了也還要找補上一堆好話。迄今為止，在學術界占多數據優勢且比較一致的看法仍然是：「義」表現了下層勞動人民團結互助，反抗壓迫的精神，但也有被封建統治者利用的一面．在第二屆《三國》學術討論會上，更有人提出：「『義』的最積極的意義在於，它更重視居於下位者自身聯合起來的力量。那種把結義看成是狹隘幫派的觀點是不正確的。『義』，不僅要人們不做利已妨人之事，還要發揚人們在患難中互相救援的精神。」[2]本文不想給這些說法下結論，只想聯繫《三國》、《水滸》對「義」略加分析。如果這種分析還能成立，那麼，結論自在其中，改編時如何對待它，也算有個參照。

義，是個滑溜溜的字，要想把握它，得從語義學和倫理學上著手。

先說語義，義的解釋和用法很多，《康熙字典》列了六種，《辭源》開出八種，《中文大詞典》達三十一種之多。古典小說中比較常用的意思有情意、恩誼、施予、不取報酬，正、宜、善和外、假、可替代等。值得注意的是後兩種意思。

正、宜、善，是人們見到帶義的詞時，最容易聯想到的意思。「義師」、「義戰」。都是「仗正道」的意思，「義士」、「義俠」、「義婦」都是「志行過人」的意思；「義犬」、「義虎」都是「賢良的意思。至於「道義」、「信義」、「仁義」中的義字更是正、善得不容懷疑。

---

2 《全國第二屆《三國演義》學術討論會觀點綜述》，《新華文摘》1984年4期。

外、假、可替代，這類意思雖然與正、宜、善近於相反，但是很容易與後者混淆。洪邁在《容齋隨筆·人物以物為名》中說：自外入而非正者曰義，義父、義兒、義兄弟、義服是也。」這種用法古時候很普遍，例如，古代人把人工安裝的附加在身體之外的部分叫義手、義足、義髻，即假手、假腳、假髻，也就是我們今天所說的假肢、假髮。把衣服器皿上的附加部分，叫義襟、義袖、義嘴，即假襟、假袖、假嘴。元明時代的人對這種用法是很明晰的，所以寇封改了姓，做了劉備的義子，羅貫中還是要讓曹操罵他是劉皇叔的「假子」。《新唐書 五行志一》中說：「楊貴妃常以假髻為首飾，而好服黃裙……時人為之語曰『義髻拋河裡，黃裙逐水流。』」可見唐人也知道，義在這裡做假講。這種用法並非自唐代始，早在秦代，人們就這樣用了。《史記·項羽本紀》中說，秦亡，項羽尊懷帝為義帝，徙于長沙郴縣，第二年又命英布擊殺義帝於郴江中。項羽所尊的義帝並不是正義之主，他立的就是一個隨時可以替代的假皇帝。

義所以具有正、宜、善與外、假等這兩種近乎相反的意思，是古字通假造成的。外、假、可替代的意思來自於「俄」，「俄」與「義」在古時候通假。《說文》把「義」看作會意字，解之為「己之威儀也，從我從羊。」段注：「威儀出於己，故從我。」王念孫撥雲見日：「義中之我所示者聲，非意。」也就是說，古時候，義的發音是組成它的下半部分的我，而「俄」中之「我」所示者也是聲。這兩個字因發音相近，故通假。它們互相借用的結果就使表示外、假、替代的俄的意思混進了義之中。義中就有了俄，正中就有了不正。

上述兩種用法繁多而靈活，不認真分析，就要上當受騙，把不正當做正，把同道間的施予與正義無私的幫助相混淆。臺灣學者孫述宇對此做過專門的研究，他指出，《水滸》中的「義」常在「正」和「善」的招牌下販賣不正的貨色。[3]最明顯的例子就是結義。結義結的是異性兄弟，是沒有血緣關係的假兄弟，因此他們要

3 見孫述宇：《水滸傳的來歷、心態與藝術》第三部分「江湖上的義氣」。臺灣，時報文化，民國七十二年。

宰黑牛白馬，歃血為盟，將大家的血混在一起以表示從此就成了一奶同胞的手足，彼此血肉相連，聲息相通，生死與共。趙雲與趙範結義後，趙範要把守寡的嫂子嫁給趙雲，趙雲大怒，厲聲曰：「吾既與汝結為兄弟，汝嫂即吾嫂，豈可作此亂人倫之事乎！」（五十二回）這是將結義兄弟與血緣掛鈎的一個例證。這類例子在《三國》和《水滸》很多。

桃園結義是《三國》的首篇，也是全書的思想基礎。請看結義時三人焚香而拜的誓言：「念劉備、關羽、張飛，雖然異姓，既結為兄弟，則同心協力，救困扶危；上報國家，下安黎庶；不求同年同月同日生，只願同年同月同日死。皇天后土，實鑒此心，背義忘恩，天人共戮。」「上報國家，下安黎庶。」正氣凜然，令人欽敬。但是「背義忘恩」中的「義」中並沒有這種凜然正氣。其中更多的是情，是彼此間的忠誠，忠誠到生死與共的地步固然讓人感動，但是這裡面也包含著同道間為了哥們義氣而不問是非，不顧大局的狹隘、盲目的東西，也就是說，其中夾雜著某些不正。

「七星聚義」是《水滸》中的重要篇目，也是好漢們創建梁山大業的第一次「壯舉」。那天晁蓋與吳用商議，找幾個人來智奪「生辰綱」。吳用說：「我尋思起來，有三個人義膽包天，武藝出眾，敢赴湯蹈火，同生共死。」這裡的「義膽」絕不可理解為「正義的膽量」，它的意思是「做危險的犯法勾當的膽量」。後來，吳用動員阮氏三雄入夥時說的話，為這個「義」做了注解：「取此一套不義之財，圖大家一世快活。」「生辰綱」固然是不義之財，但是好漢們取來隻為自己快活也離正義很遠。

再說倫理。義和利是連體胎兒，因此，作為倫理問題之一，「義利之辨』就成了中國哲學史上爭論不休的題目。義指思想行為符合一定的標準，利指的是利益或功利。先秦哲學或主張義利統一（如《易經》、《墨經》），或主張義利對立（如孔子、孟子），或主張捨義取利（如法家的韓非）。董仲舒則主張：「正其誼（義）不謀其利，明其道不計其功。」宋理學家則認為：「大凡出義用入利，出利則入義。」（程頤）反理學的則要求義利並重：「正其誼（義）以謀其利，謀其道以計其功。」（顏元）不管是什麼主張，道德（義）與利益（利），總是難分難捨。古典名著中的義當然不能例外。它要麼與社會利益、民族利益、民眾利益連在一起，要麼與一家一姓或集團的利益密切相關，與前者相關的義就是社會道德，與後者相連的義則是集團道德。一切歷史都是當代史，一切古典文學都具有當代性。我們改編名著當然要站在今人的立場上，弘揚前者，貶抑後者。

作為一種社會道德，義具有超越性、永恆性和普遍性。它超越時空、國界、種族、階級或階層；延綿萬古而不移，放之四海而皆準，是全人類的共同財富。在作品中大體表現在三個層面上，一是維護正義，崇尚人道，扶助弱者，富於同情心。二是有操守、有氣節。三是講信譽，重感情，忠於友誼。這三個層面相互滲透，相互支持。

作為一種集團道德，義則往往與朝廷的正朔或集團的利益密切相關。忠於正統的行為就是義，否則就是不義。符合集團利益的就是義，反之則不義。它具有時代性、階層性、偏狹性、盲目性甚至非人性、反人道等特徵。在《三國》和《水滸》裡，這種義表現在兩個方面，一是王權的正統代表，如漢室、蜀國和宋室，二是被作者肯定的社會集團，如劉氏集團和梁山集團。

集團道德中的義，其最豐厚的土壤是社會下層，最適宜的時空是亂世。什麼人最崇尚結義呢？是綠林豪傑、江湖亡命、法外強徒、軍弁武夫、流氓無產者，總之是那些處在下層的不安分的分子。義氣在什麼時候最盛行呢？是王朝更迭期、異族統治期、軍閥混戰期，總之是在社會動盪、政治腐敗的時代這種東西最盛行。這些人，這種時代使集團道德中的「義」無法保持清白，流氓無產者、小生產者的階級（階層）性，封建社會的時代性無可避免地污染它。

這種污染在《水滸》的結義、聚義、義氣和仗義疏財上表現得最為顯著。

梁山好漢相識後，最常見的舉動是結義，結義之人走到一起就是聚義。這裡的結義和聚義絕非在正義基礎上的結合或相聚，而是結成異姓兄弟，互相撐腰打氣。聚在一起做事，「團結就是力量」。上面提到的「七星聚義」就是好例子，梁山人有兩種面孔，一是英雄好漢．二是法外強徒。作為英雄好漢，他們可以不畏強暴，見義勇為。例如，魯智深三拳打死鎮關西，救金翠蓮父女逃脫虎口；在野豬林救下林沖性命，並一直將他護送到滄州。楊雄被一夥無賴圍毆時，石秀挺身而出，幫助楊雄打退無賴。這些做法都是義舉。這時的魯、楊都可稱為義士。

作為法外強徒，他們常常濫殺無辜，搶劫財物。梁山人不以濫殺為惡，不以劫財為恥。諺云：「老不看《三國》，少不看《水滸》。《水滸》誨盜，《西廂》誨淫。」就《水滸》而言，不是沒有道理。所謂誨盜，並不僅僅是好勇鬥狠，更要命的是殺人越貨。這是水滸好漢的標誌和必備的品格。他們對死在自己手下的人是良善之輩還是貪惡之徒並不十分計較。李逵劫法場，掄起扳斧，排頭砍去，倒在他斧下的有幾個惡人？武松血濺鴛鴦樓，一口氣殺了十九人，其中馬夫一人，丫環二人，僕人二人，奶娘二人，小孩三人，無辜受害者達十人之多。好漢們攻陷大名府後，不但梁中書、王太守兩家老小僕役全部處死，死傷在好漢刀下的城中良民亦達五千餘眾。孫二娘的「人肉作坊」在選擇來往客商做包子時，唯一的標準是看其肥瘠。武松就是因為長得健碩，差點兒被做成肉餡。濫殺之外，是搶劫財物，魯智深在桃花山因不滿兩位寨主，將山上的金銀酒器席捲而去。好漢們攻下祝家莊、高唐州之後，也要大大洗劫一番。這些財物的下落和用場在小說中很少交代，雖然救濟窮人的事也有，但是更多的則是與同道共用——大碗篩酒，大塊吃肉，大鬥分金銀。

總之，結義、聚義是為了同道間的團結互助，共做危險勾當。這裡面有對抗官府的一面，也存在著嚴重的反人道。他們的殺人越貨，與人們常以為的劫富濟貧是兩碼事，既談不上俠義，也談不上仗義。它與上面說的社會道德的三個層面都不挨邊。

結義、聚義有個前提——彼此都是講義氣的好漢。梁山人所講的義氣，是同道間的互相忠誠，絕非正義之義。從語源學上講，這個義源自於情、恩，是情誼和恩誼的延伸。人與人之間有了感情，有了恩惠，就有了忠誠。忠、孝、節、義是古人的道德信條，它們表示的是四種人之間的忠誠。忠是臣對君主，孝是子對父母，節是妻對丈夫，義是朋友對朋友。前三種是下對上的忠，等級森嚴；後一種是同輩間的忠，沒有等級界限。因此，批判封建倫常禮教最烈的譚嗣同，也認為「五倫中於人生最無弊而有益，無纖毫之苦，有淡水之樂，其惟朋友乎！」（《仁學》）遺憾的是，梁山泊並不存在這種淡如水的君子之交。他們的交情常常建立在包括金錢在內的好處實惠上，他們的義氣常常不分是非善惡。

武松找蔣門神的碴，一定要把他趕出快活林，是因為施恩對他有情有恩——免了殺威棒，又好吃好喝地侍侯著這位打虎英雄。於是二人結義。武松打完了蔣門神，對眾人表白：「小人武松，自從陽穀縣殺了人，配在這裡，聞聽得人說道：『快活林這座酒店，原來是小施管營造的屋宇等項買賣，被這蔣門神倚勢豪強，公然奪了，白白地占了他的衣飯。』你眾人休猜道是我的主人，他和我並無干涉。我從來只要打天下這等不明道德的人！」（二十九回）武松這番表白有兩個問題，一是不實事求是。施恩不是武松的主人，這不假。但他也確實得到了施恩的好處，怎麼能說「他和我並無干涉」呢？二是自我標榜。蔣門神倚勢豪強，不明道德，固然該打。可那施恩又好到哪兒去？他自已說的明白：「小弟此間東門外，有一座市井，地名喚做快活林，但是山東河北的客商們都來那裡做買賣。有百十處大客店，三二十處賭坊兌坊。往常時，小弟一者倚仗隨身本事，二者捉著營裡有八九十個拼命囚徒，去那裡開著一個酒肉店，都分與眾店家和賭坊、兌坊裡，但有過路妓女之人，到那裡來時，先要來參照小弟，然後許他去趁食。那許多去處每朝每日都有閒錢，月終也有三二百兩銀子尋覓。如此撰錢。」（二十九回）

不管武松出於什麼動機，是報恩、是還債、還是哥們兒義氣，有一點是肯定的，他遵循的是黑吃黑的道德。

梁山人的義氣與「仗義疏財」密切相關。「仗義疏財」是好漢們最看重的品德，這裡的仗義，並非是依仗正義，而是講義氣，拿錢財給人。《水滸》中的兩位首領，晁蓋、宋江。一個是保正，一個是押司，社會地位微不足道，武藝更是平平；之所以贏得江湖清望，為八方好漢欽仰，原因之一就是他們「疏財仗義」。或是將錢財送給貧苦之人，或是將錢財送給好漢。宋江接濟閆婆惜，給她的父親買棺材。魯智深見金翠蓮父女沒有盤纏，將自己身上僅有的五兩銀子盡數送給他們還怕不夠，又跟史進要了十兩等行為屬於前一種。可惜的是，這種佈施濟貧的事例在小說中並不多見，多的倒是後一種。李逵在江州捨命教宋江，最後吃了宋江的毒藥也死而無怨，這種忠義行為是否與他剛一認識宋江哥哥，就收了宋江十兩一錠的大銀子做賭本有關？站在今天的立場上，宋江對李逵有收買的嫌疑，而李逵對宋江則有鷹犬的氣味。而施恩與武松的關係中還帶有「權力尋租」的性質——免殺威棒，是營管之職賦予他的權力，他並不因此而損一分一毫，反而還撿了一個大便宜——贏得了武二郎的一片赤膽忠心。如此仗義疏財，使梁山好漢蒙上了塵埃。

問題的複雜性在於，社會利益與集團利益有統一的時候，也有矛盾的時候，與之相關聯的義也就有時統一，有時矛盾。這種矛盾來自於作者，當他腳踏兩隻船的時候，也就是說，當他既贊成社會道德，又贊成集團道德的時候，矛盾就產生了。在這種情況下，作品中就出現了雙重的道德標準。

劉備為了給二弟報仇，置江山社稷於不顧，終於損兵折將，驚鬱而死，以及關雲長義釋曹操，都是出於情、恩，前者要信守結義之情，後者是報答丞相舊恩。這是一種社會道德，作者對此是高度讚賞的，但是這種道德傾向，又顯然與「擁劉反曹」的主旨相違背。也就是說，站在「擁劉反曹」這個立場上，劉備不顧恢復漢室的大業，關羽放走了最大的敵人，這些行為明擺著損害了整體的利益，是不道德的，是應該遭到譴責的。羅貫中仍以極大的熱情讚賞它。

梁山好漢見義勇為，扶危濟因，反抗壓迫，打擊黑暗勢力，維護了社會道德，但是，濫殺無辜、搶劫財物、不分是非、仇視女性等等醜惡行徑也同祥發生在這些好漢身上・這種非人性、反人道的行為，正是梁山式的集團道德的產物，夏志清先生之所以認為《水滸傳》宣傳了「匪黨道德」（Gong Morality），[4]原因就是在這裡。要命的是，好漢們的上述兩種善惡對立的行為在施耐庵的筆下都得到了肯定。這些例證說明，《三國》、《水滸》奉行的顯然都是雙重道德標準。

一般地講，在集團道德和社會道德相悖的情況下，改編者就要首先考慮社會道德。道理很清楚，對於今天的人們來說，誰是正統，誰不是正統，是無所謂的。只要他們的所作所為符合社會道德就可以接受。而被作者歌頌的社會集團中某些人物行為，一旦違背了社會道德（如，武松的快活林行為）不管故事怎樣精彩，故事中的人物是怎樣了得的好漢，也一定不能姑息，否則改編後的作品在道德取向上就會犯方向性錯誤。

《三國》、《水滸》中的義，早已溶入了國人的血液裡，落實到行動中。可以說，它是民族的糧食、武器、方向盤，將一代又一代地傳下去。這裡面有見義勇為、仗義行俠的正義和良善，也有結義、義氣，只講情、恩，不講正邪的集團以至私人道德。熟人好辦事，不給他辦事，就不通人情，不夠義氣。這種事情在今天不是比比皆是嗎?中國是個重人情而輕法律的社會，人治的堡壘在制度，也在文化。經濟改革和社會文化轉型正在使中國步人一個民主、法制和人道的社會。從古代的綠林亡命到近代的哥佬會、青紅幫，從日見興盛的哥們義氣到正在出現的黑社會組織，傳統文化中的負面積澱，仍在我們周圍生存繁衍。清除這些精神毒素，宣傳普世道德，大眾傳媒責無旁貸。

4 夏志清C.T.Hsia, The Classic Chinese Novel, Columbia U.P.N.Y. 1968參見其中論《水滸》一章。

# 賣菜大叔與標語口號——哈維爾的發現

我住在八寶山附近，可從來沒去過——我不願意給人送葬，也不希望人家給我送葬。一九九九年十一月二十六日我去了一趟，這一趟收穫不小，既給老爸送了葬，也悟出了不少道理。

八寶山公墓服務公司的房頂上立著一塊巨大的標語牌，上書四行楷體大字：「以科學的理論武裝人，以正確的輿論引導人，以高尚的精神塑造人，以優秀的作品鼓舞人。」我很奇怪，盯著那牌子看了半天，這四句話我早就爛熟於心了，可是它出現在這個地方，讓人不可思議。

八寶山是跟死人打交道的地方，死人固然也是人，但那標語顯然是給活人寫的。而來這裡的活人即使不悲悲戚戚，也是心情沉重。誰有心思看它呢？那麼，它一定是想給公墓的職工看的了，可他們是為死人服務的，死人還用武裝、引導、塑造、鼓舞嗎？我問八寶山的工作人員：「這個標語牌是給誰立的？」他翻了翻白眼：你管它幹嘛?!

我想起了哈維爾。

八十年代的一天，這位捷克劇作家停在了一個果菜店前——櫥窗裡的一幅標語吸引了他的注意——在一大堆胡蘿蔔和洋蔥中間，掛著這樣一條標語：「全世界工人階級團結起來！」

看著臉膛紅紅的店主，哈維爾琢磨：「他為什麼這樣做呢？他想向全世界傳達什麼資訊呢？他真的這樣關心全世界工人階級有否團結起來嗎？他的熱情真是如此高漲，要迫不及待讓公眾知道他的想法嗎？他曾有花過一分一秒去想過這個團結起來的過程是怎樣的嗎？他知道團結起來是什麼意思嗎？」[1]

哈維爾得出結論：「絕大部分售貨員從未想過他們掛在櫥窗裡的口號，也不會靠它們去表達自己真正的想法。那張宣傳海報只是上頭分發，與胡蘿蔔和洋蔥一起送給我們的賣菜大叔而已。他將它們放進櫥窗，只因為他多年來都這樣做，人人都這樣做，所以他一定要這樣做。如果他不做，就會有麻煩。他會被指摘沒有在櫥窗放上適當的『裝飾』，甚至會有人說他不忠於人民和國家。他這樣做是因為如果他要過活，有些事就一定要完成。這只是保證他過安居樂業，『與世無爭』的生活時，萬千小節的其中一項而已。」[2]

經過認真的觀察和思索，哈維爾發現了這類「符號」的意義和功能，他把自己的分析和「診斷」寫在了《無權者的權力》中。

哈維爾認為，表面上看來，這類符號只是一個擺設。「賣菜大叔不會理會標語的內容，他不是為了使口號的想法被大眾認識而把它張貼在窗櫥內的。」就像我在八寶山公墓所見的一樣，不管是送葬的，還是為他們服務的，沒有人理會他們頭頂上那塊巨大的標語牌。這不僅僅是人們常說的「熟視無睹」。

「熟視無睹」指的是看見了跟沒看見一個樣。什麼東西看了跟沒看一樣呢？這個問題說起來太複雜，我只能用排除法，首先，這種東西不是商品，沒有使用價值。再愚蠢的廣告商也不會做「全世界工人階級團結起來」這樣的廣告。其次，這東西與形式主義、假大空密切相關，我們看見「此處禁止停車」的牌子下停了很多

1 《哈威爾文集》頁65，香港，基進出版社，1992。

2 同上，頁66。

自行車，在「禁止吸煙」的樓內發現每個房間都在噴雲吐霧的時候，這種符號就只能是熟視無睹。再次，這種東西跟「後全能主義」（post—totalitarianism）的意識形態有關，除了政客，有幾個人對「堅持四項基本原則」或「講學習，講正氣，講政治」這樣的符號感興趣？儘管傳媒天天講。

熟視無睹的東西中常常「包含了一種超凡但又特定的意義」，據哈維爾的研究，賣菜大叔的標語牌有三種意義：

第一，它是一個安全罩，是一把保護傘。躲在它後面可以免除許多麻煩——工商不至於吊銷他的執照，稅務不會跟他要黑錢，小人不會給他打報告。換言之，這條標語既是良民證又是宣言書，它證明張貼標語者是個守法良民，除了生意、家庭和個人嗜好之外，他無任何思想、道德方面的慾望和奢求。他甘心做違心的事，寧願聽人擺佈。

第二，它是一塊遮羞布，是一種隱心術。它遮住了賣菜大叔的恐懼和怯懦，它隱去了張貼標語者的心靈。「我們試想，如果賣菜大叔被指示要掛起這樣一句口號：『我怕得要死，所以不敢多問，絕對服從。』他就不會對內容漠不關心了，雖然這句話反而說出了實情。如賣菜大叔真要把這樣一句說出他墮落苦況的率直說話展示出來，他就會非常尷尬和羞恥。這樣是很自然的，因為他畢竟是人，人總有自己的尊嚴。」[3]

捷克的賣菜大叔深得阿Q精神之精髓：「為了克服這種困擾，他惟有借助一種標記，至少藉著文字表面，以求展示某種程度的冷淡信念。這方式一定要容許賣菜大叔說：『全世界工人階級團結起來也不是件壞事啊！』因此，那符號就讓賣菜大叔隱藏了自己忠順的最根本動機，同時亦將權力最深層的根基埋藏起來。它將

---

3 同上，頁66。

這些都掩蓋在一些更高更大東西的外殼底下，而這些更高更大的東西就是意識形態。」[4]

第三，它是一位辯護大師，是一種致幻劑。作為辯護者，這種標語使人相信，這就是世界本來的樣子，就是人性的本真面目。它站在那裡，用雄辯家的口吻向全世界宣佈：「你們看，這就是我們人民的思想境界，它是我們的偉大國家安定團結的標誌，是我們的人民熱愛黨熱愛社會主義的證明。」

如果某位外賓恰巧從這裡經過，他就會被這個標語所感動——在我們的資本主義國家裡，哪裡有這樣的境界，有這樣的胸懷，人們只知道賺錢，只知道一己之私。

當外國朋友的稱讚反饋回來，登載在捷克斯洛伐克的報紙上，人們就更加相信這是對的，致幻劑由此產生。用哈維爾的話講，它「為同時作為這個極權制度的犧牲者及支持者的人們提供幻想，令他們以為這制度和人性的秩序及宇宙的秩序和諧一致。」[5]

八寶山公墓的標語牌有什麼意義？詢之大學的熟人——一位著名的德育教授，他答覆還是那一句話：「你管它幹嘛?!」

---

4 同上。

5 同上，頁67。

# 自由主義的甦醒

## ——評《逝去的年代：中國自由知識分子的命運》

自由主義在大陸不但是個貶義詞，而且是個被混淆的概念。提起自由主義，大多數人想到的是「無組織、無紀律」，想到的是列入老五篇的《反對自由主義》，很少有人想到嚴譯的《群己界權論》，想到伯林、海耶克或尚在世的羅爾斯・薩托利，更不會有人想到胡適、儲安平等一大批沐浴過歐風美雨的學人。

想不到是因為思想文化斷層。八十年代，學界提出了「文化斷裂」的概念。照我看，斷裂並非始於五四，而是始於延安。延安創立了一種嶄新的思想文化，它摒棄了西方近代思想成果，暗合了中國文化心理中的實用理性，以中國式的馬列主義——歷史唯物主義，階級鬥爭學說，民粹主義、道德主義為核心，創立了「延安文化」。這種文化是主政黨的生存基礎，是革命政權取之不盡、用之不竭的思想資源。不過，四九年以前，「延安文化」還局限於解放區，只有在四九年以後它才磅礴大陸，佔據正統，成為占統治地位的思想文化。而那些非主流的思想文化，如自由主義，也正是從四九年起急速地走向衰落，到了五七年，隨著自由知識分子的大批落網，作為一種世界觀、人生觀的自由主義完全澌滅死寂。而到了文革，自由知識分子的肉體也消滅殆盡，更遑論其思想、主義。

那麼自由知識分子指的是什麼人？他們有什麼共同點？他們的思想和主義是什麼？在重新評價自由主義的時候，這是我們至少需要明瞭這三個問題。

第一個問題，作者回答的很明確：如果不算嚴復、梁啟超等老一輩人，而只從五四算起，那麼自由主義在中國有兩代傳人。第一代以胡適為首，還有傅斯年、馮友蘭、湯用彤、金岳霖、賀麟、錢端升等人。第二代以儲安平為代表，餘之有費孝通、錢鍾書、吳世昌、王瑤、朱光潛等一大批人。這本書就是寫這些人的。

第二個問題書中經常提到，作者把這些人的共性歸結為如下幾點：第一，大都留學歐美，受西方現代思想的影響較深。第二，都具有強烈的愛國心和民族感情。否則他們也不會放棄歐美大學的高薪，回到祖國；不會拒絕臺灣的盛情邀請，留在大陸。第三，他們中的絕大多數都抱著「君子不黨」的立身原則。執著於專業而不忘情於政治。但是他們關心政治，同情理解學生運動。卻不出仕不做官，除了偶爾開個會外，一般不參與政治活動。第四，他們都是好議論、敢說話，喜歡寫文章，發表政見，而其所議所說，大都關係國事民瘼。當然，是在情況允許的條件下。第五，這些人不但學問好，而且做人講究行為出處，稱得上道德君子。

第三個問題，作者沒有明確地告訴我們，我們只能從書的字裡行間一點一點地搜索——自由主義要求思想言論的自由，要求尊重個人價值和社會公正，等等。但是這個解釋過於簡略，我們不得不求助於當今的解釋：「它首先是一種學理，然後是一種現實要求。它的哲學觀是經驗主義，與先驗主義相對而立；它的歷史觀是試錯演進理論，與各種形式的歷史決定論相對而立；它的變革觀是漸進主義的擴展演化，與激進主義的人為建構相對而立。它在經濟上要求市場機制，與計畫體制相對而立；它在政治上要求代議制民主和憲政法治，既反對個人或少數人專制，也反對多數人以『公意』名義實行群眾專政；在倫理上它要求保障個人價值，認為各種價值化約到最後，個人不能化約、不能被犧牲為任何抽象目的的工具。」（朱學勤：「一九九八，自由主義的言說」《南方週末》年終特稿）儘管這是現今自由知識分子的解釋，但我想，他們的老前輩會欣然首肯的。

今昔自由知識分子的氣味相通，就意味著他們與主導意識形態隔隔不入，相距甚遠。如果說，現今的自由知識分子對於這個意識形態的態度是：相信——懷疑——反對——言說。那麼，他們的前輩則經過了一個相反的過程。他們是：反對——懷疑——相信——沉默。儘管這種相信在他們的生命中是一個極其短暫的過程。但也足以令人詫異——這些受西方教育多年，已經形成了「青年信仰」，在理智上知道新的執政黨本質的自由知識分子，居然接受了這個新主人，甚至還誠心誠意地進行自我改造。是什麼原因促使他們這樣做呢？

作者認為首先是由於天真輕信。「傅雷也好，儲安平也好，他們是自由主義知識分子，是以理性、平等、寬容、信任等為基本行為準則的。這種以君子之心度小人之腹的風度，使他們把講話和行事視為同一。一九四九年後，在新的環境下所提出的口號、講話、方針，從字面理解，確實不乏誘人之處，自由主義知識分子從自己的價值尺度去感受，自然會有親切感。然而實際的事實都與講話存在著絕大的差距，而承諾和失信都是單方面的，中國社會這種典型的文本與實際脫節，在初期有其迷惑人的地方。」（頁四〇四）

政治方面的輕信，我想除了極個別的人之外，從黨外到黨內都一樣。也就是說，這不是自由知識分子的弱點，而是所有的正直人的弱點。李新在《反右親歷記》中記載了這樣一件事：有一天，黨委辦一位好心的女同志匆匆忙忙地把剛出版的《黨內參考資料》送給他，要他立刻打開看。他一看，登時嚇壞了，上面顯著地方登著一則人民大學反右派的報導：「人大黨委常委李新居然擅自召集校務委員會，讓大右派吳景超、李景漢參加，引起廣大群眾不滿，連黨外教授趙錫禹等人都提出了批評意見。」李新怒不可遏——這明明是副校長胡錫奎有意陷害！他立即寫了一封要求更正的信，希望《黨內參考資料》登出來，以正視聽。為了慎重起見，他找到吳玉章，問他此信可發否。吳老沉吟良久，只說了一句話：「他們就是要你跳嘛！」李新回到家反覆想這句話，終於悟出了其中的道理：「《黨內參考資料》是市委的黨刊，你若有不同意見，就可能說你是反對市委。胡錫奎的心是多麼陰險啊！」他沒有發這封信，也就沒有授人以柄，逃脫了當右派的命運。事後，李新感慨到：「只有像吳老那樣的辛亥老人，經歷過無數世變滄桑，才能看破各種陰謀、陽謀、詭計、巧計。」[1]

---

1 （《我親歷過的政治運動》頁27，北京，中央編譯，1998。

李新事先知道「引蛇出洞」的精神，所以在運動中儘量少管事，不說話。應該說是不天真不輕信了吧，即使如此，還差點淪為右派。這說明什麼？吳玉章倒是不天真不輕信，可是這樣的人有幾個？何況他連自己的外孫女婿都沒保住。以君子之心度小人之腹是一切正直良善之輩的特點。只不過，在自由知識分子中這種人多一些罷了。

除了天真輕信外，作者認為還與民族感情有關：「八年抗戰，五年內戰，被戰爭的硝煙搞得疲憊不堪的中國人渴望安定，渴望和平，渴望能在平靜的日子裡建設國家，強大民族。國民黨的專制和腐敗深深地傷害了大批自由知識分子的心，他們開始向左看，他們無論在理智上對共產黨作怎樣的評價，但在情感上，在與國民黨的對比中，多少把新希望寄託在了一個新執政黨身上。中國自由主義知識分子在歷史的關鍵時刻，由於過分強烈的民族情感，使他們在共產黨崛起的時刻，放鬆了對這個執政者本質的認識……。」（頁二七四）

民族感情戰勝了理性，也不全是自由知識分子的特點，而是所有受中國傳統文化影響較深的愛國者的特點。中共黨員中有許多為了民族感情而犧牲理性的。當初去延安的人們，有幾個不是衝著抗日才去投奔共產黨呢？民族感情與黨的事業是一回事。這其中的邏輯是很明顯的——因為黨是為民族的，所以黨的事業就是民族的事業。鄧拓在絕筆信上寫道：「許多工農兵作者都說：『聽了廣播，看了報上刊登鄧拓一夥反黨反社會主義的黑話，氣憤極了。』我完全懂得他們的心情。我對於所有批評我的人絕無半點怨言。只要對黨對革命事業有利，我個人無論經受任何痛苦和犧牲，我都甘心情願。過去是這樣，現在是這樣，永遠是這樣。」[2]劉少奇臨終前還在不斷地喃喃自語：「我沒有反對毛主席！」陶鑄曾說過，入黨就如同女人嫁了人，黨員對黨組織就要像女人守節。

這樣的例子可以舉出許多，我想說明的是，民族情感戰勝理性的事是經常發生的。不但發生在自由知識分子身上，而且發生在黨的高級幹部身上。當然，入了黨的人與自由知識分子有很大的不同，但是其普遍性很可

2 袁鷹：《玉碎》，載周明編《歷史在這裏沉思》三，頁126。

以說明，封建主義的思想觀念在中國人身上是相當嚴重的。什麼是中國特色，這正是中國特色。

所以，除了天真輕信和民族感情之外，我以為還有一種更深層的東西在起作用，這就是倫理主義或道德主義。中國化的馬克思主義的顯著特點之一，就是極度高揚倫理主義或道德主義。這一特點在李大釗手中奠礎，經毛澤東、劉少奇而發揚光大，到文革時期達到頂點，至今綿延不絕。

倫理主義或道德主義的外在表現為強調思想改造，注重個人修養。這既是延安文化的重要組成部分，也是毛澤東思想的基本內容。思想改造主要是針對知識分子的，高揚個人修養的目的是鞏固和加強思想改造的成果，使知識分子不斷加強「內聖」的功夫。這種思想改造與民粹主義的「尊勞情結」結合起來，具有巨大的蠱惑性。舊時代的自由知識分子有一個共同點，既崇信西方現代思想，又深受傳統文化影響。傳統中的正心誠意仁義道德與「延安文化」中的思想改造、自我修養有相同之處。也就是說，中國化的馬列主義契合了自由知識分子的文化心理結構，使他們產生了思想改造的內在需要。這種內在的需求，與民族感情結合起來更加強了他們洗腦、洗澡，向工農兵學習的自覺性。

這種自覺性是以接受新中國為前提的，而當時的情勢也催生了這種自覺性的成長——四九年新中國建立，萬象更新，人心振奮。眼看著「勞動人民翻身得解放」，眼看著腐敗政府一朝瓦解，眼看著舊風氣、惡勢力一掃而空。此時此刻，以道德君子自任，以社會良知自許的自由知識分子會是什麼心情呢？他們不能不反躬自問：當人家為新中國浴血奮戰的時候，我們在後方清談。我們雖也主張抗日，不滿蔣介石，但是，對新中國的建立沒出過一點力；非但沒出力，還搗過亂——主張聯合政府，主張和平解決，對幫助新中國的蘇聯頗多非議，甚至把共產黨比做法西斯……。而他們以為沒有民主自由的共產黨對他們是那麼信任，封官許願，政治協商……。種種反省，使他們在心理上自覺低人一頭，在道德上自覺理虧。在建立了新中國的執政黨面前，在生產了物質財富的工農大眾面前，自由知識分子只有改造自己才能獲得心理上的平衡和安寧。

一九四九年十月十六日，儲安平在《觀察》的「復刊辭」中，一再地承認「我們思想落後」，一再地表示要「向人民學習」，一再地向執政黨表示敬仰。[3]此時，大局初定，社會空氣相當寬鬆，黨還來不及給他洗腦，更沒有誰向他施壓。他為什麼要做自我批評，為什麼要自認為思想落後呢？唯一合理的解釋是：他確實認為自己有問題，他是由衷的，說的是真話。

儲安平是個極為理性的人，然而，在其人生的轉捩點上，中國的道德主義戰勝了他的自由主義。儲安平是第二代自由知識分子的代表，在這方面，他的表現也具有一定的代表性。

道德主義是中國的一大禍害。它一旦與民族感情結合起來，更具有摧毀性的力量。自由知識分子不想做「帝王師」，不想「致君堯舜上」，但是他們身上未必沒有修齊治平，未必沒有國家至上，集體至上的遺傳因子。這是舊時代自由主義者的缺陷，也是今日自由知識分子應該記取的一大教訓。我們不但要洗去頭腦中的封建遺毒，而且要特別警惕那些打著愛國主義、集體主義、民族主義旗號而否定個人價值，否定個體獨立性的高論。

一九五七年以後，曾經在思想文化界有著廣泛的影響，在四九年前的中國政治中起過巨大作用的自由主義思想和它的載體——自由知識分子從精神到肉體都歸於澌滅。到了文革，他們已經成了死老虎。延安派知識分子——那些指導自由知識分子洗腦的人們，周揚、胡喬木、胡愈之、范長江、胡繩，還有那些交出了自己的獨立性的人們，吳晗、鄧拓、廖沫沙、翦伯贊、老舍等等，都成了主要的批鬥對象。韋君宜在《思痛錄》裡提到過的一件事——在「搶救運動」中，綏德抗大分校的副校長講他們的批鬥原則：「別人說反對逼供信，我們就來個信供逼。我們先信，供給你聽，你不承認，我們就逼。這個副校長後來在文化大革僅從這個故事裡，也可以悟出一個真理——以遵重人權，崇尚理性，追求思想言論自由為宗旨的自由主義絕不是壞東西。對於背負著

3 《我們的自我批評、工作任務、編輯方針》，見謝泳編《儲安平：一條河流般的憂鬱》。

幾千年封建傳統的中國，它尤為可貴。它是戰勝封建主義、農民意識、極左思潮的思想武器，是推動中國現代化的生力軍。迫害自由知識分子是對國家民族的犯罪，是真正的國恥。

今天評說自由知識分子的偉大與卑微，重拾自由主義的舊夢，並不是發懷古之幽情，而是現代化之需要——自由主義的歷史作用以及它在狹窄語境中的重新崛起，說明它於中國不可或缺。歷史已經充分證明，自由主義和自由知識分子遭受迫害的歷史就是封建主義大復辟的歷史，就是左傾思潮氾濫的歷史，就是政治、經濟、文化、社會風氣走向全面衰落的歷史，就是中國人非人化、無恥化的歷史，就是五四傳統中斷的歷史，就是自由、民主、人權消失的歷史，就是輿論監督消亡的歷史，就是黃鐘毀棄，瓦釜雷鳴，好人受氣，小人得志的歷史，就是學術停滯、教育落後的歷史。……一九四八年吳世昌說過這樣一句話：「中國若不培養自由主義者抬頭，政治前途是沒有希望的。」（頁一一一）我還要再補充一句：不但政治沒希望，連經濟、文化、教育、科技、社會風氣等等都沒希望。

改革開放是前所未有的偉大事業，它需要吸收人類文明的一切偉大成果。既然自由主義為西方國家的現代化立下了不朽功勳，為什麼它不能為中國的現代化發光發熱？「白貓黑貓，抓到耗子就是好貓。」既然自由主義對現代化有好處，我們就有必要重新研究它，填補上這一思想文化的斷層。

李慎之有言：「在人認為有價值的各種價值中，自由是最有價值的一種價值。人人都享有自由，就有可能形成一種制約的機制，使社會有序發展，同時堵塞了產生專制暴君的門路。經濟市場化已成為全球性的潮流，自由和自由主義也越來越成為一種全球性的價值。自由主義是最好的、最具有普遍性的價值。」[4]

中國的自由知識分子是不朽的，「中國社會發展的歷史證明，他們當年所主張的一切，並沒有隨著時間

---

4 《北大傳統與近代中國：自由主義的先聲》序。

的推移而失去價值，而且恰恰是他們的這種思想在嚴密的禁錮下，成為整個中國知識分子的主要思想來源，在二十世紀的末葉，當曾經在中國社會變動中奪取了政權的某種思想力量日益沒落和為人遺棄的時候，自由主義知識分子的理想追求和價值取向，成了中國新一代知識分子的思想源泉，從這個意義上說，自由主義知識分子是思想力量的最後勝利者，因為他們代表的是人類文明共同的追求目標。」（頁二五七）

# 「起承轉合」話當年——《記憶中的反右運動》讀後

毛澤東寫過一首觀潮的七絕：「千里波濤滾滾來，雪花飛向釣魚臺。人山紛贊陣容闊，鐵馬從容殺敵回。」[1]注者說，「鐵馬，借喻雄師勁旅。」這個解釋過於簡略，讓人摸不著頭腦。誰都知道錢塘潮一來，驚濤拍岸，捲起千堆雪。可是哪兒來的「鐵馬」呢？潮水又怎麼能成了敵人呢？時辰一到，它不是自己就退回去了嗎？還用得著「雄師勁旅」嗎？細看做詩的時間——五七年九月十一日（陰曆八月十八），才恍然大悟。

五七年初，毛澤東號召知識分子給黨提意見，提出雙百方針。知識分子信以為真，意見越提越多，越提越尖銳。六月毛發表文章——「這是為什麼」。整風變成了反右，打了五十五萬二千八百七十七名右派。毛到海寧七星廟觀潮，從千里波濤的潮水想到右派分子「殺氣騰騰」（鄧小平語）的進攻，想到黨內黨外的議論，想到幾個月間的「階級搏鬥」，想到自己的神機妙算，想到思想文化戰線上的又一次勝利，不禁豪情滿懷，「鐵馬從容殺敵回」的詩句脫口而出。

右派改正之後，這段歷史漸漸浮出水面，出了一些書，但是，右派家屬們似乎不太買賬。章伯鈞的女兒章詒和對這類書做過如下評價：「現在出版的關於反右運動的書，我翻翻而已，如葉永烈的，如化名為姚杉爾的『中國百名大右派』，它們算是文學作品吧。從前的血淚，可以成為現在的資本，寫別人的血淚，可以不知

1 《毛澤東詩詞集》頁198，北京，中央文獻，1996。

道章詒和如何評價這套記載著她的答記者問的書。然而，可以肯定地說，這套書絕對不是文學作品，它給編者（牛漢、鄧九平）帶來多少資本，我不知道，但它確實是血淚凝成的。

此書分三部，分別名為：《原上草》、《六月雪》、《荊棘路》。《原上草》主要收錄了北大右派學生的言論。《六月雪》收錄了高校及文化界的右派言論及回憶當年的反右經過，以及過來人紀念這些右派的文章。《荊棘路》與《六月雪》基本相同。

不止一個漢學家問過我這三個名字的含義。我告訴他們，《原上草》出自唐朝詩人白居易的詩「離離原上草，一歲一枯榮。野火燒不盡，春風吹又生。」意思是，右派們的思想和他們提出的問題就像這草一樣，有著極強的生命力。《六月雪》，出自元代雜劇名家關漢卿的雜劇《感天動地竇娥冤》，意思是右派們是冤屈的，他們本來是為黨為國為民，卻被誤認為是反黨反革命反人民。《荊棘路》有無出典我不知道。但很好理解——佈滿荊棘之路。右派們被勞動教養，剝奪公民權，成了罪人，他們的家屬也成了社會賤民等等。總之，要把這些中國中學生都知道的東西，給漢學家說明白真不容易。有一位漢學家這樣問我：這三個書名是不是可以這樣翻譯：「真理」，「冤案」，「苦難」？

我不知道說什麼好。文化如同基因，是不能翻譯的。翻譯就是失去。

不能翻譯卻不妨礙人家研究，美國費正清研究所的麥克法考爾，就是那位打算寫四卷本《文化大革命的起源》的老兄，把反右運動寫進了第一卷。這套書在史料上為這一判斷提供了佐證。如果說「反右是肅反的擴大化」，[2]那麼文革則是反右的擴大化。反右整的是知識分子，文革整的是黨內走資派。反右不反工農，文革則是十億人的浩劫。左傾思潮源遠流長，從三十年代的打AB團，到四十年代的「搶救運動」，再到五十年代

2 見朱正：《1957年的夏季：從百家爭鳴到兩家爭鳴》。

初的肅反，左傾思潮就像龍捲風，反右則是這個不斷上升、急速擴張的龍捲風的中段，十年後，龍捲風席捲全國，以至刮到了亞非歐美。

不可小看這個「中段」，如果說，中國的現代化是一篇大文章，那麼反右則是起承轉合中的「轉」。對於這個「轉」有兩種看法，大部分學者認為，毛所以要引蛇出洞，是因為建國七年來，在取得舉目矚目的成就的同時，也積累了大量的問題和失誤。毛澤東看到了蘇聯、匈牙利、波蘭的教訓，決定開展大鳴大放。但是，他只想讓人們批評批評某科長的官腔，某地區的宗派，某黨員的自以為是（也就是「除三害」：官僚主義、宗派主義、主觀主義）；卻萬萬沒想到，知識分子和民主黨派給鼻子上臉，膽大妄為，批評起黨，批評起體制來了。他發現事情正在起變化！於是他將問題和失誤放在一邊，而拿出了軍事家的手段：「誘敵深入，聚而殲之。」[3]中國轉向了另一個方向。這種觀點以朱正的《一九五七年的夏季：從百家爭鳴到兩家爭鳴》一書為代表。

另一種觀點是，一九五六年中國完成工商業改造，毛正在興頭上。沒想到這年二月，蘇聯來了個二十大，赫魯雪夫跳出來做了個秘密報告。批史達林，揭了社會主義的黑暗面。八個月後，即一九五六年十月，波匈事件發生。這些事件引起了毛的高度警惕。遂決定引蛇出洞。五七年一月毛在兩次黨內高層會議上就明確提出了這一點。為了讓毒草長出來，毛做了四個月的「游走先生」（毛澤東自稱），至五月一日，整風正式開始，放了一個月零八天，毒草長得差不多了。毛決定收。反右運動「到一九五七年底才算基本結束，到一九五八年底才最後封刀。」這種觀點是李慎之在《毛主席是什麼時候決定引蛇出洞的》一文中提出來的。

不管哪種觀點，五七是中國現代化的轉捩點是史家們共同的結論。正因為處在轉捩點上，右派們提出的問題就不能不帶有全局性、體制性和根本性的特點。例如：反對權力集中，反對個人崇拜，反對特權，反對外行

---

3 毛澤東：《事情正在起變化》。

領導內行，反對領導與群眾之間存在的不平等，主張擴大社會主義民主，加強社會主義法制，等等。錢理群做過一個有趣的對比，將徐克學（數學系）、岑超南（物理系）、張景中（數學系）、龍英化（哲學系）等「右派」學生的言論與《鄧小平文選》中的相關內容放在一起比較。結果發現，學生們的認識與和鄧「都是一致或相似的。」「但正是這些基本觀點，在一九五七年是被視為『反黨反社會主義』的言論的，所有的作者都受到了嚴厲的懲罰；而八〇年代以後卻成為了中國的改革的指導思想，像民主與法制這類概念差不多成了人們的口頭禪……。」[4]

五七年是個值得大書特書的年頭，反右運動是個值得大寫特寫的歷史。右派們的思考與吶喊，上承以民主與科學自任的「五四運動」，下啟八十年代的思想解放。它是走向現代化的第一次努力，是對改革開放的第一次呼喚，是中國知識分子良知與勇氣的第一次展示。

然而，歷史沒有提出解決這些問題的任務，現代化這篇文章得由毛澤東書寫，他老人家揮手指航向——轉！大躍進，社會主義教育運動，一連串的政治運動接踵挨肩。九年後，這篇文章終於寫到了「合」處。

一九六六年六月，毛澤東寫了一首名為《有所思》的七律。詩云：「正是神都有事時，又來南國踏芳枝。青松怒向蒼天發，敗葉紛隨碧水馳。一陣風雷驚世界，滿街紅綠走旌旗。憑闌靜聽瀟瀟雨，故國人民有所思。」[5] 注者沒說，人民何指；有所思，思的是什麼。但是有一點是肯定的，人民不包括「右派」，「右派」們的思考與毛之「人民」的思考迥異。

4 前言《不容抹煞的思想遺產：重讀北大及外校右派言論》。

5 《毛澤東詩詞》頁217，北京，中央文獻，1996。

# 生住異滅：弄潮兒的四季歌——被遺忘的牟其中

牆倒眾人推，與當初傳媒一齊為牟其中大唱讚歌形成鮮明對比的是，現在所有的傳媒都罵牟其中，說他是個大騙子，說他玩「空手盜」，說他玩人，說他搞政治投機，勾結權力；說他和禹作敏一樣都是封建文化的產物……。很少有人問一問，牟其中是不是一開始就是個大騙子？如果不是，是什麼時候，為什麼變壞的？很少有人深究：為什麼一個大騙子成了中國的傑出企業家？為什麼他「空手」盜走了國家銀行的幾億貸款？為什麼那麼多人——記者、廠長、經理、行長、官員、專家學者被他玩了？為什麼中國政治允許這種人投機，為什麼權力願意與他勾結？……

這些「為什麼」的背後實際上潛藏著這樣一個問題：如何評價二十年來的改革。牟其中從八〇年下海，九九年走上法庭。他的經歷為我們提供了一個典型的個案，剖析這個個案可以使我們對中國的改革有一個清醒的認識。

## 一、生：沒有陽光的日子

按佛教的說法，世間萬象都無法逃脫「生、住、異、滅」這「四有為相」。如果把這四相與人生的四季對應起來，牟其中的春季正值文革。只可惜，等待他的不是「陽光燦爛的日子」，而是審問、拷打、大獄和批鬥。

一九七四年，張闖、劉忠智與牟其中等人成立「馬列主義研究會」。撰寫了《從文化革命到武化革命》、《社會主義從科學到空想》、《中國向何處去》（劉忠智執筆）等政論文章。他們認為：一，中共領導層中混進了壞人。「產生了不少王金發式的都督和阿Q式的戰士。」「還混入了袁世凱和章介眉式的敵人。」（袁指林彪，章指張春橋）二，毛澤東將階級鬥爭永恆化是錯誤的。因為毛「忘記了社會主義的物質利益的原則，把精神的作用強調到了主觀唯心主義即唯意志論的地步。」因而社會主義不再成為科學而「蛻變為少數主觀主義者的空想。」三，極左路線禍國殃民。「反右派扼殺了黨外民主」；「反右傾扼殺了黨內民主」。「今日的中國社會主義只是一個招牌，按勞分配只是外殼，無產階級專政只是一些封建專制者鎮壓人民的工具。共產黨正在變成法西斯黨，封建法西斯正在全面復辟……我們這個民族自以為正在用革命推向前進，卻原來是拖向一個早已死亡的時代。」四，必須全面徹底地改造中國。為此他們確立了改造中國政治、經濟、文化的最低和最高綱領，並號召人們起來革命。「今日的叛逆者，應該拿出百倍的勇氣和決心去經磨歷劫，跟隨革命的共產黨人，打倒新生的封建四大家族。」[1]

沒等四大家族被打倒，牟其中等八人先進了監獄，一進就是四年——從一九七五年八月一直坐到一九七九年的最後一天。據說，多虧趙紫陽做事慎重，要不然，文革史上又會多一個張志新式的英雄，改革史上則會少了一位風雲人物。

可以說，牟其中以叛逆之性而「生」，以奇詭之道而「成」。叛逆是性格，奇詭是機遇。

---

1 袁光厚編著：《牟其中：大陸首富發跡史》頁40—42，北京，作家，1996。

叛逆的性格孕育出獨立而超前的思想，儘管有人指摘牟其中貪人之功，把《中國向何處去》的著作權據為已有。[2]但是，僅從當時能贊成該文的思想這一層面上看，其敏銳的思想和勇毅的性格也足以傲視眾生，如果他出獄後，接受激進派的邀請，那麼，他將走向另一種人生。

基斯洛夫斯基（Kieslowski）在《盲目的機遇》（Blank Chances）中展示了七十年代的波蘭人的三種人生，八○年代的中國人同樣面臨著三種選擇：從政、經商或者在體制內過一種安靜而苟且的生活。生命的偶在使牟其中選擇了經商——向所在的玻璃廠提交辭職報告，放棄了鐵飯碗。一個反「四人幫」的英雄，為什麼放著政治資本不吃，去幹人們所不恥的個體戶呢？第一，牟的資本家出身和上不成大學的遭遇，使他對政治愛憎交織。就像前蘇聯和東歐的「黑五類」一樣，牟其中充分領教了專政的厲害，寧願在體制內混出頭臉，而不願去充當政治反對派。第二，牟在獄中通過學習馬列，找到了救國良方：中國必須發展商品經濟。第三，當年到大巴山買羊的經驗，使他發現了不同地區商品的價格差所產生的巨大的利潤。第四，「從小就想當頭」的性格和敢於冒險犯難的精神使他看中了這個大有作為的領域。

牟其中從此走入了他的人生夏季。

## 二、住：伏階泣血為改革

從一九八○年到一九八八年，是牟其中從小到大，從弱到強的階段。在這八年中，他不但遵紀守法，而且極有成效——借了三百元創立「萬縣市江北貿易信託服務部」，買賣日用百貨。不長的時間就賺了大錢。不料風雨

2 吳戈：《紅與黑：牟其中為什麼毀滅》第十六章。

驟起，萬縣市副書記王傑認為他搞資本主義，封了他的商店，凍結了他的帳號，派工作組調查。其原始積累頓時化為烏有。一九八二年九月中共十二大肯定了城鎮居民集資經營的合作經濟的合法存在。牟其中東山再起，以一萬五千元股金為基礎，以房產為抵押，與後來成為他的第二個妻子的夏宗瓊等成立個體聯合性質的中德商店。

王傑還不放過他，一九八三年九月以「投機違法」的罪名將其收容審查。他在獄中向胡耀邦寄交入黨申請書，寫了煌煌八十多頁的《論中國特色的社會主義學說和我們的歷史使命》，提出了建立社會主義的有計劃的商品經濟的理論。

一年後，王傑以莫須有的罪名罰中德商店二千元。牟其中被釋放。一九八五年一月二十七日，《人民日報》為此發了新聞和《醫治左傾頑症》的短評，批評萬縣打擊迫害個體戶。牟其中成了中央肯定的個體改革先鋒，名聲由此大震。

名聲換來了貸款，一千萬元進了他新創立的中德實業開發公司的帳號。牟將公司遷到重慶，甩開膀子大幹。沒想到，天有不測風雲，項目剛剛上馬三個月，中央就一刀切地緊縮銀根：凡貸款的企業，銀行對其資金只進不出，只要見到有款過戶就一律扣下抵債。中德的流動資金從七百萬變成了零，「連環債」迅速形成。牟其中為討債還債四處奔波。最後到北京申訴，請求把中德作為個案處理。住在防空洞裡，他給國務院寫報告，為民營企業挨的「三板重斧」喊冤，呼籲中央：「儘快建立、建全市場法制，注意按市場經濟規律引導商品經濟發展。」並且提出了解決「連環債」的具體辦法。

牟其中給政府出了不少好主意，自己卻無路可走，唯一的法子就是弄了一桶汽油想在天安門廣場自焚。幸虧這只是「企圖」，否則就沒有了後來的好戲。

一九八六年中，在中央和四川省委的過問下，中德站穩了腳跟。此後的牟其中雖坎坷不斷，但漸入佳境。一九八七年三月下深圳，一九八八年八月到海南註冊「南德經濟集團」。十月三十一日到人大會堂講演。

在這個鮮花盛開的夏季，南德集團進入佛家所說的「住」——相對穩定的階段。牟其中由此奠定了經濟基礎和理論聲望。請注意，這個基礎不是靠說謊、行騙、吹牛、胡侃、玩人、空手盜弄來的，而是靠他的誠實、守信、社會責任感和常人沒有的辛苦、耐心和意志。在逼還貸款和陷入「連環債」的時候，他沒有裝死躺下，沒有推委抵賴，沒有捲款逃走，像很多國營、民營的廠長經理那樣。而是拼死拼活，還清了國家貸款的大頭。一九八六年六月十二日，萬縣市工商局對其公司做了認真的調查，調查結果三條：第一條就是「中德無違法行為。」[3]同樣，牟其中在經濟理論界的聲望，是靠他的大腦而不是嘴巴，靠他的實績而不是吹噓。靠他的獨創而超前的思維而不是傳媒的抬轎子、捧臭腳。有幾個人在文革沒結束的時候就具有「中國必須發展商品經濟」的遠見？除了孫冶方，有那位經濟學家在一九八二年就認識到「建立社會主義的有計劃的商品經濟的理論」。當十二屆三中全會把這一思想寫到《關於經濟體制改革的決定》上的時候，已經比牟晚了十八個月。國務院解決「連環債」的辦法，牟其中早在五年前就提出來了。

病菌在夏季裡最易繁殖，牟其中在這八年中也積累了很多不可告人的經驗。首先，他認識到政治正確的重要性。因此緊抱四項基本原則，做黨的忠實衛士成為他更自覺的行動。如果說一九八三年獄中上書，申請入黨，還有些模糊盲目的話。那麼在一九八六年學潮和之後的反「自由化」時，他的表演——高揚愛國主義和傳統文化，反對「全盤西化」則是出於自覺。這既是經商的外在要求，也是他內在的真實心聲。如果那些留洋的知識分子，碩士博士都能被民族主義的激情所俘虜，那麼嚐到改革甜頭的個體戶為什麼不能對西方說「不」？

有人說，牟其中投靠主政黨。此話只說對了三分之一。投靠是完全從利益出發的。牟其中在政治表態中有投靠的性質，但是在這一階段還不占主導地位。占主導地位的是「卞和情結」，是懷才不遇，是求得最高領導

3 袁光厚：《牟其中：大陸首富發跡史》頁211。

層賞識的願望和衝動。申請入黨就是這種願望和衝動的突出表現。有人說，他有政治野心。這是值得商榷的——至少，在獄中，他還做不起「入黨做官」的夢。比較合理的解釋是：在人格上，牟其中還處於前現代——把黨中央當成了「聖上」，把自己當成了伏階泣血忠臣。

其次，在這八年中，牟其中還得到了另外一種負面經驗——要善於宣傳包裝自己。他在深圳、北京、海南能站住腳，靠的是什麼？一靠《經濟日報》、《人民日報》介紹他的文章；二靠幾箱宣傳「中德」的小冊子，三靠見人就發的勇氣。沒有報紙的宣傳，沒有那灰棕色封皮的小冊子，沒有毛遂自薦的「厚臉皮」，深圳的蔣總不會把他引見給香港大老闆，「中國方便食品研究中心」的董事長趙俊清不會平白無故地貸給他五萬元，海南省的負責人不會請他吃飯，「中德」也就不會改成「南德」。總之，牟其中發現了一個新式武器——大眾傳媒。

除了這個新式武器之外，牟其中還揀起了一件國人熟悉的舊兵器——關係網。但是他對這兩點都絕口不提。他曾對新華社的記者這樣表白：「無論中外，在商品經濟中競爭，就得有本錢。按傳統方法，民營就得有個『錢』爹，或者有個『權』爹。靠著『爹』的這種資本，本大做大生意，本小做小生意。可是，我沒有，什麼都沒有。我怎麼能在商品經濟的大潮中競爭搏浪呢？只能超越傳統，尋找比錢、權更有效的辦法。」[4]這既是肺腑之言，也是宣傳包裝。為他抬轎子的人見表不見裡，上了宣傳的當——牟找到的更有效的辦法與「人才資本論」、「陽光下的利潤」、「溫和的金錢關係」並無多大關係。

不是超越傳統，而是光大國粹，這八年中，牟其中建立起一個龐大的關係網。這是從陶朱公到胡雪岩玩過的法寶，是在中國做事必不可少的條件。「三個公章不如一個老鄉」，「有人好辦事」牟其中越來越發現這個中國特色的威力，他一顆紅心，兩手準備。一方面將各種「能人」網羅到自己的麾下，能向銀行貸來款者高薪

---

4 袁光厚編著：《牟其中：大陸首富發跡史》頁75。北京，作家，1996。

聘用，能疏通公檢法者優先錄取；另一方面是在社會上廣結「善緣」，不定期地邀請記者、官僚、專家、作家等有用人才到風景區開會，擴大影響，尋找商機。

## 三、異：從女人胯下鑽過去

在這正反面因素的推動下，牟其中走過了他的秋季，完成了自身的變異：從主動還貸到欠債不還，從信守合同變成了不講信譽，從遵紀守法變成了行賄枉法，從拒絕找「婆婆」變成了主動攀高枝，從選賢任能變成了「三忠於」，從對西方說「不」想辦法把兒子兒媳送往美國，與此同時，其政治上的投機與野心並起，英雄主義變成了自大狂，冒險精神成了瘋子的夢囈。人才資本論蛻化成封建家族式管理，陽光下的利潤成了陽光下的罪惡，溫和的金錢關係成了殘酷的利益驅動。

一九八九年到一九九二年的四年間，牟其中登上了他人生的頂點。八九年初，牟其中接受世界經濟論壇主席施瓦布的邀請，赴瑞士達沃斯參加世界經濟論壇年會，主持了一個自我介紹性質的專題報告會。從此，他成了聞名世界的企業家。隨後又做成了一筆名震中西的大生意——倒飛機。儘管賺了錢仍舊是資不抵債。但這畢竟是個收穫的季節。其最大的收穫不在錢，而在名——牟其中的名聲無遠弗界，南德創業史成了中國經濟改革的神話，他本人則成了商界的偶像。

有誰瞭解，這神話中隱藏的難言之忍？有誰知道，這偶像從女人胯下鑽過去的滋味？為了這個飛機貿易，牟其中忍辱負重，忍氣吞聲——

因為南德是民營公司，沒有外貿進出口權，所以南德要用中國貨換回來的前蘇聯的圖—一五四飛機，就必須委託有外貿權的國營企業做代理，代理費四百萬。當第一架飛機飛進中國的時候，這個國營企業的「女強人」哈總收買了南德叛徒，偷走了貨物樣品，詆毀南德聲譽，與接收飛機的四川民航相勾結，仗著自己有權有錢，撕毀代理合同，企圖以南德沒有購貨資金為理由，將這筆大生意搶到自己手裡。眼看幾年的心血要泡湯，一向卑視「不找市場找市長」的牟其中不得不向四川省委、向中央、向法院求援。「婆婆」的干預終於起了作用——天津市法院受理了南德的起訴。那個國營企業面臨著敗訴和支付八百元萬元的訴訟費。不得不回到談判桌前。

奇怪的是，談判桌前，無理的變成了有理的，哈總抓住牟其中不願把關係搞僵的心理，獅子大開口，除了四百萬的代理費外，還要再分走幾百萬的利潤。並且得寸進尺，要南德給她的公司報銷出差費、打印費、製單費，還逼著牟其中撤回法院的起訴。對這些無理要求，牟其中不但一一答應。而且還主動承擔了法院的受理費。牟的軟弱退讓使南德人忍無可忍，就連哈氏的手下人也替牟其中鳴冤叫屈。

牟其中事後道出了自己的隱衷：「哈總吃的是國家飯，輸了官司也無所謂。拖下去，我更焦急。現在能夠坐下來談，說明法律已經起了作用。」「這場惡鬥，一步也錯不得。我寧肯讓利，實際上也是讓給了國家。做這飛機生意，我雖說也是想賺錢，但更重要的是為了證明：作為民營企業的南德就是有能力辦成這樣的大事。這就是最大的成功。」[5]

據說牟其中出山以來只掉過兩次眼淚，這是第二次。這是悲憤交織的眼淚。他悲的是自己沒權，民營的軟弱可欺；恨的是哈總的壓迫，國營的奸惡狠毒。這深悲長恨只能埋藏在心底，無法為外人道。

無論怎樣估價這件事對牟其中的負面影響都不過分，他為什麼走向了自己的反面？為什麼要找靠山？是國營企業為他開了蒙，是哈總為他樹立了榜樣——萬縣兩次整他，把他投入監獄。銀行撕毀合同，逼得他差點自焚。就是因為他是一個不肯找個「婆婆」做後臺的民營。哈總憑什麼出爾反爾，欺騙訛詐？憑什麼理直氣壯地

5 《牟其中：大陸首富發跡史》頁318。

攔路搶劫？而民營打掉牙還得陪上笑臉？她憑的是國營，憑的是權力。其所作所為是典型的權力尋租。

這絕不是中國社會生活中的個別現象，在近二十年中，諸如此類的事情每天都在上演。權力尋租、官場腐敗是改革中的最大弊端和最大失誤。腐敗與尋租行為腐蝕著這個國家中的每個公民。一方面人們被各種各樣的掌權者所欺侮，另方面，人們又想方設法利用手中的權利去欺負別人。中國腫瘤醫院做栓塞手術的醫生坦然地接收患者的紅包，一個上午就收入八千元。人民醫院太平間的搬運工向死者家屬索取「屍體解凍費」而拒開發票，一天之內放在樓前的自行車被偷走五輛，派出所無動於衷，八百元的熱水器修理費竟達三百四十元，投訴消協沒人理睬。……這些筆者親歷的事情每日每時都在發生。改革開放以來，有幾個中國人沒被騙過，沒被偷過，沒被尋租關照過，沒被腐敗光顧過？牟其中被騙、被尋租、被腐敗光顧的程度和次數比普通人要多得多：被民辦科技實業家陳天民騙走牟其中四百七十萬，被「全保真音箱」的發明者騙走三十五萬美元，被美籍華人潘某騙走數十萬美元，臺灣助東公司租用衛星轉發器付了預定金就賴賬，國家銀行曾兩次撕毀與牟其中的貸款合同……。每一個被權力欺負過的人，都會這樣反躬自問：如果我不能改變這種體制，如果我不能去掉它的弊端的話，我該怎麼辦？我該如何做人？如何做事？才能活得好一些？

榜樣的力量是無窮的。當牟其中抹去眼淚，咬緊牙根，對天發誓：你國營企業能辦到的，我民營企業也能辦到的時候。他已經下定決心，不怕犧牲，脫胎換骨，重新做人了。而這時候，他離佛家所謂的「異」和商家所謂的「騙」已不遠矣。

其實，在飛機貿易正在進行的時候，牟其中就已經認識到，在中國做生意必須有背景。這正是他把胡雪岩定為「南德」修身教材的用意所在。他發現，一般的關係網只能解決一般問題，要想幹大事，必須有特殊的關係網。於是他拿出手段力攀高枝：一九九一年出資在人大會堂舉辦「南德杯橋牌賽」，可惜鄧小平沒出來，十七萬元只買來了幾張與領導的合影。接著他又出奇招，給鄧小平在臺灣的同學鄧文儀發傳真，自稱可以替他給鄧小平轉信。這些舉動表明，牟其中已經成熟了——他懂得了中國的政治經濟學。

少年牟其中屢遭不幸——中學老師整他，成績優秀卻上不了大學，上了大學又因為出身資本家被趕出來，只好到玻璃廠當爐前工。這些經歷告訴牟其中：「要使自己擺脫困境，保護自己，就要學會說假話，學會騙人。」[6]為什麼牟其中總結出了這種經驗？這僅僅是牟其中個人的經驗嗎？今天的中學語文教師仍舊這樣囑咐家長：不要在孩子面前發牢騷，以免影響孩子的作文成績。仍舊這樣教導學生：作文考試中的最大騙局就是相信試題中的「自選角度」，因為「主題思想正確」的角度只有一個。學人著書撰文批評中學語文教育，權威人士卻說這是別有用心……。如果社會不允許人們說真話，那麼大多數人就會學會說假話，學會騙人。少年牟其中在文革前總結出的經驗，在文革結束十幾年後仍舊有效的事實說明了許許多多。

## 四、滅：政治高溫與經濟欺騙

在國營榜樣的啟發和激勵下，帶著少年時代的人生經驗，牟其中走向了人生的冬季，走進了毀滅之門。一九九三年之後的六年裡，牟其中的災難一個接著一個——討債盈門，法院查封，「叛徒」蜂起，出國受阻。到底是風尖浪口上闖過來的人物，牟其中面對災難，以其不可告人的寶貴經驗為後盾，八面出擊，四處應付。

對內，他大力突出政治。請看下面一段描述：「在北京南德總部大樓的一樓大廳的牆上鑲著龍飛鳳舞二十個金光閃閃的牟體大字：『為搞活大中型企業服務，振興社會主義市場經濟』。牟總的工作報告越來越長，往往長達四五個小時。聽者在疲困恍惚間常常發生錯覺，以為自己在聆聽總理做政府工作報告。員工們針對南德的會

---

6 《牟其中：大陸首富發跡史》頁6。

多和牟其中的報告長不禁感慨道：牟總比共產黨還共產黨。牟其中不僅不計較，反而上升到更高的政治水準：『誰反對三熱愛（熱愛黨、熱愛社會主義、熱愛祖國），誰就是反對我；誰反對我，誰就是反對三熱愛！』[7]

《南德視界》中的政治高溫更是灼人：「南德要堅持正確的思想政治路線」（九六／五／八），「永遠牢記國家和民族的利益」（九六／五／十八）「企業也要講政治：如果說以往南德只是在從事經濟活動的同時無意識地堅持了一條正確的思想政治路線的話，那麼現在是南德大講政治的時候了。」（九六／七／十八）培養南德的自覺戰士，集團舉行首屆幹部培訓班：牟總說，南德從誕生的那一天起就沒有一天，沒有一年不講政治。但因此總遭到非議，好像我們不該講政治，有什麼不可告人的目的。」（九六／八／八）

同時，他整肅清洗內部，千方百計地將內部的反對派說成是中共的政治敵人。原《南德視界》主編陳際甯因為寫了《大陸首富還是首騙》一書，被牟誣為「漏網的六四動亂分子」。向公安部遞送材料的五名中共黨員也被誣為反革命。為了防止效尤，他組織人馬編寫《渣滓列傳》，並且不知疲倦地給中央寫信，把這些人說成是「六四」動亂分子。……

如果說牟其中在經濟方面還算個能人，那麼他在政治方面只配做個白癡。在偉大領袖的幽靈的威懾下，牟其中變成了鸚鵡和猩猩，不但亦步亦趨地緊跟昔日的政治傳統，而且愚蠢到了「哪壺不開提哪壺」的地步——十年前的政治風波成了他整人的王牌。

政治的僵化保守與經濟的極度「超前」相表理。對外，牟其中將宣傳包裝術運用到了極致，周遊十幾個省市考察洽談項目，允諾投資。一開口就是幾個億，幾十個億。三訪滿洲里，二進陝北、收購牡丹江制藥廠。上錦州、下淮南、赴保定舉辦國企三轉研討會……。各地的父母官把他奉為上賓，國企廠長經理把他看作救星。

7 吳戈：《紅與黑：牟其中為什麼毀滅》頁71，北京，經濟管理，1999。

然而沒過多久，人們紛紛驚呼上當。陝北的五十億沒有影兒，收購「牡藥」的合同在半年後被撕毀。答應投資滿洲里二十個億，只給了二千七百萬……。

牟其中以其特有的方式狠狠地嘲弄了國企和官僚，玩弄了曾經使他受辱的體制。「種田的不如做工的，做工的不如經商的，經商的不如借錢的，借錢的不如借了不還的。錢借到上億元就不用還了。」這是牟其中的心裡話，他想的只是借錢花錢，根本就沒想也沒錢投資。開會、考察的真正目的是借傳媒之手包裝自己，一者換取銀行貸款，二者樹立起他東方不敗的英雄形象。有人把牟其中的洽談專案比做「帶功做報告」，這個比喻很到位，它既說明了牟的魅力，也活現出地方政府和國營企業的昏迷癡呆。

超前的表現之一是拼命地鞏固、擴大關係網。牟其中知道最大最硬的關係不在民間，而在上層。於是他給鄧家寫信，希望「能安排一見」，給朱鎔基寫信，請求指示。入黨不成，轉向民主黨派，向工商聯獻殷勤，企圖混個副主席。儘管這些努力都沒有成功，但是他已經竭盡全力，可以說是「與人無識，與己無悔」了。

關係網是靠人情維繫的，人情離不開利益。商界的人情更是如此。也就意味著牟其中，不管他願意不願意，都得行賄。陳際寧談到這樣一件事：牟其中手下的得力幹將呂玉潤，六十年代當過邱會作的生活秘書，在軍隊、公安、法院等要害部門有不少關係。牟其中出麻煩時，「呂玉潤正好派點用場，由於他的身分，向司法部門、公安、軍隊部門托關係，走門子，等等，很有點成效。」「有些重大官司，如牟其中坑騙重慶柴油機車修配廠，使幾百名工人失業一事，官司很難打，不但重慶市九龍坡區法院在一九九五年查封了南德的汽車和帳號，而且重慶法制報還載長文對南德進行揭露。這位主任（呂玉潤）通過國家最高法院的關係，竟能擺平。」[8]

8 陳際寧：《牟其中：真騙，假騙》頁41。

這位呂主任靠什麼擺平高法，人人心知肚明。牟其中需要用錢擺平的事多了，貸款得給回扣，撤訴要送紅包。按刑法辦事，說他「信用證詐騙嫌疑」實在是太輕了。查查他貸款時給銀行的回扣就足以以行賄罪起訴他。

話說回來，行賄者有罪，受賄者呢？牟其中的一個朋友為老牟叫屈：「信用證違規操作，許多外貿公司都在做。如果不是普遍的鑽空子，法律也不會特別制定這樣一個專門的條款來懲治信用證詐騙犯罪。我們不服氣的是：一九九七年六月，中國銀行湖北分行以民事糾紛起訴，第一被告是『湖北省輕工業品進出口公司』，第二被告是『交通銀行貴陽分行』，第三被告才是我們南德，為什麼一年之後湖北高院非要撤銷民事訴訟，一九九九年又把南德拿出來單獨列為刑事案件的第一被告？既然是黑吃黑，如果把其他責任人一併推上法庭，一併公開審理，該判南德什麼罪，該判老牟多少年，也算讓人服氣。我敢說，其實老牟自己也搞不懂信用證裡的奧妙，湖北輕工的何某（後離職）、王某肯定比牟其中更精明，更狡猾。」[9]

我們不知道，牟其中看到上百萬元落入中間人或經辦人的腰包裡時，會是什麼感想？但是可見想見，牟其中坐在牢房裡肯定又會為自己的民營地位悲傷，為自己沒有找到權爹痛苦，為自己不能超越傳統難過，女強人哈總的惡相又會浮現在他的眼前。

西方傳媒認為牟其中此番繫獄，表明了「中國政府打壓私企」。這固然有圖解之嫌，也確有一得之見——此間打壓的不是民營私企，而是沒有後臺，沒有靠山，沒有權力的民企。西方妖魔化中國，中國也沒少妖魔化老美。半斤八兩，誰也不用說誰。

金聖歎在評《水滸》五十一回時說過：「夫一高俅，乃有百高廉；而一高廉，各有百殷直閣，然則少亦不下千殷直閣矣！是千殷直閣也者，每一人又各自養其狐群狗黨二三百人，然則普天之下，其又復有寧宇乎！」

---

9 《南方週末》1999年11月5日。

上面不講理，就別指望下面講理。上面無德，就別指望下面守德。亂自上作，亂自權生。有權的是個大流氓，沒權的就會成為小流氓。有權的是個大騙子，沒權的就會成為小騙子。有權的大玩人，沒權的小玩人。想想我們的經歷，看看我們的周圍，騙子、流氓滔滔者天下皆是矣。中國現在的問題不僅僅是「亂自上做」，而是上下呼應，正不壓邪。存在決定意識，這種社會人文環境不改，中國將是一個什麼樣的世界？

中國的經濟改革，說到底，是進行資本原始積累的過程。然而，在這個過程中，有的是西方資本主義初期的殘酷和血腥，缺的是「新教倫理」的刻苦和自律。中國二十年來的經濟增長靠的是什麼？靠的是四十多年的計劃經濟積累下來的國力，經過土地承包，商業資本、生產資料雙軌制和金融資本這一連串「改革」，老本已經吃光——三十兆人民幣流入了少數人的腰包。西方國家用了一百五十年才完成的原始積累，中國只用了二十年。換句話說，西方人經過六、七代人的努力才積攢起來的私產，極少數中國人只憑著權力和無恥就為子孫後代創下了千秋家業。

施耐庵反貪官不反皇帝，輿論界批牟其中不批體制。都是「捨車馬保將帥」。兩彈一星、電腦、汽車、高科技只是物質的進步，在思想觀念上，當今的中國比施耐庵的時代進步多少？禹作敏死了，牟其中還活著。不但活著，而且活得很好，並企圖東山再起。他不是在監獄裡還在洗冷水澡，做自編的健身操，看金庸小說，每天寫材料。還在給中央寫信請纓，還在指導南德的工作嗎？。他現在正在獄中研究中國參加世貿組織將給中國帶來的新的機會。有過兩次坐牢經驗的他，在等待著第三次崛起。在中國這片土地上，只要生長牟其中的土壤還在，牟其中現象是不會死的。

鄧小平在二十年前就提出：「現在應該明確提出繼續肅清思想政治方面的封建主義殘餘影響的任務，並在制度上做一系列切實的改革，否則國家和人民還要遭受損失。」二十年來，肅清思想政治方面的封建主義殘餘影響的工作，我們做了多少？二十年來，我們在政治制度上又做了哪些切實的改革？

生、住、異、滅，萬象皆同。中國的改革同樣經歷了這四相，八十至九十是生，九十年代住，隨之而來的是異，二十一世紀等待我們的是什麼呢？

# 藝術是怎樣變成垃圾的？
## ——再讀《禁止放映：好萊塢禁片史實錄》

### 一

《陽光燦爛的日子》裡有兄弟倆，兄名劉憶苦，弟叫劉思甜。這既合乎邏輯，又符合國情。「憶苦」和「思甜」一奶同胞，但一定要苦在前，甜在後。這個前後又有一個鐵打的規矩——以一九四九年為界，如果把這個規矩顛倒過來，就要吃苦頭。某老工人老貧農上臺憶苦思甜，訴了半天苦，竟說的是那界線之後的事。會議的主持者惱羞成怒，訴苦者即成現行。這種故事在今日是飯後茶餘的笑談，在當年可一點也不好玩。人們以為一九五二年的院系合併取消了心理學，心理疾病從此求醫無門。此言大謬。殊不知，風行數十年的憶苦思甜就是絕好的心理療法。此法的要訣在於比較——或跟本國的過去比，或跟別國的現在比。比來比去，一切不滿不平皆消失於無形，堯舜之世，桃花之源，人間勝境即不期而至。此種藥方普適而長久，唯一的缺點是還達不到包治百病的程度。我最近發現，如果採用中外古今相結合的比較法。其療效將極大地提高，這是邵牧君的書——《禁止放映：好萊塢禁片史實錄》給我的大啟示。

在我以前的印象裡，好萊塢拍片子似乎百無禁忌，可以批總統，可以罵政客，可以揭露司法腐敗，可以痛斥員警惡行，可以搞軟硬情色，可以拍兩性激情……。總之，海闊憑魚躍，天高任鳥飛。老美簡直自由之極。

看了邵先生的書才知道，上帝是公平的，老美原來也難受過——上世紀二十年代至六十年代，天主教道德聯盟、執行局這兩個惡婆婆以「海斯法典」為權杖，大施淫威於影業，高揚道德至上；篡改真實為虛假，一味歌功頌德。編導們即使摧眉折腰，仍舊動輒得咎：改編名著、話劇要挨罵，寫實主義遭封殺，揭露資本罪惡挨槍斃，社會題材被禁止，談情說愛不能擁吻，下層粗漢也要舉止文雅，不許說「狗狼養的」、「他媽的」一類的話……。英雄蓋世的八大公司，求為小婦而不得，竟淪為奴顏婢膝之賈桂。看到這裡，我的心裡莫明其妙地升騰起一種浩蕩的快感——憶苦方能思甜，老美當年的苦日子，足以讓國人大獲平衡大感寬慰。

邵牧君給我們舉了二十多個個案，說明好萊塢當年在性、暴力、政治、名著改編與社會熱點題材諸方面受的苦。茲從中各選一例，以便諸位舉一反三，借昔日山姆之塊壘，解今朝華胄之鳥氣。

性方面的典型案例首推《安娜·卡列尼娜》。各位可能會奇怪：這不是托爾斯泰的小說嗎？寫的不是一個追求愛情的貴婦人的故事嗎？它怎麼跟性有關呢？諸位有所不知，海斯法典是以維護傳統道德為己任的，排斥婚外戀情，反對非婚生育，保護家庭完整，而這些都與性有關。恰恰在這些方面，托翁和他的《安娜》都觸犯了法典。第一，這是一部表現婚外戀、非法同居和非婚生育的電影。第二，托翁的傾向性——同情敢怒敢愛、反抗傳統、追求幸福的安娜；憎惡面目可憎、虛偽乏味的卡列寧（安娜的丈夫），對迫害安娜的舊道德持批判態度。跟執行局打過交道的人，都不會碰這部作品。可好萊塢的製片人大衛·塞爾茲尼克迷信托翁的名氣，偏要把這部名著搬上銀幕。

執行局主席布裡恩是位鐵面無私的主兒，對托翁絕不網開一面。「盡可能地壓縮不正當愛情行為的『細節』：不允許長的談情說愛的場面，不准熱烈地接吻，不准在公園裡手拉手地散步，不准戀人多談他們之間的關係（除非是把重點放在違背社會行為規則的消極影響上），不准熱情奔放地亂轉眼珠子……性關係的具體內容是絕對不能觸及的。」另外，還要求「從頭到尾讓犯罪者一直處於受譴責的地位，造成『千夫所指』的陣勢才算合格。」（二七二頁）這是一九三五年他給該劇編劇下的指示。

大衛發愁了——既然要表現安娜與渥倫斯基的感情發展，就勢必得有一些面部表情和肢體語言。既然要表現兩個自由戀愛的決心，就得描寫他們的私生子。既然要批判偽道德，卡列寧的形象就高大不起來。怎麼辦？製片方考慮下馬，編劇要求中止合同。可是公司花了那麼多錢，又非幹下去不可。大衛死說活說，留住了原編劇，又請了另一位編劇加盟。一干人花了半年的功夫對這部經典進行了「一次閹割和肢解」（二七四頁）：所有的有助於表現生活複雜性的情節全部刪除，嘉寶飾演的安娜成了一個沒有責任感的蕩婦，渥倫斯基則是一個無賴加花花公子。這對男女從一見鍾情到廝混、同居，從私奔、隱逸到公開露面，無論他們走到那裡，都無法擺脫輿論的譴責和紳士淑女的白眼。最後，安娜在移情別戀的渥倫斯基面前沖向了迎面開來的火車。而那個迂腐的小官吏卡列寧則成了幸福婚姻與和睦家庭的捍衛者。如此改編的影片，雖然足以把托翁氣得九泉重坐，但確實達到了用高尚的思想教育人的目的。

沒有苦，就不知道甜——如果用海斯法典來審查《夜宴》，那麼此片不但被禁，而且馮導也要受到停導N年的處分——弒君篡位的皇帝（葛優）把手伸向皇后（章子怡）的酥胸、皇帝為皇后按摩、皇后裸體走向浴池、皇帝與皇后之間關於性的對白，餘此等等，在執行局的眼裡絕對是淫蕩下流、誨淫宣春、敗壞世風、踐踏道德的東西。中國電影人埋怨審查條例捆住了手腳。看了《安娜》的遭遇，肯定會醍醐灌頂，覺悟到自己原來生活在蜜罐之中。

社會熱點問題方面的典型案例是華納公司拍的《礦山怒火》。這是一部描寫美國煤礦工人與資本家鬥爭的影片。上世紀二三十年代的美國，工人階級壓在社會最底層，受盡公司老闆的剝削壓迫，胡佛政府對他們的疾苦置若罔聞，工會組織鬆散無力。有壓迫就有反抗，反抗又引來了殘酷鎮壓。威廉·曼徹斯特描述了當時的境況：「一九六九年，美國總統任命的暴亂行為調查委員會在報告裡說，『在全世界工業國家中，美國工會史上流血事件最多，鬥爭最殘酷。』」「那時產業工會中幹組織工作的人有不少被害。各州州長出動國民警衛隊鎮壓鬧事工人。佐治亞州州長尤金・塔爾梅奇搞了現代戰爭集中營，專關工人糾察隊員。賓夕法尼亞州杜肯鎮（典型的煤礦城鎮）的煤礦老闆一年之內就花了一萬七千元買軍火，派人往礦工家裡扔炸彈。」「在弗立克礦區，公司派出的兇手守在井口，參加工會的礦工一走出來就被槍殺。」美國工會領導人路易斯發出這樣的感歎：「美國的工人象古代的以色列人一樣，心裡有說不盡的悲哀，他們家裡的婦女為死者守靈，為生者的前途放聲慟哭。」[1]

在產業工人中，煤礦工人最慘——井下挖煤，如牛似馬，老闆為了賺錢，不管工人死活，瓦斯爆炸、坑道冒頂隨時可能奪去他們的生命。工人們要組織起來，公司保安隊千方百計地阻止，甚至不惜開槍殺人。法官與老闆串通一氣，礦工無處說理。煤礦工人的此種狀況，構成了《礦山怒火》的社會背景，而影片的具體內容則受一九二九年發生在賓州的一件槍殺礦工的真實事件的啟發。其劇情大意是：某煤礦屢屢發生礦難，工人們要求老闆改善危險惡劣的勞動條件。礦主不理，工人罷工以爭。礦主出錢雇工賊下井，同時命令礦山保安隊對礦工威脅利誘，保安隊毆打拒絕上工的工人，小鎮上一片白色恐怖……。

儘管這個劇本絲毫沒有觸犯海斯法典的道德戒律，但是它引起的恐慌遠遠超過了「蕩婦」安娜。美國煤礦協會向執行局施壓：「華納的影片將對採煤業『很不友好』，影片映出後必將對採煤業造成巨大傷害。」（三二五頁）執行局與煤礦協會一個鼻孔出氣，深恐這部現實主義創作影響經濟蕭條時期的社會安定。局長布裡恩甚至懷疑共產黨從中搗亂，宣傳革命和階級鬥爭。於是他緊急指示華納改劇本：第一，去掉對採煤業的勞動條件的嚴厲批評，盡可能地淡化階級矛盾。第二，把礦主寫成一位體恤下情、富有人情味的老闆。他關心工

---

1 《光榮與夢想》頁187—191，

人的疾苦，願意與工會攜手。第三，把罷工寫成是由保安隊中的壞蛋挑起來的，後來參加罷工的礦工認清了壞蛋的真面目，提高了思想覺悟，離開了鬧事者。第四，把組建保安隊寫成是礦主為保衛私人財產不得已而為之的行為，至於保安隊在小鎮上的暴行則全係其中的壞蛋所為，絕非那慈善的礦主指使。

華納為了掙錢，不敢也不想違抗執行局的指示。從小說改成的劇本來了一個鷂子翻身——現實中那些陰暗、低矮、東倒西歪的小屋，在銀幕上變成了一排排明亮整潔、帶著籬笆牆的住宅；那些坑窪不平的骯髒街巷，變成了寬敞乾淨的坦途；那些為衣食發愁的主婦，一時間都成了快樂的婆娘，她們在精巧的門廊中說笑，在堆滿食品的廚房中忙碌。而那些在礦區隨處可見的礦工們，一個個憤懣不平，滿懷悲戚，對老闆恨得要死的勞苦大眾，在這個故事裡都變成了幸福快樂的堯舜之民，他們哼著歌兒上下班，心滿意足地過著小日子。他們有什麼理由不滿足呢？你看，那些漆黑一團，煙塵瀰漫的危險坑道，突然間變成了既明亮潔淨又安全可靠的場所，那些彎腰屈身才能走過去的巷子，突然變成了高達十英尺的地下走廊，老闆給的工錢不少，攢幾年就能買個農場。有了這樣的好日子，當然用不著工會，更不必罷什麼鳥工。挑起罷工的不過是保安隊派來的密探，壞蛋總是會有的，熱愛老闆的工人們也免不了上當受騙，混亂自然避免不了，不過，既然下有仁慈的老闆，上有英明正確的華府，鬧事的小人終於被識破。在影片結束的時候，壞蛋被抓，罷工結束，小鎮恢復了正常——「公司獲勝了，工人獲勝了——歸根結蒂是執行局獲勝了。」（三三一頁）

一九三五年冬，影片上映，結果是「票房成績極差，觀眾少得可憐」。「評論界認為該片的失敗是由於過分美化了採煤業的實際情況。《文學文摘》指責影片『過分簡單化』。《紐約時報》批評影片『為現狀辯護』。《民族》雜誌的影評以『半條麵包』為題，對片中的那麼多的謊言感到難以理解。著名電影史家路易斯‧雅可布斯對《礦山怒火》深表厭惡，因為它『把罷工歪曲成工人在外來歹徒的鼓動下發起的一次無恥的造反。人們根本看不到工人們在罷工中經歷了什麼艱辛，工人們的不滿心情居然都是借一些歹徒之口來發洩的。」（三三三頁）一心朝錢看的華納，賠了個底兒掉。華納的遭遇給其他電影公司敲響了警鐘，社會題材的影片從此迅速下降——一九三五年是一百二十二部，占好萊塢總產量的二十三．五％，一九三六年一百零四部，占其產量的十九．四％，一九三八年只占十二．四％，一九三九年跌到五十四部，占總產量的九．二％。（三七一頁）

他山之石，可以攻玉，也可以自慰——過去中國的煤礦工人的日子比美國同行如何？今日中國的礦難比八十年前的美國孰多孰少？沒有人做這方面的比較研究。但是我相信，中國絕不會生產出這種讓人嘲罵的爛片。建國以來，寫到煤礦的只有兩部國產片。五十年代初長影拍過一個《雙婚記》，兩年前李揚拍了一部《盲井》。前者因為煤炭部提意見，說它表現了舊社會煤礦的瓦斯爆炸，但也會影響新社會的煤礦招工。於是被主管部門叫停。後者儘管得了個什麼熊獎，但屬地下作品，上不了臺面。有這兩部片子做前車，中國編導自然不會碰這類題材，也自然不會美化什麼、歪曲什麼。

社會熱點往往與政治有關，兩極分化的問題就是如此。美國的兩位總統——柯立芝和胡佛曾經宣稱上世紀二三十年代是「新世紀」大繁榮時期，可是，在老百姓眼裡，這個「新世紀」卻是「大蕭條」。歷史學者記下了當時的經濟慘狀和貧富懸殊：一九二九年，布魯金斯研究所的經濟學家計算，「一個家庭如果想取得最低限度的生活必需品，每年要有二千元的收入才行，但當年美國家庭百分之六十以上的進款是達不到這個數字的。」（四二頁）工人每週平均工資只有十六元二角一分。童工女工更少得可憐。《時代》週刊寫道：「無法無天的雇主」，「已經把美國工人的工資壓低到中國苦力的水平了。」即使這樣的工資，也不是能輕易掙到的。失業像瘟疫一樣到處蔓延，全美「大約有一千五百萬到一千七百萬人失業，大多數是一人養活全家。」「一九三二年九月的《幸福雜誌》統計，美國有三千四百萬成年男女和兒童沒有任何收入，此數近於人口總數的百分之二十八。而且這個研究報告一如其他報告，那正在另一種地獄裡受難的一千一百萬戶農村人口是不包括在內的（四八頁）俄國駐紐約的一個貿易機構，平均每天收到三百五十份移民俄國的申請書。有一次俄國人登廣告要給國內招六千名熟練工人，竟有十萬美國人報名。美國已經成了美國人爭相外逃的國家，統計數字表明，三十年代初，移民他國的人數大大超出了遷入的。失業沒錢交房租，就會失去住所，「一九三二年一年就有二十七萬三千戶人家被房東攆走」。[2]失業大軍很快就變成了流浪大軍，流浪大軍很快就成了饑餓大軍。儘管報刊雜誌上經常出現各州餓死人的報導，總統胡佛仍舊對記者說，並沒有人真正挨餓。直到他下臺之後才有機會看到真相：「有一次他在洛磯山區釣魚，有個本地人把他領到一間茅屋裡，看到一個孩子已經餓死，另外七個也奄奄一息。」（五六頁）

「小說家湯瑪斯・沃爾夫時常站在紐約的公廁裡同那些處境悲慘的人們交談，談到他再也不忍聽下去，便踏著階梯往上走二十英尺，站在人行道上凝望，只見『曼哈頓的摩天大廈在冬夜寒光中閃閃發亮，伍爾沃思百貨大樓就在不到五十碼開外，再過去不遠是華爾街的幾家大銀行，一律是巨石和鋼鐵築成的堡壘，屋頂塔尖放射著銀色的光輝。人間不平事，莫過於如此了。這邊是悲慘萬狀的地獄，那邊一條馬路之隔就是一座座燈火輝煌的高樓矗立於淒然的月色之中。這些高樓是權力的頂峰，全世界的大部分財富就深鎖在樓底堅固的地下庫房裡。』」（五八頁）胡佛總統在卸任後才認識到：「這邊為數不過幾千人……卻佔有大部分生產成果，……那邊是占百分之二十左右的人口，卻只分到那麼一點點東西。」（四三頁）

國家不幸詩家幸。大蕭條給美國文藝界提供了無數的素材和靈感，《警惕法西斯》、《怒火之花》、《人鼠之間》、《總統失蹤記》、《白癡的開心事》、《死路》等指向政治和社會的寫實主義作品大批湧現。一九三六年，好萊塢獨立製片人高德溫看到這裡面的商機，決定把熱門話劇《死路》搬上銀幕。這個劇名包含著兩層意思，「死路」既是劇中人物活動的場所——一條通向紐約東河岸的死胡同，也隱喻著劇中人物的前程

---

2 《光榮與夢想》頁43。

——生活在這條街上的窮人們除了受窮、墮落、犯罪、坐牢之外，沒有任何希望。這條死路的一邊是貧民窟，另一邊是豪宅小區，一道高牆將這貧富兩個世界分開。

故事就在這貧富世界中展開：女工德里娜自強上進，拼命打工，發誓要搬離這個鬼地方。而她的弟弟湯米已經成了貧民窟的一部分，他整天與地痞、小偷、流氓、勞改釋放犯在一起瞎混。這些人無所事事，罵街、打架、賭博、偷東西、交流犯罪經驗是他們的主要營生。大學建築系畢業的「小瘸子」，一心想用自己的專業改善貧民窟的居住條件，「但是經濟危機打碎了他的美國夢，他說：『我在學校裡讀書時，老師總是教導我們說，人是從動物進化而來。但是他忘了告訴我們，人也會變回動物的。』」他與女工凱依相愛，可是為了逃出貧民窟，凱依不得不芳心另許，做了高牆那邊的一個富家子弟菲力普的女友。作為女人，她只能用婚姻來改變命運。殺人犯馬丁從勞教學校逃回家，嘲笑「小瘸子」白念了大學。「如果你想在這個世上生存下去，你就必須想要什麼就拿什麼。」這是馬丁的人生箴言。為了活下去，「小瘸子」不得不向警察局舉報馬丁。員警抓捕馬丁，馬丁開槍襲警，自己也中彈身亡。湯米領著他的流氓團夥以打人為樂，菲力普成了他們取樂的對象，菲力普的父親來抓湯米，湯米將他刺傷。員警將湯米抓走。「小瘸子」只好用舉報得來的獎金為他請辯護律師，而湯米對進勞教學校毫不在乎：「勞教學校可以學到不少好東西呢！」這是他給同夥的臨別贈言。劇作家告訴我們：「美國有兩個階級；特權階級和受壓迫階級；決定你的階級地位的是你的出生地，而不是你勤勞與否。」（三五五頁）人是環境的產物，只要存在著貧窮，就存在著墮落和犯罪，湯米將成為第二個馬丁，他的夥伴將步他的後塵，有了那筆獎金，「小瘸子」和德里娜會離開這裡，過上張大民式的幸福生活。但那只是偶然掉在極少數人頭上的「餡餅」，等待大多數人的，仍舊是犯罪與牢房，那是他們的宿命。

執行局是否准許電影觸及美國的貧困問題，高德溫心裡沒譜。但是，他既然花了十六點五萬美金買下了這個舞臺劇的改編權，就有對付執行局的辦法。憑著跟執行局多年耳鬢廝磨的經驗，高德溫知道該怎麼做才能通過審查。他告訴編劇海爾曼把劇本搞乾淨，海爾曼心領神會，將凡是與性和暴力有關的內容統統趕出劇本。於是那些滿口髒話的流氓街痞文明起來，街上拉客的娼妓不見了，馬丁拒捕襲警的情節沒有了，打架鬥毆變成了嬉戲游泳。高德溫又囑咐導演惠勒，必須搭景。一定不要用實景——儘管這種實景既真實又省錢。導演俯首聽命，花了十萬美金搭了一個「假得很」（惠勒語）的佈景。為了真實，導演讓劇務在佈景的街道上灑垃圾，這個又髒又累的活剛幹完，高德溫怒就氣衝衝地跑來了，他命令將垃圾全部拉走，把街道打掃乾淨。惠勒提出抗議：「貧民區怎麼能沒有垃圾呢！」高德溫回答：「哼，這個貧民區值一大筆錢呢，它應當比常見的貧民區更漂亮。」（三五六頁）

得知高德溫要拍這個劇之後，布裡恩就摩拳擦掌，嚴陣以待。高德溫呈上修改好的劇本，很快就被胸有成竹的布裡恩退回，還附了一份長達七頁的修改提示：「不要顯示垃圾、發臭的食品罐頭或河面上的浮渣。」「不要在拍攝時強調貧民和富人在居住條件方面的差距。」「淨化孩子們的語言，不許提到性病，降低暴力場面的強度」等等。（三五六頁）其實，高德溫早已走在了他的前面。現在他要做的，只是如何錦上添花——「每天用卡車拉來新鮮水果，拋灑在佈景裡。」（三五六頁）

令人詫異的是，影片上映之後「大獲好評，觀眾踴躍。」邵先生解釋道：「問題不在於影片刪掉了原劇的哪些內容，而在於有多少社會批判內容逃過了高德溫和布裡恩的『篩子』。」（三六七頁）說具體一點兒就是，《死路》的街道雖然乾淨整潔了，人物雖然不再說粗話，性病雖然不被提起，但是骨子裡的東西——窮人的絕望仍在。執行局和製片人百密一疏，忽略了這部影片的ＤＮＡ。

各位會說，影片大獲成功，這是甜，不是苦呀。就算這個是甜，也是苦換來的。就說那高德溫吧，他是被執行局「修理」出來的，吃了苦頭，才學聰明。再說，要跟舞臺劇比，《死路》實際上是一大失敗。它在電影史上算是佳作，可在文藝史或文化史上卻是偽劣品。《死路》算是幸運的，比它慘的影片多矣。《國家的三分之一》就是一個好例子，這部「揭露貧民窟慘狀」的優秀話劇被閹割成一個通俗的愛情故事才允許搬上銀幕。美國資產階級對共產傾向和寫實主義怕得要死，恨得要命，天主教道德聯盟中的重要人物，約翰・麥克拉弗蒂神父就敏銳地意識到：「讓社會問題和寫實風格登上銀幕的傾向」「是在為政治宣傳的出籠鳴鑼開道，而政治宣傳對心靈健康的毒害則要比淫穢和不道德大得多。」（三六九頁）他為此專門致信給大主教，希望引起上峰的高度重視。邵先生用下列數字告訴我們執行局的重視程度：「布里恩的辦公室，一九三六年審讀了一千二百個劇本，與製片人、導演和編劇開了一千四百次會，審看了一千四百五十九部影片（有許多是看了許多遍的），寫了六千多份意見書，否定了各製片廠二十二個劇本。片廠送來的劇本無例外地都經過幾次改寫才得到了批准。此後幾年的數字也大致如此。例如在一九三九年，執行局審讀了二千八百七十三個劇本，開了一千五百次討論會，寫了五千一百八十四份意見書，審看了一千五百十一部影片，否定了五十三個劇本。」（三一一頁）

我不知道，中國的電影局與美國的執行局比起來哪位更辛苦，更敬業。但是，我知道，比起美國當年的同行來，今日中國的編導幸福多了，他們享受著關注下層、關心貧窮、關心兩極分化的充分自由——隨處可見的《安陽嬰兒》、《小武》、《十七歲的單車》光碟就是明證。儘管它們像李揚的作品一樣，上不了臺面，因此也不可能產生什麼社會影響。但是據學者專家博導教授的研究，這完全要歸咎於中國的觀眾，像李澤厚說的那樣，中國人更喜歡樂觀地眺望將來，望著望著，就做起了白日夢，所以老謀子、陳凱歌、馮小剛才去拍《英雄》、《無極》、《夜宴》這些七不挨八不靠的大片。

現在不興憶苦思甜了，我擔心，中國的心理疾病會因此多起來。

本文除注明者外，其餘引文皆出自邵牧君先生所著《禁止放映：好萊塢禁片史實錄》一書。邵著係上海文藝出版社二〇〇〇年出版。

# 藝術的姿態──「屈膝」、「俯仰」與「站立」

## 一

搞藝術的人沒有幾個不是奔著藝術家去的，嘴上說的是混口飯吃，心裡卻惦記著在七老八十的時候，由什麼權威部門給他們封上一個「人民藝術家」的稱號，家裡掛上著名書法家題寫的「德藝雙馨」的條幅，並且在朱軍主持的「藝術人生」中當一回嘉賓，在一大群老少「紛絲」的癡迷的掌聲和敬仰的眼神裡，歆享一把崇拜者奉獻的香火。

想當藝術家是好事，問題是，藝術──我指的是經得住時間考驗的藝術──只能生長在適宜的土地上。我們村北面有很大一片鹽鹼地，幾位知青發誓要在上面種出莊稼，各種良種都弄來了，起早貪黑忙了兩年，無論種下的是小麥還是玉米，長出來的都是堿蒿和羊草。後來看當地的縣誌，才知道，早在「人有多大膽，地有多高產」的年代，一位省科院的農業專家就有過更高明更大膽的壯舉──把棉花與西河柳嫁接起來。當年的報紙介紹說，西河柳最適宜在鹽鹼地上生長，如果嫁接成功，那樹上就會結出碩大的棉桃，其樹葉可以入藥，樹枝可以編筐。這個成果一旦推廣開來，鹽鹼地即將成為寶貴的資源……其字裡行間大有痛恨中國的鹽鹼地不夠多的意思。

丹納認為，一切可以稱之為藝術的東西，都是思想感情、道德宗教、政治法律、風俗人情的產物。[1]試圖跟上時代的傅雷批評他「忽略或是不夠強調最基本的一面——經濟生活」。[2]傅雷是最討厭庸俗的，而他的時代最擅長的就是把一切都庸俗化。藝術與經濟的關係曲折、微妙而且幽遠。所以馬克思才諄諄告誡人們：精神發展與物質發展是不平衡的。也就是說，經濟繁榮並不意味著藝術的昌盛。美元儲備、GDP、小康社會可以製造出億萬富翁，卻未必能培養出來偉大的藝術。就像鹽鹼地裡長不出莊稼一樣，思想一元也不會產生真正的藝術家。「人民藝術家」固然可敬，可是在大多數時候，幹的卻是宣傳員的活計。在歷史的鏡子裡，「德藝雙馨」會呈現出不同的模樣，如果腦袋掛在權勢的腰帶上，那麼其「德」恐怕會從香花變成毒草。麥克盧漢有句名言：「媒介是人體感官的延伸」。「藝術人生」是什麼器官的延伸呢？想來想去，非盲腸莫屬。當然，盲腸的延伸，從根本上說，也是精神與物質發展不平衡的結果。它以太平盛世為宏大背景，將嘉賓的虛榮心做成堂皇的門面，把人們的好奇心和窺私癖變成賺取收視率的法寶，在千篇一律的煽情與人工製造的驚喜交相輝映，廉價的眼淚和空洞的掌聲競長爭高之時，朱先生把這個節目的關鍵字化為虛無。

## 二

按照普列漢諾夫的說法，勞動先於藝術，藝術源於遊戲。[3]但是，請注意，這裡的遊戲是自由的遊戲，這

1 丹納：《藝術哲學》，北京：人民文學，1983。

2 《藝術哲學》譯者序。

3 普列漢諾夫：《論藝術》（沒有地址的信），第二封信：原始民族的藝術。北京：三聯，1973。

裡的勞動是自由的勞動，它不是忠字舞和語錄歌，不是樣板戲和獻禮工程，不是修長城建金字塔，也不是戴著金箍護送主子去西天取經。因此，可以說，自由是藝術的保障——心靈的開放、精神的舒展、思想縱橫馳騁，想像力不受拘束——才有偉大的藝術。正是看到了這一點，康德和席勒才把藝術的本質定義為「自由的遊戲」。似乎可以由此引出一個結論：藝術品的優劣與自由的程度成正比，自由越多，質量越優，自由越少，質量越差。

有一個小故事：一左眼瞎，右腿瘸的國王，要畫家為他畫一張真實的肖像。在無數這樣做的畫家掉了腦袋之後，終於有一位既保住了性命又博得了國王的歡心——在他的畫筆下，這位國王成了一位英武的獵手，他身體挺拔，左腿筆直，立於草野之中；右腿彎曲，右腳平踏在岩石之上，雙手舉著獵槍，正閉著左眼瞄準遠處的獵物。必須承認，這位畫家聰明過人。但是也必須承認，他在用畫筆掩飾了國王生理缺陷的時候，也掩蓋了藝術的真實。

新舊中國之交，百廢待興，思想多元，於是有了《武訓傳》、《我們夫婦之間》等一批好電影，有了趙丹表演藝術的高峰——他把一個行乞興學的武豆沫演得出神入化。然而，沒過多久，趙丹就從一個天才的表演藝術家變成了一個為政治服務的工具。「我怎麼會走上公式化、概念化的路上來呢？……影片《武訓傳》受到全國性的大批判後，我在思想上逐步形成了幾個概念。一，『藝術必須為政治服務』。因此藝術本身就沒有其他職能，藝術即政治。二，只能歌頌無產階級的英雄人物，不能歌頌其他階級的人物，對其他階級的人物只能是批判性的；而無產階級的英雄人物，則必定是具有崇高思想境界，高尚的道德品質，不具有缺點與錯誤。如果稍微寫一點缺點錯誤，就犯了立場、傾向性的原則錯誤。三，『各種思想無不打上階級的烙印』。因此一招一式、一舉一動、一顰一蹙，都有階級的內容。因之一切人物的內部素質與外部形體都只應該是壁壘分明的表演，否則就混淆了階級的界線啦……等等。」[4] 這是趙丹晚年的反省。

---

4 《戲劇藝術論叢》《地獄之門》頁60，1980年4月，第二輯。

那麼，是不是沒有自由就沒有藝術了呢？不，沒有自由一樣有藝術，甚至有更繁榮的藝術——暴君要用它滿足私慾，專制要用它點綴升平，戈培爾要用它鼓舞士氣，日丹諾夫要用它表明政績。藝術有久暫，有傳世的經典，有一時的娛樂，有短命的獻禮，時間就是裁判。鹽鹼地上雖然長不出莊稼，但總不乏城蒿、羊草和西河柳。

## 三

按階級標準劃分，中國是「兩個階級一個階層」，按所占資源多少來劃分，就只剩下十大階層沒了階級，而原來那兩個革命階級則被排到第八和第九，同為佔有文化資源的知識階層，從昔日的「臭老九」一躍排名第四，成了讓人羡慕的專家學者、白領金領。由此可見，同樣的東西，只須將劃分標準變那麼一變，就會呈現出完全不同的模樣。

按表現形式，我們可以將藝術分為音樂、舞蹈、繪畫、文學、戲劇、電影等等。假如換上另一種標準——把藝術家對待權、錢的心電圖，外化為身體的姿態，我們就會驚異地發現，屈膝、俯仰、站立足以概括所有的藝術。

屈膝，可以是跪倒塵埃，匍伏不起；可以是兩股戰戰，低頭哈腰。不管是哪一種，其心思都是一樣——如何討主子歡喜。天下的主子都愛聽奉承話，都愛看到自己的偉大形象，賢明如唐太宗者也免不了想殺掉直諫的魏征，無常如唐明皇者竟會讓口蜜腹劍的李林甫連任十六年宰相。所以，迎合上意就成了這種藝術的永恆主題。

明世宗崇佞道教，整天想著得道成仙，舉行尊天大典的齋醮儀式就成了嘉靖時代的日常功課。齋醮首先就是向天帝奉上一篇文辭華麗，態度誠懇的表章。世宗向天帝邀寵，卻把任務交給大臣，大臣們向皇帝邀寵，爭獻這種被稱為「青詞」的賦體駢文。嚴嵩因此官至太子太保，與其同榜的狀元顧鼎臣由此而入內閣，夏言、袁煒、李春芳先後拜相，成為著名的「青詞宰相」。

希特勒要吞併歐洲，就有了維爾納・博伊梅爾堡、愛德溫・德溫格爾等一批歌頌侵略戰爭的作家。希特勒要爭奪生存空間，就有了《沒有空間的人民》（漢斯・格林）、《托馬漢斯兄弟們》（威廉・普賴爾）等一堆鼓吹領土擴張的小說。希特勒要篡改歷史，最早發現美洲的就從哥倫布換成了德國走私販子皮寧，提出「太陽中心說」的哥白尼就從波蘭人變成了德國佬。寫作《神曲》的但丁也長成了日爾曼人的模樣。希特勒相信「叢林哲學」，兇狠、殘忍、好鬥的蒼鷹、禿鷲、雄獅、公牛就從納粹畫家的筆下汩汩湧出。希特勒要用石頭體現德意志精神，花崗岩和大理石造就的「褐色大廈」遂拔地而起。[5]「我們肩負著造型藝術和音樂藝術的使命，自知任重而道遠；自知完成我們的文化為國為民任務之艱巨；我們深深為春天的到來而激動：全體德國人民同心協力團結在元首周圍。」這是受寵的藝術家們給元首的效忠信。[6]

藝術家一旦效忠起來，那藝術的雙膝就免不了沾上污泥。因此，無論商家怎樣爆炒，樣板戲讓人記得的也還是那幾段唱腔。無論史家怎樣美化，十七年的文藝也時時要露出連接「新紀元」的臍帶。勸進詩古已有之，「高大全」、「三突出」絕非天降，于會泳、劉慶棠、浩亮、梁效、初瀾、羅思鼎、唐曉文……不管是實名的藝術家，還是化名的學者教授都「長在紅旗下」。

5 參見劉國柱著《希特勒與知識分子》，北京，時事，2000。

6 趙鑫珊：《希特勒與藝術：德國藝術史上最可恥的一章》頁83，天津，百花文藝，1996。

## 四

俯仰，不是「仰觀宇宙之大，俯察萬物之盛」，而是「與世浮沉，與時俯仰」。這種姿態對身體頭腦和神經系統都提出了很高的要求。如果說，屈膝只需要奴才的智商，腿和腰的協調；那麼，俯仰則需要靈活的頸椎、柔韌的脊柱，發達的頭腦，阿Q的情懷，以及眼觀六路耳聽八方的機敏。「俯」自然免不了摧眉折腰，與奴婢相類，但是「仰」卻足以補苴罅漏，修復形象。

魯迅說，天下沒有一堵騎上去穩當，又能兩腳著地的牆。天下所無，人心常有。這人心來自恐懼，來自趨利避害的人性。阿倫特說，極權之下沒有道德清白之人。這話有點絕對，林昭、王申酉、遇羅克就是反證。但如果說，極權之下多是俯仰的藝術和俯仰的藝術家，恐怕是不錯的。以國人熟悉的蘇聯電影為例，《難忘的一九一九》把史達林打扮成革命英雄，刻畫了「他站在裝甲車的踏板上，差點要用馬刀刺死敵人的形象」，更有甚者，影片還將他描寫成英明正確的化身，「隨時隨地提示著列寧應該怎麼做和做什麼」，[7]自然，它成了史達林的最愛，這部影片也因此獲得國家功勳獎。在德國侵略蘇聯的時候，史達林先是麻痹輕敵，把邱吉爾的警告和前線的情報當作耳旁風。當德國大軍大舉進攻之時，又驚慌失措，六神無主。等到他倉皇應戰的時候，又剛愎自用，屢犯錯誤，僅哈爾科夫包圍戰一役就送掉了幾十萬名蘇軍將士的性命。而戰後拍攝的《攻克柏林》則把史達林描寫成一個鎮定自若，用兵如神的偉大軍事統帥。十幾年後赫魯雪夫告訴人們：「史達林根本

7 《關於個崇拜及其後果》——蘇共中央第一書記赫魯雪夫同志向蘇聯共產黨第二十次代表大會作的報告（1956年2月25）《赫魯雪夫回憶錄》頁409，北京，社會科學文獻，2005。

不瞭解各個方面軍面臨的現實情況，這是很自然的，因為整個衛國戰爭期間，他從未到過一個方面軍的地段，也未到過一個收復的城市，只是在前線局勢平靜時對莫紮伊斯克公路進行過一次閃電般的出巡，以這次出巡為題材，曾寫出了多少篇夾雜著種種虛構的文學作品，又繪出了多少幅色彩斑斕的油畫啊。」[8]

蘇聯解體前後，在勃列日涅夫時代吃香的喝辣的藝術家們急忙另尋主子，辦法之一就是痛斥舊政權，把自己打扮成蘇維埃制度的受難者，其中最典型的一位是葉夫圖申科。這位靠寫作《請把我當作共產黨員吧！》一類的詩獲得了政府勳章和國家獎金的著名詩人，在媒體上呼天搶地，控訴蘇共對他的無情壓迫。葉利欽投桃報李——葉夫圖申科「得到了濱河街上的住宅和郊外的別墅，銀行裡的存款。」[9]

仰，有時是精湛的藝術，有時是愛國的熱情，有時是莫談國事的超脫，更多的時候則是有奶便是娘。以「奶」為底線，就免不了當一當奴才。《鬼子來了》裡面的有個街頭「藝術家」，日本人得勢時，他在街上眉毛色舞地說評書：「眾位安靜請壓言，咱不論古說今天。皇軍來到咱家鄉地，共建大東亞共榮圈。皇軍來了救苦救難，咱應該大開門戶如迎親人一般。八百年前咱是一家，使的一樣方塊字，鹹菜醬湯一個味兒。有道是：打是喜歡罵是愛，『八格牙路』我不見怪，往後哇，『米西米西』皇軍他給，皇軍和咱親密無間，鄉親們往後不用受窮苦，『約西約西』，『大大的約西』笑開顏。」日本子剛一投降，他馬上有了新詞：「硝煙散去萬民歡，中國人抗戰整八年……打得小日本蹶著屁股撂著蹶子的跑，他們跪在了國軍的面前舉著個雙手，哆哩哆嗦繳械投降渾身打顫，嘴裡頭說：『我的八格牙路幹活！你的三賓的給！』這就是小日本侵華可恥的下場，我們迎來了和平勝利的這一天，看今朝山河光復多燦爛……」

8 同上，頁395。

9 張捷：《俄羅斯作家的昨天和今天》頁60，北京，中國文聯，2000。

《法門寺》中的賈桂雖然站著，其實時刻準備跪下。所以沒跪下，是因為主子最近想起了人權的緣故。藝術分等級，有欽定的樣板，有精英的好惡，有民間的口碑，公道自在人心。俯仰不是站立，俯仰的藝術是騎牆的藝術，犬儒的藝術，投機的藝術，隨波逐流的藝術。它們不能長久，儘管俯仰藝術家說，識時務者為俊傑，大丈夫能屈能伸。

## 五

站立的藝術，人人都懂，知易行難。站立，是人與猿的區別，是人類進化的終點。如果說，「屈膝先生」用大腸代替大腦，「俯仰君」靠脊椎指揮行動，那麼，「站立者」則以頸上之物決定行藏取捨，其作品多真實，尚批判。因其真實，故而久遠；因其批判，故而深厚。

為作品出生，「站立者」也須俯仰——向權力妥協，與孔方周旋，或令真實褪色，或請有司寬鬆，虛情假意，言不由衷。他深知，權力隨時可以翻臉，把他和他的藝術打入死牢。他明白，沒有財神的滋養，藝術就會枯萎，以至胎死腹中。但是他有一個不變的宗旨：說真話，說不成真話時不說假話；非說假話不可的時候，蓄須養志，如梅蘭芳。因為抱定這個宗旨，站出來的作品，總是難得問世。委屈辛苦一場，名位財色統統泡湯。古今中外，肯用這「四大皆空」來換取此類作品者，少之又少。

由此可知，一部藝術史是一個兩頭小中間大的棗核，「站立者」與「屈膝先生」各守那尖尖的上下兩端，圓滾豐滿的中間部分則由大大小小的「俯仰君」佔據填充。同屬「屈膝先生」，古今不同。古人愚拙，老老實實承認自己就是奴才；自己的藝術是「奴婢的藝術」。今人聰明，當了奴才卻以主人自居，且引經據典，證明奴才的藝術就是主流，就是主旋律。「俯仰君」對此不肯苟同，仗著人多勢眾，給奴才以冷面，給大眾以媚眼，向主子爭正統，向繆斯發聲明：俯仰是藝術的最高哲學，從三皇五帝到於今，藝術就在俯仰中求生。因此，沒有俯仰就沒有藝術；俯仰藝術才是真正的主旋律；俯仰藝術家才是藝術史上的中流砥柱。一味屈膝下跪，迎合上意，是封建主義，是習慣勢力，既有損於形象，又不利於雙百。只圖挺胸昂首，身心舒暢，是個人主義，是崇洋媚外，既有違於現實，又不利於和諧……。出於團結大多數，打擊一小撮的考慮，主子允其請，於是，奴才聽命，大眾附和，站立者愈寡，俯仰藝術大盛。

# 關於于丹「心得」的心得
## ——兼論《百家講壇》及媒介體制

### 一、《論語》心得：回到內心

于丹從《論語》中悟出了許多道理——天地人之道是「神於天、聖於地」；心靈之道是「三省吾身」；處世之道是「不抱怨社會不公，不抱怨處世艱難」；君子之道是「不是苛責外在世界，而是把有限的時間、精力，用來『苛責』內心」；交友之道是「修身養性」，理想之道是「一個淡定的起點，給我們一點儲備心靈快樂的資源」；人生之道是「越到後來越回到內心」。可以說，于丹的《論語》心得就是八個字「修身養性，回到內心」。自孔子以降，歷代儒家們就一直在這方面做文章，于丹的獨到之處是把《論語》與時代結合起來，讓孔子為現實服務。

中國文化尚靜而向內，西方文化尚動而向外。這是近百年來中國鴻儒碩學對中西文化特徵的共識。于丹的《論語》心得弘揚了尚靜向內的傳統，試圖以講故事的親切方式，將傳統文化直接嫁接到意識形態上去。

「幸福快樂只是一種感覺，與貧富無關，與內心相連」就是這一工程中的壯舉。朱維錚說于丹的心得都是人家的，有失公允，他說于丹膽子大則是事實。十博士說于丹有多少錯誤，說明的只是于丹知識的缺陷。于丹的要害不在知識，而在於思想——幸福快樂確是一種感覺，但是這種感覺離不開物質。

物質決定感覺。「各種研究都表明，在收入水平非常低的時候，收入與快樂之間關聯度更為緊密。」這是華裔經濟學家黃有光在《東亞快樂鴻溝》一文中的觀點。「在中國，無論城鄉，人們感到不幸福的主要原因依然是貧窮——有五四・六%的城鎮居民和六六・四%的農村居民將貧窮列為感到不幸福的主要原因。」這是零點公司的調查結果。這兩條資訊提醒我們，在當下，至少有一半國人的幸福快樂與貧富密切相關。在這種情況下，大講特講向內心尋找幸福是麻木？是欺蒙？是訣世？還是殘忍？無論它是什麼，都讓我想起了那位驚詫百姓為什麼不食肉粥的皇帝，想起了大學生調查礦難後得出的結論——「貧窮比礦難更可怕」，想起了魯迅的名言：「自然，喜怒哀樂，人之情也，然而窮人決無開交易所折本的懊惱，煤油大王那會知道北京撿煤渣老婆子身受的酸辛，饑區的災民，大約總不去種蘭花，像闊人的老太爺一樣，賈府上的焦大，也不愛林妹妹的。」倉廩實而知榮辱，有恆產者有恒心。孔子弟子三千，賢人七十二，居陋巷簞食瓢飲而不改其樂的只有一個顏回。「人不堪其憂」恰恰說明多數人的幸福快樂與物質條件密切相關。個別不是一般，特殊不是普遍。「六億神州盡舜堯」是浪漫詩人的幻想，向內心尋找幸福是白領小資的雅興。財富不一定帶來幸福快樂，但是貧窮肯定與快樂幸福無緣。

因為無緣，所以不平，所以仇富，所以怨天尤人——中國社會調查所二〇〇五年的一項調查稱：民眾最為關心的社會問題中，排在第一位的是貧富差距。北京社會心理研究所發現，市民已連續四年把「貧富差距過大」列為最嚴重的社會問題之首。人大代表向兩會呈報「心理特別不平衡，更缺少幸福感」，「貧富差距太大，仇富心態正在產生」。[一]而于丹給大眾帶來了的是什麼呢——「三省吾身」的心靈之道；「不抱怨社會不公，不抱怨處世艱難」的處世之道；不是苛責外在世界，而是苛責內心的君子之道；堅持「一個淡定的起點，

---

一《瞭望》，《「幸福指數」量化和諧社會》2006年3月16日。

給我們一點儲備心靈快樂的資源」的理想之道……如果她面對的不是攝影機，而是下崗工人、失業學生、討薪民工和礦難死者的家屬，將會得到什麼？

我相信，以于丹的修養，無論得到什麼，她都會微笑地面對。但是，我不得不提醒沉浸在幸福快樂中的于丹：幸福快樂不但與物質條件有關，還與生活環境有關。最早提出國民幸福總值GNH的不丹國王認為幸福指數是由政府善治、經濟增長、文化發展和環境保護四級組成的。二〇〇五年兩會期間，在中科院院士程國棟提交的提案中，國民幸福總值由六類要素——政治自由、經濟機會、社會機會、安全保障、文化價值觀、環境保護構成。美國學者告訴人們，幸福包括對生活的的基本需求：「健康的身心，不錯的財務狀況，個人安全感，擁有選擇的自由和高度的自我實現。」[2]健康的身體依賴於生態；健全的心態依賴於社會公正，個人收入的增加依賴於經濟發展；個人安全感來自於社會的安定；選擇的自由和自我實現來自於一個健全合理、民主自由、尊重人權的國度。

這些，我們做到了多少？

電影《生死牛玉儒》裡面有這樣一個情節：牛市長看望下崗工人，工人們七嘴八舌訴說不平憤懣和委屈：廠長賣完了設備賣廠房，賣完了廠房賣地皮，他撈足了，我們下崗了，黨費也就沒交……牛市長正色道：不能怨天尤人，不能光發牢騷。黨費還是要交的。牛市長生前無幸拜讀《論語》心得，但其尋找幸福的手段卻與于丹不謀而合。

2 王默存：《幸福是什麼》載《讀者》2005年第3期。

## 二、《莊子》心得：回歸本性

于丹在《莊子》中講了許多故事，她用故事闡釋莊子的思想，宣講她「乘物以遊心」的心得，說明「順乎自然，回歸本性」的主旨。有人批評于丹誤讀了莊子，錯解了《莊子》的文字；有人指摘于丹斷章取義，歪曲了莊子的意思。在一片批評者的吵嚷聲中，李澤厚說話了：「十幾處錯誤也不算什麼」。[3]我一向敬服李澤厚的學識和睿智，但是，我不得不提請李先生注意這樣一個事實——于丹的曲解誤讀，是她強迫莊子為她服務的結果。換句話說，她要自圓其說就必須誤讀，就必須斷章取義。于丹關於支離疏的讀解足以證明這一點。[4]顯而易見，于丹的誤讀曲解不僅僅是學識的問題，而且與學風有關。退一萬步講，即使我們把學識學風全放到一邊，正心誠意地跟著于丹做現代逍遙遊，她的論證方法——故事與心得之間的邏輯關係也會讓我們時不時地從天上掉到地上，來個嘴啃泥或者仰巴叉。

于丹在心得之一中告訴人們，莊子是一位超名利、齊物我、同生死，追求精神自由的真人。其心得之二給我們講了莊子的大境界。但是，于丹並不想一語道破天機，而是在境界的功能上繞起了圈子——她強調「一個人境界的大小決定了對事物的判斷，也可以完全改變一個人的命運。」「站在大境界上，就會看到天生我材必有用，而站在小境界上，只能一生碌碌無為。」為了區別大小境界，于丹講了兩個故事，其一來自《莊子》，講的是以漂洗為生的某宋國人，把製不皴手之藥的秘方賣給了某客人，得到的只是百金。而此位客人將秘方賣

3 《南方週末》2007年3月22日，李說的雖是《論語》心得，其原則也適用《莊子》心得。

4 詳見解璽璋：《于丹是怎樣煉成的》一文，載《中國青年報》2007年3月26日。

給了吳國，得到的卻是「裂土封侯，立致富貴」。其二來自於《隱藏的財富》一書，講的是兄弟二人從德國移民美國，循常規辦事的哥哥種菜維生，打破常規的弟弟在紐約一邊打工一邊上學。四年後，畢業於地質專業的弟弟來到了哥哥的菜地，驚異地發現他哥哥是在一座金礦上種捲心菜。于丹用前一個故事告訴人們：「一個人境界的大小，決定了他的思維方式。人們常常以世俗的眼光，墨守成規地去判斷事物的價值。而只有大境界的人，才能看到事物的真正價值。」于丹用後一個故事啟迪世人：「我們以一種常規的思維，束縛了自己的心智……只有打破這種常規思維，我們才有可能去憧憬真正的逍遙遊。真正的逍遙遊，其實就是無羈無絆的。」

細心的讀者會發現，于丹筆下的「大境界」虛實莫測，矛盾支絀。有時它是「天生我材必有用」，有時它是「事物的真正價值」，有時它又變成了「無羈無絆的」「真正的逍遙遊」。人們還會發現，雖然于丹再三強調大境界必須超越世俗，世俗卻不肯放過任何境界——把祖傳藥方賣了百金的，只曉得在地上種菜的是小境界；「裂土封侯，立致富貴」或者看到地下埋藏的金礦是大境界。說來說去一句話：小名利是小境界，大名利是大境界。僅就論證方法上看，于丹的論據只能證明「天生我材必有用」，而無法證明「真正的逍遙遊」。論據的無能源於論點之間的戰爭——「天生我材必有用」與「真正的逍遙遊」一實一虛，一矛一盾，虛實儼成敵國，矛盾勢同水火。好事者不禁要問：于博士，咱不打自己嘴巴，好不？

為了掩蓋偷換概念造成的漏洞，于丹把讀者領上了「瘋狂的老鼠」，「老鼠」帶著讀者穿過「有用／無用」的隧道，掠過蘇軾／李白的詩詞，飛越「核心競爭力」的水窪，停留在佛禪的「覺悟」面前。乘著人們頭昏眼花之際，于丹以循環論證法向人們莊嚴宣佈：「莊子的人生哲學，就是教我們以大境界來看人生，所有的榮華富貴、是非紛爭都是毫無意義的，最重要的是你能不能有一個快樂的人生」。這條「光明的尾巴」並不足以讓于丹鳴金收兵。她還要引導眾生「感悟與超越」：「名利二字，是多少人一生的追求。但是，要想真正感悟莊子逍遙遊的境界，就一定要能夠超越名利。而有一個淡泊的心態，是超越名利的基礎。」那麼如何淡泊呢？許由讓天下的故事派上了用場——「淡泊的心態」就是「一種寧靜致遠的淡泊心智」，超越名利就是放棄名利。哇塞！心態與心智，超越與放棄在這個語境中有什麼區別？好事者忍無可忍，起身發問：于教授，咱不說車軲轆話，行不？

于丹並不認為自己在說廢話，她急於告訴人們「生活的大道理，人生的大境界，有的時候，都是從生活中的最細微處去發現，去感悟的。」而這種發現和感悟的前提「在於我們有沒有安靜的心靈，有沒有智慧的眼睛。」于丹舉了帕瓦羅蒂的例子——這位歌唱家名聲鵲起之時老擔心嗓子不堪重負。在世界巡迴演出的某個晚上，老帕從隔壁嬰兒的哭聲中受到了啟發，學會了用丹田之氣發聲，「不僅這一次巡迴演出大獲成功，而且奠定了他在世界歌劇舞臺上的地位」。這裡的「大獲成功」，「奠定……地位」云云，顯然與于丹在上下文中鼓吹的淡泊為大，放棄名利，耐住寂寞相衝突。

于丹要求人們像莊子那樣「外化而內不化」，「隨遇而安，不與世爭」。我心嚮往之，而不能至——我不知道應該對國人的理性感到失望，還是應該對媒體的威力表示敬意——央視的編導、出版社的編輯、報刊的記者以及成千上萬的擁躉粉絲居然看不出來這樣一個明顯的事實：努力號召人們進入空靈之境的于丹，自己的內心卻亂成一團——她教導人們如何超越名利，而舉的例子卻是如何獲取名利。

不止一個人對我說，于丹是一個天才的演說家，聽她講話是一種享受。確實，電視裡的于丹，健美精明，明眸利齒，卓勵風發；似乎是一位超拔眾生的教士，一名排憂解惑的精神導師。然而，當你細心拜讀她的大作的時候，你就會痛苦地承認，從聲畫並茂的螢幕上退下的教士，原來是一個頭腦混亂，心勞日拙，顢頇糊塗，絮絮叨叨的凡婦；你會悲哀地發現，這位讓你心儀神往的導師，原來是個叫賣精神安慰劑的小販，她所承諾的「逍遙遊」不過是一場免費的心理諮詢，她帶你參觀的景點，全是本國的「出土文物」——程朱的牌位、賈桂的衣冠，遁世者的棺槨、阿Q的墳地、逆來順受者的墓誌銘……。

## 三、心字頭上一把刀

于丹讓我想起了營口教育學院教授、副院長曲嘯。這位高大結實、聲如洪鐘的漢子，以其「當代牧馬人」的事蹟和聲情並茂的演講，紅遍了八十年代的中國。他的坎坷人生，他的愛黨之情，他的「母親錯打兒子」的理論，他的《任何挫折也動搖不了我對共產主義的信念》的演講，曾經令無數浩劫的倖存者涕淚橫流。為了挽救崩潰的信仰與沉淪的道德，他以佈道者的熱情奔波於大江南北，先後做了二千五百餘場報告，所到之處，聽者如雲，掌聲雷動。而他從來不取分文，直至癱瘓失語。

八十年代是一個思想繽紛的年代，那時，有關於「第二種忠誠」的思考，有關於人道主義與異化的爭鳴，有《芙蓉鎮》，有《被愛情遺忘的角落》，有理論務虛會上的離經叛道，也有曲嘯、李燕傑等佈道傳教者……如今，風流散盡，大樹飄零。曲嘯走了，于丹來了。聽眾依舊如雲，掌聲依然雷動。然而，她講的不再是舶來的主義，而是自產的經典，不再是外在的理念，而是內化的身心。江山代有才人出，你方唱罷我登場。從這些風雲人物的表演和思想文化的變與不變之中，我們悟到了什麼？

李澤厚支持于丹，認為她「在新的社會條件下講生活快樂，安貧樂道」普及了《論語》（等經典）。使國人有了類似《聖經》佛經和其他宗教讀物一樣的東西。[5]我不知道這是老人的圓滑還是智者的昏話。他顯然忘記了二十年前，他對孔學的評價：「所謂『安貧樂道』、『何必曰利』，以道德而不以物質來作為價值尺度……就不僅是封建和農業小生產社會的產物，而且也確與孔子仁學原型有關。它始終是中國走向工業化、現

[5] 《南方週末》2007年3月22日。

代化的嚴重障礙。不清醒地看到這個結構所具有的社會歷史性的嚴重缺陷和弱點，不注意它給廣大人民（不止是某個階級）在心理上、觀念上、習慣上所帶來的深重印痕，將是一個巨大的錯誤。魯迅的偉大功績之一，就是他尖銳提出了和長期堅持了對所謂中國『國民性』問題的批判和探究。他批判『阿Q精神』，揭露和斥責那種種麻木不仁、封閉自守、息事寧人、奴隸主義、滿足於貧困、因循、『道德』、『精神文明』之中……」「雖然這些並不能完全和直接歸罪於孔子，但確乎與孔學結構有關」。[6]

李澤厚認為，「每個傳統都有壞的東西」。[7]當年他也確實批判了這種壞東西：「莊子哲學認為人的有意識有目的的生存活動竟完全可以如同大自然那樣無意識無目的的自然運行，這是完全謬誤的；從而它所提出的絕對自由的理想人格，如前所述，便只能是一種虛構。因為個體的人的真正身心自由來自人類集體在實際上支配事物的必然性並使自然人化的結果。莊子所採取的所謂『超越』，恰好是對物的必然性（包括所產生的各種『物役』現象的歷史必然性）的逃避，這當然不可能成功。莊子哲學的確給中國文化和中國民族帶來許多消極影響，它與儒家的『樂天知命』、『守道安貧』、『無可無不可』等等觀念結合起來，對培植逆來順受、自欺欺人、得過且過的奴隸性格起了十分惡劣的作用。」[8]

記得洪子誠說過，李澤厚的觀點在變，卻記不得他怎麼變。李澤厚對于丹的稱讚，讓我豁然——二十年前，他認為的「始終是中國走向工業化、現代化的嚴重障礙」的孔子仁學原型，二十年後，可以變成「慰安人際、穩定社會、健康身心」的妙藥靈丹。二十年前，他認為的「給中國文化和中國民族帶來許多消極影響」並

6 《中國古代思想史論》頁37，北京，人民，1985。
7 《南方週末》2007年3月22日。
8 《中國古代思想史論》頁191。

「起了十分惡劣的作用」的莊子超越哲學；二十年後，可以具有利國利民的「積極功能」。

逃避社會，退回內心，從中尋找人生的出路和答案，不是于丹的發明，是我們的老祖宗人生智慧的結晶。更準確地說，是無數代人在鼻子碰扁之後，總結出來的「無奈真經」。這部「真經」的思想源頭在孔子莊子，其關鍵字就是一個字——「忍」。

我不認為人性之惡之劣是國人的專長特產，但是，我堅信，某些劣根性在中國人身上格外深固，格外突出。比如說這個「忍」，從「唾面自乾」到「難得糊塗」，從「百忍流芳」的鎏金漆匾到「做穩了奴隸的時代」。從閻敬銘的《不氣歌》到石成金的《莫惱歌》，從明代大儒陳白沙的《忍字箴》到清朝名士張公的《百忍歌》……拜託專制皇權和文化傳統之賜，國人不但創立了「忍學」，而且在實踐上也高踞世界各民族之上。

忍，可以養生，可以延年，可以睦鄰，可以齊家，可以慰安人際穩定社會健康身心……忍的好處多多，卻終於有人忍無可忍。於是有了陳勝、吳廣、綠林、赤眉、黃巢、朱元璋、李闖王、洪秀全、孫中山及其無計其數的擁戴者和前仆後繼的昭續者，他們為什麼不向內心尋找幸福，不隨莊子去逍遙遊呢？為什麼最能忍的民族只忍出了一個落後挨打、一窮二白、十年浩劫和後發國家呢？于丹絕不會想到，她在為小資服務的時候，卻把常識當成了垃圾；在向現實暗送秋波的時候，卻大大地得罪了歷史。一個不可迴避的重大問題擺在于丹的製造者、信仰者和鼓吹者面前——要讓一個扭曲、單向、貧富懸殊、有法不依的社會走上和諧大道，靠忍？靠宗教？靠經典的「聖經化」？還是靠全面地深化改革？

## 四、于丹為什麼這樣紅

近來的「紅樓熱」引起我的胡思亂想：設若賈母愛好炒股，為討老太太喜歡，林妹妹發明了一種炒股理論，四處宣講之餘，又著書立說。姨娘、小姐、高級丫頭一干人正鬧得慌，聽林妹妹說炒股的種種好處——如何使人超越名利，如何使人淡泊明志，如何使人進入大境界，馬上群起回應。賈政本想反對，一者出於孝心，二者聽說炒股有利於大觀園內的團結祥和敦睦穩定，也就順水推船，表示支持。儘管薛寶釵妒火中燒，到處嘀咕黛玉的壞話；儘管丫頭、老媽子、焦大一類的下人沒本錢沒功夫也沒炒股的知識。但並無礙大局，一個滿府皆說林妹妹的文化熱潮依舊轟然而起。

這個拙劣的比喻足以揭示一個淺顯的道理——無論何人，要想紅起來，必須上附威權，下順輿情。

九十年代以降，啟蒙幾成絕響，多元歸為一元，大眾文化勃興，消費主義佔據主流，「日常生活走向審美化」（陶東風語）。佔有文化資源的專業人士形成了一個新的社會階層，這一階層以其獨特的身分，與政治、經濟資源的佔有者三分天下，而躋身於「中國十大階層」的第三四位。新中國自己生產的第一批中產階級由此誕生，八十年代的先銳之士所熱情企盼的理想終於變成了現實。然而，這個以小資白領、專業人士和「新型知識分子」為主體的階級並沒有成為推進政治民主、經濟自由和主持社會公正的中堅，卻成了政治冷漠、迴避現實、熱心消費，因此與主流意識形態合流的主力。他們的穿著要追求格調，談吐要富有情趣，生活要講究方式，一言以敝之：「從廣場回到了身體」。[9]當美容、服飾、休閒、旅遊、家庭裝修等外在的消費完成之後，對身體內部的需求就成了當務之急。于丹的心得應運而生，既滿足主流，又滿足中產。大眾文化發現這是個寶貝，馬上撲上來，錄影出書訪談……于丹被綁到了消費／娛樂的戰車上，就是她不想紅，又豈可得乎？

上面說的只是一般原因，于丹走紅還有其特殊性——她站在了中國文化鼻祖的肩膀上，講的是中國人的「聖經」——《論語》。對於生活在禮崩樂壞，道德滑坡，信仰掃地而精神無所皈歸，心理難得安撫的國人來

9 陶東風：《當代中國的文化批評》頁107，北京，北大，2006。

說，這個「聖經」散發著無窮的魅力。而近百年來孔子戲劇性的遭遇——從「大成至聖先師」到「打倒孔家店」，從民國的尊孔奠孔，到文革的「批林批孔」，也吸引了無窮的好奇心。由此可以解釋，為什麼同樣在《百家講壇》上侃侃而談的教授學者們無法像于丹那樣一夜成名。由此也可以斷定，于丹的《莊子》心得沾了孔子的光。

話說回來，如果沒有對於《論語》的創造性轉換，聖人的肩膀是站不上去的。這裡所說的「創造性轉換」，絕非新儒學大師們所主張的以現代化為參照的學理性改造，而是按照大眾文化的標準，將孔、莊低俗化、零碎化、簡單化、實用化。正是這「四化」使于丹把她的心得變成一個集勵志篇、故事會、心理諮詢、人生漫談、思想修養、《讀者文摘》和養生之道之大成的大雜燴。大雜燴固然會吸引相當的讀者，但要把它們調製成中產階級餐桌上佳餚還需要投放「雞精」。這「雞精」不是別的，就是于丹從《論語》和《莊子》中提煉出來的八字真經——「回到內心，回歸本性」。此經一出，馬上受到了上下兩方面的歡迎，上邊覺得這真經可以進行「能量轉換」，省掉了許多麻煩，有助於和諧社會早日降臨；下邊——我指的是新興的中產階級——則更有理由在公共事務面前閉上眼睛。就像哈維爾說的那樣，把能量轉向阻力最小的方面。識時務者為俊傑，俊傑的另一個名字叫犬儒。外部阻礙重重，社會問題多多，從體制到生態，從教育到就業，從房價到看病，從兩極分化到公共品稀缺……當人們無法抗衡、改變、調整外界的時候，最好的辦法就是逃回自己的內心。當人們把「人生不怕百個忍，人生只怕一不忍」；「思前想後忍之方，裝聾作啞忍之準」（《百忍歌》）奉為傳家寶的時候，就會按照趨利避害、避難就易的本能行事。偉大的哲人說：最困難的是戰勝自己。我斗膽補充一句：最容易的也是戰勝自己。

大雜燴的適用面無疑是廣大的，但是，如果沒有高妙的演講技巧——簡單有力的概括和不知疲倦的絮叨，這道菜也不會那麼有滋有味。易中天說，上《百家講壇》除了會講故事之外，還得有天賦。這個天賦是什麼呢？我想起了法國社會心理學家勒龐所說的動員群眾的三大法寶：斷言法、重複法、傳染法。[10]「幸福快樂是一種感覺，與貧富無關，與內心有關」。「逍遙遊」、「大境界」、「超越名利」、「順乎自然」……于丹沒有意識到，當她站在螢幕前，手臂在空中優雅地揮舞，目光清澈而堅定，沒有猶豫，不憚誤讀，「不理睬任何推理和證據」，[11]果斷大膽地闡述著她的心得的時候，勒龐所說的第一個法寶——「斷言法」已經嫻熟地在她的掌握之中了。「一個斷言越是簡單明瞭，證據和證明看上去越貧乏，它就越有威力」。[12]正是這種強人而非學人式的表達，滿足了大眾心理的需要。但是，要想讓斷言深入人心還得不斷重複。于丹的絮絮叨叨無意中暗合了勒龐所說的第二個法寶——「重複法」，「得到斷言的事情，是通過不斷重複才在頭腦中生根，並且這種方式最終能夠使人把它做得到證實的真理接受下來」。[13]最後，在大眾傳媒的共同努力之下，勒龐所說的第三個法寶——「傳染法」發揮了效用，于丹的心得就像病菌一樣具「有了強大的傳染力」。[14]

有人會這樣質問我：「于丹的書印了二百五十萬冊，外埠乃至外國都請她去開講座。這些現象你怎麼解釋？」我的回答是，于丹的心得是對內不對外的，它在私人領域，或者說，在「清官難斷」的事情上會起作用——增益家庭感情，彌合夫妻裂痕，化解鄰里矛盾，改進代際關係，失意者、厭世者會從中得到心理安撫，迷茫者、碰壁者會從中獲得精神慰藉……大千世界，數億之人，清官難斷之事何止二百五十萬！私人領域不諧者

10 《烏合之眾：大眾心理研究》第二卷第三節，北京，中央編譯，2000。
11 同上，頁103。
12 同上。
13 同上。
14 同上，頁104。

何止北京外埠新加坡！明乎此，就不會為于丹的擁躉之眾，粉絲之多而大驚小怪。

群眾者，從眾之謂也。就此言之，群眾是盲目的、喪失理性的人群，是被大眾傳媒玩弄於掌上的木偶，是向希特勒高呼萬歲的「普通法西斯」。所謂「『全民閱讀于丹』，其實是社會轉型時期整體道德焦慮背景下的非理性選擇，是媒體與社會主流意識形態的共謀。」[15]所謂「相信群眾」，「依靠群眾」不過是政治家進行社會動員的策略。所謂「十年浩劫」，實際上是領袖與群眾、上層與下層共同合作的產物。明乎此，就會進一步理解于丹為什麼這樣紅。

我相信于丹的走紅會吸引一些學者湧向《百家講壇》。我也相信，出於自愛，出於惜時，出於對學術的尊重，對低俗的反感，會有更多的學者會遠離電視。葛兆光說得不錯：「媒體是喜歡嘩眾取寵的……如果你在媒體講得不夠嘩眾取寵，它就不會喜歡你……一旦推出一批人，形成一個明顯的風格後，自然將另外一批人拒之門外。」[16]

林妹妹並不在意薛寶釵的不屑、寶哥哥的冷漠、焦大的惡言惡狀。胸懷著大境界，她走出了賈府，走到了外埠，走向了海外。一邊宣講著炒股中的超越、淡泊、大境界，一邊收著大把大把的銀子。偶有餘暇，還要向貼身丫頭紫鵑痛陳內心的痛苦：「人怕出名豬怕壯，自從出名以來，我沒過一天好日子！」

## 五、既打鳴又下蛋

據易中天說，上《百家講壇》得先學會編故事，要做到「三分鐘一個興奮點，五分鐘一個高潮」。以「講

15 解璽璋：《于丹是怎樣煉成的》，載《中國青年報》2007年3月26日。

16 《南方週末》，2007年3月22日。

故事」帶學術的製片策略挽救了這個欄目，兩年前因為收視率倒數第一而面臨下課的《百家講壇》起死回生。活過來的講壇發生了三大變化。第一，方向變了。從百家變成一家。丁肇中、李政道、周思源、龍應台、霍金、比爾‧蓋茲這些片頭人物所代表的學科、範圍和視野成了虛設的招牌。科學沒了，外國沒了，當代沒了，只剩下了「國粹」。第二，講法變了。主講人千方百計地製造戲劇性，一句話可以交待清楚的事情，偏偏要起承轉合，弄出很多玄虛，直至搞成了美國情節劇。第三，內容淺了。無論是高深的經典、複雜的人物，還是遙遠的歷史，統統簡化，民間故事、神話傳說，古人逸事，歷史趣聞成了賣點。不知道別人感覺如何，反正我看這個欄目的時候，常常覺得臺上的要麼變成了蒙學教師，要麼變成了田連元的弟子，台下的則相應地成了黃口小兒或村夫村婦。臺上的唯一任務就是讓台下坐滿，台下的唯一資格就是為臺上的教授學者抱屈——為什麼講臺上不放塊驚堂木。

《百家講壇》的改革彰顯了大眾文化的威力和精髓，它告訴我們，這裡的民族不能承受嚴肅、真實、沉重、深刻、高雅與神聖，這裡的國民只配與消遣、造作、低俗、扭曲、逃避和犬儒為伍。《百家講壇》的新生撥開了文化媒介人假面，他們效力於大眾傳播，卻把社會公器變成了與官商調情的資本；他們以知識分子自居，卻放棄了知識分子的批判職能；「他們沒有多少文化資本，但善於把真正的文化重新包裝倒賣給媒體」；[17]「他們扮演著新的知識文化精英角色，操縱著新的話語霸權，引導著新的生活方式，塑造著關於『幸福生活』的新的定義和神話。」[18]《百家講壇》的選擇揭示了中國媒介「一元體制，二元運作」存在的問題——「一元體制就是指媒介為國家所有制，二元運行就是既要國家撥款，更要利用國家賦予的權利去獲取廣告利潤，而後者已經成為所有媒介的主要收入來源。這種體制下的媒介既要完成現行政治結構所要求完成的意識

---

17 陶東風：《當代中國的文化批評》頁238，北京，北大，2006。

18 同上，頁240。

形態宣傳任務，又要通過廣告等市場經營收入支撐媒介的再生產。簡言之，用國家所有制賦予的政治優勢在市場上獲取經濟收入，又用市場上賺取的經濟收入完成意識形態領域需要完成的政治任務。」[19]

早在十年前，人們就說中國傳媒是「既要打鳴又要下蛋」的「怪雞」。生出這種「怪雞」的正是上述體制。于丹教誨讀者要「天下擔當」。讀者是否可以反問一句：作為影視博士、大學教授、文化媒介人、知識分子，面對著「怪雞」橫行的局面，您擔當了什麼？

大凡發達國家的媒介都分商業和公共兩種，前者走市場，後者非贏利。美國七十年代創立的有線衛星公共事務電視網，兩個頻道二十四小時播出。經費來源為政府資助、各種基金會捐贈、企業資助（非廣告方式）等。所播多為教育性節目，如各種紀錄片（包括科學、風土、文化、社會等內容）、嚴肅音樂、兒童教育等。其「任務就是將電視業中的強調娛樂的風氣轉變為強調資訊和教育，向受眾提供更多的瞭解政府行為的機會和渠道，讓受眾看到政治程式以及政府活動的全過程，從而最終讓受眾形成自己對公共事務的看法和觀點。」[20]

中國有三個公益出版社，卻沒有一個公益電視臺；中國有數千萬文化人，其所納之稅卻養不起一個嚴肅文化的欄目；我們天天高喊與國際接軌，卻獨獨自外於普世性體制。我們念茲在茲於大國的崛起，卻抽掉了崛起的思想文化根基。經過近十年的折騰，我們才認識到醫療、教育不能完全推向市場。還要經過多少年，我們才會認識到，作為社會公器的大眾傳媒不能全部淪為唯利是求的工具？

二〇〇七年四月十日，有關部門發文，要求電視臺抵制低俗文化，不要唯收視率是求。諷刺的是，正是同一個機構授予了《百家講壇》二〇〇六年度的最佳製片、最佳人文節目兩個大獎。以「科學教育」命名的頻

19　（網文）胡正榮：《媒介尋租、產業整合與媒介資本化過程-對我國媒介制度變遷的分析》。

20　（網文）胡正榮：《競爭·整合·發展——當代美國廣播電視市場、產業及其走向》上。

道，卻沒有科學的影子；號稱「百家講壇」的欄目整天翻閱的卻是自家的陳年老賬；為中產小資特製的「心靈雞湯」卻得了最佳人文獎。

事已至此，夫復何言！

# 記憶的理由——《人以什麼理由來記憶》讀書札記

我心目中的好書是「三有」：有思想有知識有現實意義。用這個充滿偏見的尺子去衡量近三十年出的書，就會得出這樣的結論：八十年代的書可以說是「三有」，九十年代是一有二無（有知識無思想無現實意義），新世紀的書乾脆「三無」。如果有哪位讀書人問我從「三有」變成「三無」的原因，我就請他自己掌嘴。為什麼？因為他明知故問。當然，這一結論，說的是主流，掛萬漏一勢所難免。比方說，徐賁的這本書，就是當今之世偶爾出現的「三有」。

徐賁估計，此書只有幾百個讀者。這種悲觀情緒要不得，他應該看到成績，看到光明，首先為「偶爾」浮一大白。然後為拙文再浮一白。

## 一、存在主義

這本書讓我納悶：為什麼喜歡急轉彎——當你津津有味地看了序言，很為馬格利特的記憶理論嘆服的時候，作者來了個急轉彎，把馬格利特甩到一邊，大講特講存在主義。當你剛剛與阿倫特、雅斯貝爾斯、加繆、薩特、哈維爾混熟，作者故伎重演，又來了個急轉彎，把存在主義甩到一邊，回過頭來大談記憶。這兩次急轉彎都因為存在主義。我不明白，以徐賁之學問人品，用不著像某些著名或非著名的教授那樣，往書裡摻水。那麼，為什麼在這本標名「記憶」的書中，偏偏要塞進老掉牙的存在主義？

這個疑問使我細細地拜讀了此書的第一輯「政治與存在主義」。我發現，作者之所以要請出阿倫特等人，其實是「為了打鬼，借助鍾馗」。鬼，就是極權。「鍾馗」就是阿倫特等五位存在主義的研究者或信奉者。而在這五位「打鬼」英雄之中，作者最屬意的是阿倫特。

作為研究極權的先驅和權威，阿倫特是「打鬼」的第一人，她對「打鬼」事業的貢獻迄今還無人企及。由此，我們可以理解，為什麼作者為這位納粹大屠殺的倖存者不惜筆墨，幾乎將第一輯一半的篇幅給了這位德國的猶太女性——他要把極權研究中最重要最菁華的思想成果傳遞給讀者。

阿倫特指出，極權意識形態的主要特徵，就是企圖用放之四海而皆準的主義，或者絕對正確的思想來統一人們的頭腦。儘管億萬頭腦確實被統一過，也確實為這主義或那思想發過瘋。但是，阿倫特告訴人們，那只是騙局，只是假像——天下沒有絕對正確的思想，真正的思想是個人的獨立思想。「所謂通曉一切，戰無不勝的領袖思想，不但不是思想的最高體現，而且是人的思想的天敵，是以思想為名的思想殺手。」（三六頁）這種思想殺手用意識形態代替政治，製造了一個單一的、封閉的概念體系。這一體系宣稱，「它思想的邏輯已經把握了整個歷史的秘密，包括隱晦不明的過去，錯綜複雜的當今和不可確定的未來。」（三六頁）如此全知全能的思想一旦在槍桿子的幫助下發作起來，就會像藍藻引發的「綠潮」一樣，吞噬異類，浮沫萬頃，複蓋水面，污染江海，窒息水中的一切生物。那時，人類的多元經驗沒了，個人思想沒了，自由之精神，獨立之思想泡了湯，服裝成了青一色，說話不是語錄就是標語口號，文藝作品都成了「三突出」、「高大全」……

有什麼樣的意識形態，就有什麼樣的制度。哈維爾把極權制度比作「一頭怪獸，它不但不受人的指引，而是拖曳著每個人……沿著脫離全部人類尺度、包括人類理性，因而成為徹底非理性——奔向一個可怕的、未知的將來。」（《政治與良心》，哈維爾文集，一三〇頁）阿倫特看得更明白透徹：極權制度最顯著的功業就是改造人——「把人異化成為無思想，無判斷的作惡工具。」「在極權制度下，不必是惡魔，任何一個平常的人都可能成為劊子手。在極權統治下，加害者和被害者並沒有必然的本質的差別。任何人都可能無端地成為暴力殘害的對象，任何人也都可能成為兇殘狠毒的打手。誰在極權制度中『盡忠職守』，誰就註定不再能分辨對錯，不再能察覺自己行為的邪惡。他只是按照上級的指示辦事，不需要，也確實沒有個人感情、思想和悔意。」（三一頁）這一思想在《極權主義的起源》一書中說得更簡潔：極權之下，無清白者。

經過文革的人，對此恐怕有深切的體會。

問題是，面對著如此全知全能、兇殘狠毒的傢伙，該怎樣辦？

阿倫特告訴人們：在極權統治之下，唯一能夠與之對抗的是存在主義，是拋棄了上帝和宿命，強調反抗與責任，鼓吹自由選擇的存在主義。並非存在主義者的阿倫特，從德、法存在主義大家的理論武庫中找到了唯一可用的武器——思想。

你或許要問：思想？為什麼是思想？思想能幹什麼？一個或幾個，哪怕是一群人，像羅丹雕塑的「思想者」那樣，低著頭，托著下巴，坐在角落裡想心事，就能反抗屠猶，反抗古拉格，反抗四人幫嗎？

好，問得好。思想，不管是什麼樣的思想，只要在極權盛行之時，只要它不是產生在希特勒、史達林、四人幫的腦袋裡，就都等於虛無。是的，這是一個沒有殺傷力的武器，一個沒有辦法的辦法，一個痛苦無奈的選擇。

然而，阿倫特會反問你：如果閣下不幸成為夾邊溝、古格拉或奧爾維辛中的一員，您是願意做一個只會哼哼的待宰之「豬」，還是願意做一個有思想有感情的人？我相信，絕大多數人都會選擇後者。有思想才會有判斷，有判斷才會有良心。思想是良知之父，思想是判斷之母。思想，是邊緣人、異見者和一切被侮辱被傷害的人在失去話語權時的精神支柱，是受難者、「階級敵人」和一切社會賤民、「黑五類」身處「極限境遇」時的最後防線。極權可以剝奪你的一切，包括你的生命，但不能剝奪你的思想。薩特有言：「人是自由的，懦夫使自己懦弱，英雄把自己變成英雄。」

堅持思想，就是堅持真實。作者告訴我們：「思想的最基本的意義就是每一個人和他自己真實地對話，只有在這個基礎上，人和人之間才能真實地對話。」「即使在公開拒絕極權謊言不再可能的時候，個人思想仍然可以通過堅持最基本形式的真實，一種完全隱私的真實，而成為抵抗極權邪惡的最後一道防線。」（四五頁）無論在極權還是後極權時代，「哪怕是最微弱的個人聲音，當它對強大、蠻橫、無所不及的權力說『不』時，它也能成為政治自由的體現。」（四五頁）

或許，你又要問：這種思想是什麼樣的？它跟別的思想有什麼不同？

阿倫特的回答清晰而堅定：在極權統治中，這種思想首先是賤民的思想。換句話說，在賤民之中最容易產生這種思想。它與順民的思想有三點不同，第一，它是個體的，是自我的，是從自己的頭腦裡產生的。而不像順民的那樣，是群體的、政府的、國家的，是從電視臺或報刊上聽來的看到的。第二，它是獨立的，是運用自己的經驗和知識，通過自己的心靈醒悟的，而不像順民的那樣，是依附的，隨大流的，人云亦云的。第三，它是邊緣的，地下的，非主流的。而不是像順民的那樣，招搖於市，閃亮登場，一家講壇，萬眾景仰；鮮花掌聲獎盃採訪，磅礴萬里如虎似狼。

展讀至此，怪念頭紛至遝來：《青松嶺》中的車倌錢廣，鼓動鄉親們上山摔蓁子到集市上賣錢；《金光大道》中的村長張金發，號召村民們買牲口置地，走發家致富之路；其思想主張因為個體、獨立、非主流，被口誅筆伐了三十年。張金發成了公開的走資派，錢廣成了暗藏的反革命。此二位理所當然淪為時代的「賤民」。可是，三十年之後呢？

由銀幕回到現實，聶元梓，第一張馬列主義大字報的作者之一，毛澤東堅決支持的革命左派，其思想理念，曾幾何時是左派中的左派，是主流中的主流。可是，紅火熱鬧了十年，現在呢？

由現在想到了歷史，明亡之後，顧亭林遍遊華北，王夫之竄身瑤洞，黃宗羲隱居故里，三人出沒窮鄉，甘居草野，潛心著述，垂數十年。其巨著宏篇——《日知錄》、《船山遺書》和《明儒學案》等跟它們的創造者一樣，蟄伏地下，甘居邊緣。然而，三百年之後，此三人成了三大家，其思想學說成了顯學。

由中國想到蘇聯，想到功勳作家巴巴耶夫斯基。上個世紀四十年代，史達林強迫推行集體農莊，把農村弄得顆粒無收，哀鴻遍野。赫魯雪夫在回憶錄中告訴人們，在烏克蘭，易子而食已經不是新鮮事。而這位巴巴同志寫出的長達八十萬字的小說——《金星英雄》及續集《光明普照大地》，把集體農莊說成了一朵花。它理所當然地獲得了史達林文學一等獎，作者則被欽定為最高蘇維埃代表。巴巴同志一時名滿天下，享盡富貴榮華。

然而，翻譯家藍英年發現，這部文學「經典」，早已被人遺忘——俄羅斯圖書館裡找不到這兩部書。就是在中國，在人人狂讀蘇聯文學的五十年代，也沒人待見——藍先生從北師大圖書館借來了這兩部書的中譯本，書後的期限表顯示，半個世紀只有一個讀者，「因為沒人讀得下去。」[1]上述怪念頭都可以為阿倫特做個補充——極權時代的主流，與其統治一樣註定是短命的。反之，極權時代的非主流則會生命長久。「地下」會成為「地上」，邊緣將佔據中心。

其實，用不著繞這麼大的彎子，阿倫特本人的沉浮榮辱最有說服力。

## 二、制度之惡

近兩年，我一直在採訪老電影人。所有的被訪者，無論是編導演，還是處局長，在當年的政治運動中都挨

1 藍英年：《歷史的喘息》，中央編譯出版社，2005年，第52頁。

過整也都整過別人。談到這種彼此互整的時候，我總忍不住問他們一個很蠢的問題：「為什麼你們會彼此上綱上線到那麼離奇的地步？你們相信扣在對方頭上的帽子嗎？」受訪者往往這樣回答我：「那時候，不上綱上線就過不了關。你給別人扣的帽子越大，才越說明你進步。」

一些老電影人把他們撰寫的回憶錄送給我，其中文先生的回憶錄最有史料價值——書後附錄了五七年反右時七次批判會的發言記錄。在這些批判者中，有不少是我敬重的老前輩。於是我又冒了傻氣，問文先生：「您改正之後回到了原單位，當年那些整您的人給您道過歉嗎？」文先生告訴我：「人家幹嘛要道歉？是組織讓他們幹的。要是換了我，我也不會道歉！」

這些老電影人給我留下兩個疑問，第一，是什麼力量使人們為了過關，為了進步說謊？第二，組織是個什麼東西？為什麼它能把人弄得失去常識和理性？

徐賁在書裡講了一九六一年美國社會心理學家米爾葛蘭的一個著名實驗，這個實驗至少給我提供了一半答案。

實驗分幾個步驟。第一步，海招參與者前來耶魯大學協助一「科學實驗」。年齡從二十到五十，教育從小學到博士。第二步，主持方告訴選定的四十名參考者，這是一項關於「體罰對於學習行為的效用的實驗」。招來的人將作為「老師」，教導隔壁房間的「學生」。師生分處兩個房間，彼此看不見對方，但能聽到相互的聲音。第三步，主持方給老師發了考試卷，並宣佈實驗規則：他們每個人的手邊都有一個電擊控制器，這控制器分十個檔次，最低是四十五伏，最高是四百五十伏。這控制器一端與發電機聯接，另一端與隔壁「學生」的身體聯接。如果「學生」答錯了「老師」的題，「老師」可以按下控制器的鈕鍵給予處罰，按到多少檔，隨你的便。第四步，在實驗過程中，如果「老師」想停止實驗，主持方就會按下列順序提示他：「請繼續。」「這個實驗需要你繼續進行，請繼續。」「你繼續進行是必要的。」「你沒有選擇，你必須繼續。」如果經過四次反覆的慫恿之後，「老師」還是不想幹下去了，那麼他就可以退出，實驗便會停止。否則，實驗就會繼續進行，直到「老師」施加的懲罰電流提升到致命的四五〇伏特，並持續三次之後，實驗才會停止。（三〇八——三〇九頁）

事實上，「學生」是由實驗人員假冒的。「老師」按下鈕鍵，以為學生會真的遭到電擊，這也是假的——「在隔壁房間裡，由實驗人員所假冒的學生打開答錄機，答錄機會搭配著發電機的動作而播放預先錄製的尖叫聲，隨著電擊伏特數提升也會有更為驚人的尖叫聲。當瓦特數提升到一定程度後，假冒的學生會開始敲打牆壁，而在敲打牆壁數次後則會開始抱怨他患有心臟疾病。接下來當瓦特數繼續提升一定程度後，學生將會突然保持沉默，停止作答、並停止尖叫和其他反應。」（三〇九頁）

在進行實驗之前，米爾葛蘭和他的同事們估計，能下狠心按下四百五十伏的將只是少數人，十分之一甚至百分之一。實驗結果讓他們大吃一驚——第一次實驗就有六十五％（四十人中超過二十七人）的參與者有如此心腸。後來心理學家們又做了許多類似的實驗，都得到了類似的結果。

從這個實驗中，米爾葛蘭得出了與阿倫特的「平庸之惡」相類的結論：「人性，或者說得更準確一些，也就是美國民主社會所培養的那種性格，在權威下達惡意命令時，無法讓公民不做出殘忍和非人的行為來。只要以為命令來自合法的權威，就有相當多的人會按命令去行事。他們不會顧及行為的內容，也不會受到良心的制約。」由此，米爾葛蘭提出，在合適的條件下「組織化的社會環境」對人會產生相當深刻的影響。簡單地說，就是在壞的制度下，好人同樣會作惡。

米爾葛蘭的這個實驗告訴我，使人們為了過關，為了進步而說謊的力量就是他說的「組織化的社會環境」。它使兒女檢舉父母，使學生揭發老師，使夫妻互相監視，使朋友形同陌路，使同事成為仇敵。而製造這一「組織化的社會環境」的是制度，是制度使作惡者問心無愧，讓人們白日見鬼，把人們弄得失去了常識和理性。

米爾葛簾的實驗是一九六一年做的，二十年後，鄧小平從親身經歷中認識了同樣的道理：「制度好可以使壞人無法任意橫行，制度不好可以使好人無法充分做好事，甚至會走向反面。」[2]

## 三、理想殺人

在採訪中，一位年逾八旬的老電影史家告訴我，為了揭示極左思潮對電影的摧殘，他在撰寫十七年電影史的時候努力挖掘影片中少得可憐的人情、人性、人道主義。這番苦心讓我感動，也讓我好笑——那些東西用不著挖掘，四十多年前，大陸傳媒就已經把它們放大千萬倍地揭發出來，不但暴露於光天化日之下，而且批得體無完膚。一九五一年批《武訓傳》，五二年批《我這一輩子》、《我們夫婦之間》等民營影片，五四年批《清宮秘史》，五七年批《花好月圓》、《新局長到來之前》、《未完成的喜劇》等右派拍的電影，一九五八年拔白旗，《青春的腳步》等二十四部電影成了毒草；六四年批《早春二月》、《林家鋪子》、《不夜城》、《北國江南》，六五年，在召開部隊文藝工作座談會之前，江青橫掃殘存的影片……。

所以，我跟那位老先生說，真正有補於世道人心的研究是向相反的方向挖掘——既然整整一代人是吃「狼奶」長大的。那麼，今日學界的首要責任，就是告訴人們這「狼奶」的成分和來路。一個無須論證的事實是，這「狼奶」來自於十七年的上層建築。因此，檢測十七年文藝中有哪些非人性、反人道的病毒，弄明白這些病毒是怎樣混跡於階級鬥爭、愛國主義、革命英雄主義、集體主義、大公無私等理念之中，怎樣以革命的名義侵

---

2 《黨和國家領導制度的改革》，1980年8月18日.

入我們的心靈和頭腦才是當務之急。

我的這一想法，在徐賁的書中找到了支持。

在講述了米爾葛蘭的實驗之後，徐賁又介紹了另一位美國心理學家贊巴杜的研究成果——權威引誘普通人作惡的十大方略：

1.營造束縛性的契約關係。預先設計好某種契約或義務形式（口頭的或者書面的），使得指示具有合理性和合法性。米爾葛蘭實驗中，參加者正式同意「教學研究」的方式和程序。在現實世界中，契約形式便是入組織的宣誓、保證服從上級等等。

2.設計「有意義」的角色。讓參與者可以扮演某種有意義的角色，如米爾葛蘭實驗中的「教師」。這一角色具有某種先入為主的正面價值和自然行為模式。「教師」教「學生」、「體罰是為學生好」、「嚴格訓練是一種關心」等等。在現實世界中，領袖站得高，看得遠，迫害是一種幫助和愛護，等等。

3.制定保證服從的基本規則：實驗規則或者組織紀律。

4.裝飾起冠冕堂皇的說辭。使用委婉語，以好聽的詞語來稱呼行為和行為者。例如，稱實驗的行為是「幫助實驗」，而不是「傷害他者」。現實生活中的廣告和政治語言中充滿了這種委婉語。

5.預留推卸責任的後路。給參與者留下不必承擔個人責任的後路。米爾葛蘭實驗中，如果「教師」提出問題，主導實驗者就會說「由我負責。」在現實世界裡，上級說了算，群眾緊跟就是正確。

6.誘人步步陷入。以看似傷害不大的行為來開始，讓參與者一步步地陷進去。實驗從無害的低伏電擊開始，一步步引向致命的四五〇伏。

7.加害程度逐漸加強，不知不覺地一點一點增加。

8.悄悄從「正」轉「邪」。權威者開始時須顯得公正、合理，以後便變得不公正和非理性便不易被察覺。

領袖以英明開始，以作惡告終。人們一般以為，權威總是永遠正確，不會自相矛盾，所以他們不會深度懷疑權威。

9.高築有進無退的門檻，不讓參與者有退出的機會；一面強調退出的嚴重後果，一面允許參與者少許表現不同意見。在堅持服從的同時讓參與者有舒緩壓力的間隙。

10.強調宏大的高尚理想。以「宏大謊言」為合理後盾，強調行為的最終高尚目的。米爾葛蘭實驗的表現理由是：科學在適度運用體罰的情況下可以增進人的記憶力。在現實世界中，有各種「掩護性的宏大話語」可以用來要求為美好目標作出個人犧牲，如「國家安全」、「實現某某主義」、「將某某鬥爭進行到底」等等。（三一五—三一六頁）

雖然這十大方略的內容有交叉有重複（如第四條和第十條，第六第七和第八條）。但這絲毫不會減小其啟人心智的功能。而這種功能至少有一半出自於作者的解說。這種解說往往隱現於「在現實世界中」，「現實生活裡」等詞語的後面，作者關心國疾民瘼的良苦用心於此可窺見一斑。我所說的好書的標誌之一：現實意義，就在這解說之中。

我給這「十大方略」起了個極俗的名字——「黃金十條」。說它黃金，是因為其中的每一條都有深長的啟蒙意義，都有巨大的闡釋空間，都與中國的現實血肉相關，都會引起讀者的豐富聯想。這其中最有價值最耐人尋思的是第十條——生活在毛澤東時代的國人有誰不曾受到「宏大的高尚理想」的蠱惑和危害？當年的作惡者，從奉命劃定右派的幹部到抄家打人的紅衛兵，從爭放衛星的領導到為毛澤東抬轎子吹喇叭的中央大員，有幾位事先不是用「高尚理想」說事，事後不是用「宏大謊言」開脫？

有人說，蔣介石是小流氓，毛澤東是大流氓，並以此立論來解釋毛澤東，解釋中國革命。我不認同這種簡單化、漫畫化的說法。毛有流氓的一面，且其流氓性遠遠大於他的對手蔣委員長。但是，支配他放棄新民主主義，搞人民公社，搞大躍進，搞文革的主要動力來自於「高尚理想」。在他看來，只要能達到這個目的，使用任何手段都是合理的，都是道德的。換句話說，在毛的眼裡，死人是進入理想之境的門票。冤殺幾百萬，餓死幾千萬，迫害幾萬萬，是建立人間天國必須付出的代價。在這個偉大的歷史功業面前，人命是無足輕重的，道德是無須顧及的。他可以為白蛇與許仙的愛情悲劇而悄然動容，可以為一個窮孩子挨餓而涔然淚下。他也可以將億萬冤魂從記憶中輕輕抹去，就像吹散指間香煙冒出的縷縷煙霧。

曾有一位當年的右派對我直抒胸臆：「毛澤東說他是馬克思＋秦始皇。錯！我看他是史達林＋秦始皇！」此言不假，儘管毛澤東對史達林頗多怨艾，但是，在用「宏大謊言」的自欺欺人上，毛仍是史達林的好學生。「為幾億人的幸福，幾十萬具屍體是值得付出的代價。」（一三八頁）這是史達林主義者在濫殺無辜時的典型表述。

將青蛙放在冷水裡，慢慢加熱，青蛙會在不知不覺之中被煮死。十七年就是不斷加溫的過程，所謂「誘人步步陷入」、「加害程度逐漸加強」、「悄悄從『正』轉『邪』」說的是同樣的道理。從《講話》到《紀要》，從《新民主主義論》到「不斷革命論」正是這一過程的理論表述。過去我們只知道理學殺人。現在我們知道了，理想也可以殺人。「被賣了還幫人家數錢」——被殺的人至死還在捍衛那害死了他們的理想。

## 四、極權語言

八十年代中期，我對文革的語言很發生了一陣興趣，弄了個本子，專門記心得筆記。現在是否能找到這個本子，我沒有把握。但有些心得還記得。比如，我發現，文革語言大都與戰爭有關。同志變成了「戰友」，工作成了「戰鬥」，「要文鬥，不要武鬥」，反正離不開「鬥」。鬥的雙方都是「不獲全勝，誓不收兵」。戰爭離不開死，所以來不來就拿死說事，比如「誓死捍衛」、「一不怕苦二不怕死」，「活著幹，死了算。」看來，毛澤東把「宋彬彬」改成「宋要武」頗具革命漢語的象徵意義。其次，文革語言多是兩極化的對立性表達：革命／反動，紅／黑，造反／保守。「徹底」、「一切」、「根本」一類絕對化的形容詞大行其道。當時使用頻率最高的是形容詞是「永遠」。使用頻率最高的副詞是「最」，一九六八年三月二十八日，《烏蘭察布日報》發表了內蒙古自治區職工學習毛澤東思想代表大會寫給林副主席的決心書。此書不足一千字，用了十三個「永遠」——「永遠向您學習」、「永遠永遠健康」等，四十五個「最」——「最理想的接班人」、「最好的副統帥」、「最全面、最正確、最科學地評價」、「最精闢、最系統地闡述」、「最靈活、最富於創造性地運用」等等。不知道這種用法算不算是文革之最。如此一來，中性的表意辭彙極度萎縮，以至於從某些紙媒上完全消失。第三，語言的嚴重粗鄙化和野蠻化。罵人成了革命的標誌，「滾他媽的蛋」寫進了紅衛兵戰歌。污辱性的語言無處不在：「害人蟲」、「小爬蟲」、「砸爛狗頭」等等不一而足。老兵沒落期，流氓的黑話也成了他們的語言，「刷夜」、「拍婆子」……。

語言是思維的物質形式。思維的改變，從語言開始。思維的深廣，情感的豐富多彩，同樣依賴於語言。一律灰藍中山式，辨不了服裝展銷。枯乾無味、野蠻絕對的語言也沒法表達深刻複雜的感情和思想。

九十年代末，讀了奧威爾的《一九八四》，對作者驚人的洞察力又驚又喜又佩服。我從文革語言中歸納出來的一點可憐的東西，早在半個世紀前，就被奧威爾預見到了——此書的第五章中有這樣一個情節：大洋國真理部幹部溫斯頓到食堂吃午飯，碰到了他的朋友塞姆。塞姆在研究司工作，是位語言學家，是大洋國製造「新話」方面的專家，正在編撰第十一版的《新話詞典》。這位身材矮小、眼睛大而暴突的傢伙一邊吃飯一邊不無炫耀地談起他正在從事的偉大事業：「我們正在讓語言最終定型……你以為我們的主要工作是創造新詞，可是根本不沾邊，我們在消滅單詞——幾十個幾百個地消滅，我們把語言剔得只剩下骨頭。……消滅單詞是件很美妙的事，當然，動詞和形容詞裡的多餘詞最多，不過名詞裡也有幾百個可以去掉。」

溫斯頓對消滅單詞的好處缺乏足夠的認識，所以當他被告知，新話是世界上唯一一種辭彙總量在日趨縮小的語言時，他不便表示臧否，只能胡亂笑笑。塞姆只好繼續開導他：「你難道看不出新話的全部目標就是窄化思想範圍嗎？到了最後，我們將會讓思想罪變得完全不可能再犯，因為沒有單詞可以表達它……年復一年，辭彙量一直越來越小，意識的範圍越來越窄。當然，即使是現在，也沒有什麼理由或者藉口去犯思想罪，這是個自律和現實控制的問題。但是到了最後，就連這點也沒必要。語言變得完美時，革命就算完成了。」

確實，革命不但「完美」了漢語，也澤披了德文——徐賁告訴我們，同樣的災難也發生在德國。二戰後，一位僥倖逃脫了大屠殺的大學教授，德國猶太人克萊普勒，根據在納粹統治期間偷偷寫下關於日常生活語言的筆記，寫了《第三帝國語言》一書。克萊普勒看到：「希特勒、戈培爾和納粹其他領導人所使用的語言並不僅僅是呈現在意識層次上的辭彙、概念和說法，而且更是一種在下意識層次誘導和左右普通人思維的毒質話語。這種帝國語言像是很小劑量的砒霜，在不知不覺毒殺人自發獨立的思想能力。例如，納粹語言在提到人的時候，用的總是沒有個人面孔的集體稱呼：『猶太人』、『德國人』、『敵人』（『人民群眾』、『階級敵人』、『當一顆螺絲釘』）。這種語言總是將它排斥的人群非人化，『猶太害蟲』（『要掃除一切害蟲，全無敵』、『牛鬼蛇神』）。這種語言總有一種根深蒂固的狂熱，總是使用最高的極端語式（『巨大成就、『偉大勝利』、『就是好！就是好』）。」（二七〇頁）

克萊普勒發現：「納粹語言發展出一整套能適用於各種場合的套話，報導時事、攻擊敵人、效忠領袖、熱愛祖國、人民團結、表揚先進、檢討錯誤、開場白、祝賀詞，甚至連死人的悼詞也不例外。」（二七〇頁）一旦納粹語言麻痹了普通人的自覺意識，「那套籠罩他們日常生活的語言便會成為他們思想的自動表述。」更可怕的是，納粹語言不但毒害了納粹的信奉者、追隨者，而且毒害了反對納粹的人，包括他自己。他反躬自問：

「我自己不就是用『德國人』、『法國人』（這種有群無人的概念）來思想的嗎？我也忽視過這些人群中的內在差別。我自己不是也曾躲在學院裡面，避免涉及政治，享受著一種奢侈而自我中心的（學問）嗎？」想到了當時的知識界，克萊普勒不能不悲從中來：「為什麼知識分子和大學教授就不能比一般的老百姓更清醒地意識到極權語言的毒害？」「那些受過教育的人們，怎麼就能這麼背叛自己的全部教育和人性？」他想到了納粹時期的「文化批評」：這種「把自己與現實政治分割開來的」，「有名無實、裝模作樣的『批評』簡直是思想的恥辱。」（二七一頁）

克萊普勒所說的恥辱，作者同樣感同身受——上述括弧中的文字，除了頁碼之外，都來自於徐賁。他用語言的同質性，提示我們去思考文革與納粹的關係。這些極有針對性的文字，使我覺得他搬給國人的已經不是「他山之石」，而簡直是他山之玉。換句話說，克萊普勒的發現可以直接為我們研究文革語言所用。此書一九四七年在德國出版，五三年後的二〇〇〇年被譯成英文在倫敦問世。其英文書名是The Language of the Third Reich。我希望國家圖書館採購部將此書納入書單，希望有心人將它譯成中文，希望審查機構為其高抬貴手。

# 「思痛者」與「思痛文學」——當代文化的另類記憶

## 一、思痛者：受難、受害與加害

一九九八年，韋君宜出了一本書——《思痛錄》。其「緣起」說：「『四人幫』垮臺之後，許多人痛定思痛，忍不住提起筆來，寫自己遭冤的歷史，也有寫痛史的，也有寫可笑的荒唐史的，也有以嚴肅姿態寫歷史的，也有從一九五七年開始的，也有從胡風案開始的，想壓也壓不住。」

這段話，把「思痛文學」的宗旨、內容、體裁樣式、作者狀況以及其蓬勃發展之勢都說到了。

納粹的大屠殺、蘇聯的大清洗製造了巨大的人道災難，其倖存者對這一災難的記述成為「倖存者文學」。「思痛者」也是人道災難的承受者，但是，「思痛者」與「倖存者」不同，中國特色的人道災難賦予他們更多、更複雜的屬性。北影文學部的離休幹部，當年的右派陳瑞晴說得好：「我國的特徵：大量的不是採取逮捕和人身消滅，而是精神的整肅——人人習慣了檢討、揭發、批判、認罪、告密、鬥爭會、徹底服罪……」[1]

眾所周知，一九四九年以來的政治運動，總是與大規模的人身迫害形影相隨，這些運動的目的是清洗隊伍和改造思想，其主要方式是發動群眾揭發批判、人人過關、檢查認罪。其結果是將被清洗者分不同等級予以處

---

[1] 《只有雲雀知道你》頁2，北京，文化藝術，2007。

理。除了目的、方式和結果的不同之外，「思痛者」與「倖存者」最大的不同還在於，「思痛者」常常集受害與加害於一身，作為「左毒」的信奉者，他們大多也曾施害於人。

## 二、思痛文學：非虛構與另類記憶

「思痛文學」不是虛構性的詩歌、散文和小說，而是以回憶錄和史傳散文為主體的紀實文學。這是「思痛文學」在美學上的基本屬性。

每一個正常的人都有傾訴的願望，蒙冤受屈者更需要通過傾訴以緩解壓力。然而，對於「思痛者」來說，這種講述是極其痛苦的。劉衡有言：「長歌當哭，是必須在痛定之後的。我要寫出自己二十多年來不是人過的日子，對於災難的記憶，是一場更大的災難，對於痛苦的反芻，是一場更大的痛苦。回憶一次等於撕心裂肺脫層皮，我的經歷對我刻骨銘心，是一串串長在我心上的肉，摘下來一塊就要流下一灘血。」[2]這是所有「思痛者」在寫作時的共同感受。

如果傾訴得到的不是心情的改善，而是痛苦的折磨，那麼，自我保護的本能就會使大多數人保持沉默。可是，我們眼前的事實是：在無名無利，連國內出版都沒有指望的情況下，仍然有越來越多的人加入了「思痛者」的隊伍。是一種什麼樣的力量推動著他們，使之寧願去重溫那撕心裂肺之痛呢？是留下真實的願望。

---

2 《直立行走的水》，頁230，自印書。

如果說「倖存者文學」的意義和價值在於它真實地保存了人道災難的記憶，那麼，「思痛文學」則在保存這一記憶之外，還為思想史、文化史、文藝史、新聞史提供了大量珍貴的資料，而文學家們嘔心瀝血構思的故事細節和人物心理在這類文字面前往往相形見絀。

童話給我們講述了一位北京退休女醫生的死——

當紅衛兵湧進她的宅院時，她攔住他們問：「憑的是哪條哪款法律？」紅衛兵一下子怒火萬丈，揮著皮帶命令她在廊前下跪。她丈夫乖乖跪下，被她盛怒下踢了一腳。她挺著脖子喊：「我是協和醫院戴大紅花退休的醫生，是自食其力的醫生！」紅衛兵一陣暴打把她摁倒在地，她還大喊：「你們無法無天！」她是醫生，平日既會保養又懂得鍛煉，雖然六十多歲但身體相當健康，紅衛兵邊鬥邊打折騰了小半夜，其實並沒有致命地傷著她。天明時，她從住宅裡溜了出來，滲血的衣服貼在後背上，她想去大華影院旁的德昌厚食品店照常喝牛奶吃點心，但是剛跨進食品店就被巡邏的紅衛兵發現，追來的紅衛兵也趕到了，他們把她拖了出去，紅衛兵一邊打她一面向過路行人宣傳她是怎樣的壞人，於是過路行人也有上手打的。她死於米市大街路邊。[3]

紅衛兵來這裡抄家打人，是因為這位醫生的丈夫是前國民黨官員。而她遭至毒打，是因為在美國受到的法治教育。她的道德意識不允許她向暴徒屈膝，盛怒之下，她踢了不爭氣的丈夫一腳。這一腳使一個剛烈女性的形象躍然紙上。而最令人驚異的是，在被打得遍體鱗傷之後，她居然還不願暫時放棄長期形成的生活習慣：早

---

[3]《「壞人」之死——1966年紀事》，載《童話自選文集》自印書，2009。

餐喝牛奶吃點心，一大清早就穿著滲血的衣服去食品店。這個頑固堅持「資產階級生活方式」的女性，就這樣慘死於紅衛兵和路人的拳腳之下。

沈蓉談到這樣一件事：一九六一年六月一日康生在全國文藝工作座談會上提倡演舊戲，尤其是《花田錯》、《十八扯》一類的「三小戲」（小生、小旦、小丑的戲）。康生的講話被整理成文，作為學習的檔存在了電影局。到了一九六三年，毛的批示下來，康生馬上變臉，一九六四年京劇匯演，康生在會上又大批舊戲、「三小戲」。作者的點睛之筆在下面——

> 司徒慧敏到電影局來，他說，一九六一年電影創作會議的檔案材料千萬不能拿出來！看不得！大家心裡都明白他這句話的意思：那裡面有康生提倡演舊戲、三小戲的講話。奇怪的是我們大家，包括司徒在內，雖然都清清楚楚看到康生兩面派的嘴臉，但是，竟沒有一個人敢於把他過去的那些話拿出來問他一問。[4]

康生的投機在很多書裡都寫過，沈蓉的貢獻在於黨內的反應——司徒慧敏，這位老黨員、老專家、老幹部（時任電影局副局長），非但不向組織反映康生惡劣的政治道德，反而阻止人們去問、去想。而當時竟也沒有一個黨員、幹部對這一作法提出質疑。這個細節說明很多問題。

司徒慧敏的表現讓我想起了劉少奇、周恩來、鄧小平、朱德、彭真等人在毛澤東主持清洗羅瑞卿時的類似表現。《毛澤東最後的革命》的作者對此有這樣一段評說：「這個案子針對的是一位佩帶四個將星的長征老戰士，依據的只是一位上校（引者注：指葉群）的脆弱的證詞，……她的軍銜也許只歸因是元帥的妻子。如果有

---

4 《紅色記憶》頁129，北京，十月文藝，2005。

一個理想的狀況，讓在場的與此無關的政治局常委們——劉少奇、周恩來、人大委員長朱德元帥、鄧小平團結起來，再加上彭真（即使級別與前幾位不同，他的影響也相當大），告訴毛他們不贊成這樣的誣陷。……但是他們放過了這個機會。這是這群強有力的人物團結起來制約主席的最後機會，此後他們自己將被分而治之，在文革中受到公開抨擊。」[5]

史學家通過虛擬的假設來褒貶人物，「思痛者」通過真實的細節來反映時代。一虛一實都啟人心智。心理描寫是虛構性文學的重要內容，作家們筆下的人物形象是否可信，是否生動，端賴於此。然而，真實感人的心理活動，往往不在於作家苦思冥想，而在於「思痛者」的親歷。

毛澤東死了之後，右派家屬會怎麼想，會做什麼？戴為偉以細膩的筆觸描寫了她母親的所思所為——

> 快到國慶日了，媽本打算讓我碰到商店賣排骨時買兩斤回來，想了想又猶豫了：「別做什麼肉了，那味一散，還不得有人說右派家屬想翻天吶，毛主席去世了，你們還吃好的?!」媽自己去熟肉店稱回半斤豬頭肉，娘仨悄悄打了回牙祭。[6]

女記者劉衡，在被打成右派的幾十年間，她始終不接受這頂帽子。在幹校的時候，好心人勸劉衡向鄧小平看齊：「你看他多大的官，他都承認了是中國的第二號走資派，答應了永不翻案。你幹嘛死不承認？」請看劉衡的內心活動——

---

5 《毛最後的革命》頁44—45，臺灣，左岸，2009。

6 《當年的追悼會》，載《記憶》2010年第10期。

我當然清楚，鄧小平他們是聰明人，先保住腦袋再說。要是鄧小平抗拒文革，拒不寫永不翻案的檢討，他也許會像劉少奇一樣。可我學不來，我和大家看電視，十分注意鄧小平，觀看他是真服罪還是假服罪。有一次，我看見他低頭在毛主席身邊走過，忍不住一笑。使我感到，他是笑他把毛主席哄了。看見他的笑，我立刻想起三十多年前在陝甘寧邊區關中師範一個學生的笑。那是在搶救運動中，有個學生堅不承認自己是特務，眼看就要挨打、挨吊了，他偏過頭去偷偷一笑，轉過臉來立刻承認自己是特務。鄧小平的笑和那個學生的笑是那樣相像，歷史不會重演，卻是那樣相似。[7]

誰能想像得到，一個頑固不化的女右派，會從電視中得到與官方意圖完全相反的教育。不管鄧小平那低頭一笑是否真如作者理解的那樣——為哄騙了毛澤東而沾沾自喜，上述文字都是對人心的一個真實記錄。

還原歷史是「思痛者」揮之不去的情結和寫作指南，而留下真實的願望是內因與外因的共同產物。它可能來自於對現實的不滿——在「宜粗不宜細」成為國策之後，新時期之前的歷史要麼成了禁忌，要麼成了鬼畫符。它可能來自於對過去的怨恨——如果不是反右我怎麼會是這樣，如果不是文革我何至於此。也可能來自於良知的回歸——由於我的揭發，我的同學淪為賤民。由於我的激進，帶人抄我的家，我姥姥被紅衛兵趕回原籍，死在路上……

由多種原因造就的「思痛文學」具有了多種價值——它是對真相的披露，是對人生的總結，是對歷史的另類詮釋，是對自己誤入歧途的辯白或反省。不管是什麼，它都是對鼓勵遺忘的拒絕，對「合理存在」的反抗。

7 劉衡《直立行走的水》頁192，自印書。

三十年前，我翻譯過一本英文小說《The Eight Moon》。作者是美國華裔作家，美國前駐華大使赫德的夫人包柏漪。此書是包的第一部作品。全書都是以第一人稱——包的小妹三三的口吻講述。我很奇怪，為什麼這本情節簡單，語言單調，平鋪直敘的紀實文學會轟動美國，使包柏漪一舉成名？為什麼一個十六歲女孩身邊的瑣事會如此吸引人？以至所有讀過中譯本的朋友都說「應該拍成電視劇」。

這個疑問直到今天才找到答案——與倖存者文學一樣，大部分「思痛文學」藝術水平差，缺乏技巧，語言不講究。但是，它們擁有的讀者以及在社會上的影響，遠勝於虛構性的小說。為什麼？答案只有一個：它以真為心，以實為體。它是文學之一種，但是它留給世界的不是文學之美，而是歷史之真。它揭示給世人的，不是藝術，而是文化——它讓我們看到了當代文化的另類記憶：受害與加害、羞辱與認罪、覺悟與啟蒙。

## 三、受害與加害：從害人到害己

「思痛者」講述最多的是如何遭受迫害——個人蒙難，家庭破碎，親友株連等等。但是，讓他們最痛苦的則是自己對別人的加害。韋君宜說：「真正使我感受到痛苦的，……是在『左』的思想影響下，我既是受害者，也成了害人者。這是我尤其追悔莫及的。」[8]這是「思痛文學」中最沉重的話題，這一話題鑄就了它超乎文學的地位。

當代國史為我們提供了無數害人害己的例子：中國第一冤案劉少奇在當年的晉綏土改中，也有過害人的大手筆。[9]文革中，鄧小平全家蒙難，其子鄧樸方被害致殘。而作為反右的決策者之一，鄧小平在釀造曠世悲

---

8 《思痛錄》頁5，北京，十月文藝，1998。

9 智效民《劉少奇與晉綏土改》，第二、八、九章，臺灣，秀威，2008。

劇上也出過大力。一九七〇年，陳伯達被投入監獄，三年後，以國民黨反共分子、托派、叛徒、特務、修正主義分子的罪名被永遠開除出黨。[10]但是，十八年的牢獄生活，也沒喚起他對自己製造的冤假錯案的負疚之情。這其中包括王廣宇的無妄之災，[11]包括天津小站的三個「反革命集團」。[12]文革伊始，周揚就飽遭凌辱。之後，蒙冤秦城多年。這不能不讓人想到善惡有報——從胡風反革命集團、丁陳反黨集團、反右、反右傾到夏陳集團，他製造了太多的冤案和苦難。反右中，在周揚、夏衍的謀劃之下，田漢設圈套令吳祖光入局，將吳打成右派。[13]不與右派丈夫劃清界限的新鳳霞被打成「反革命右派分子」，成為臺上的名角，台下倒痰盂、掃廁所的賤役。[14]而田漢也未得好死——作為中央專案組秘密關押的「叛徒、特務」，這位孝子即使在臨死之前，也沒能見上老母一面。文革初，貶到重慶任副市長的前文化部副部長陳荒煤被揪回北京批鬥後鋃鐺入獄。[15]他沒想到，十年前他是怎樣挖空心思，從鍾惦棐的私人信件中斷章取義，上綱上線將其打成極右。[16]人們為巴金、曹禺、老舍、郭小川文革中的遭遇憤憤不平，卻不知道，這些名家在反右時為了洗清自己也曾落井下石。[17]

---

10 陳伯達著，陳曉莊編注：《陳伯達遺稿——獄中自述及其他》，香港，天地圖書，2000。

11 王廣宇：《「無產階級司令部」的牛馬走》，載《記憶》2009年第2期。

12 郭德宏、林小波：《四清運動實錄》頁177—179，南京，浙江人民，2005。

13 見董健：《田漢傳》，北京，十月文藝，1996。

14 吳祖光：《一輩子——吳祖光回憶錄》頁14，北京，中國文聯，2004。

15 嚴平：《燃燒的是靈魂》，北京，中國電影，2006。

16 陳荒煤：《鍾惦棐墮落的道路》，載《捍衛黨對電影事業的領導》頁219，北京，中國電影，1957。

17 啟之：《毛澤東時代的人民電影》第十一章，第一、二節，臺灣，秀威，2010。

文革後，陸定一對于光遠說過：「我們那些年的中宣部，那麼多年的工作，無非是整完一個人再整另一個人！」[18]陸定一說的整人，就是害人。他能夠有這等不俗的認識，也是因為他曾為秦城冤客。被害的經歷使他有了自己害過人的覺悟。周揚關於人的異化的思想，同樣來源於他的冤獄之災。

人們常提到的夏衍的《整人歌》：「聞道人須整，而今盡整人。有人皆可整，不整不成人。整自由他整，人還是我人。試看整人者，人亦整其人。」最後這兩句是詩眼，也是對「我害人人，人人害我」[19]這一中國特色的精彩注解。阿倫特說得好：「極權制度之下，沒有一個道德完善之人。」如果說反右是民主人士和知識精英互害、自殘的運動，那麼，文革則是將無數加害者變成受害者的革命。

為什麼會出現這樣的怪圈？

很多「思痛者」提到了因果報應。這是一個缺乏說服力的解釋。因為最大的加害者仍在頌歌中受人瞻仰，因為很多作惡多端者，比如說，運動中熱衷於整人的「依靠對象」仍在頤養天年，毫無報應的跡象；因為無數沒有加害任何人的無辜者，從四九年至今得到的唯有不義和不公。

據我看，根子就是「階級鬥爭理論」。它以製造仇恨為能事，大洋國每天進行的「兩分鐘仇恨教育」，在中國變成了年年講、月月講、天天講的仇恨灌輸。它使革命成了絞肉機，只有不斷地吞噬「階級敵人」，絞肉機才能運轉，革命才能前進。於是，革命成了一種製造敵人的比賽。[20]加害與受害的怪圈由此形成。

---

18　于光遠：《周揚和我》頁186，香港，時代國際，2005。

19　章立凡：《書信中的整人史——〈名家書箚與文壇風雲〉》，《財經》雜誌2009年第22期。

20　見胡平：《比賽革命的革命——對文化革命的政治心理學分析》，《北京之春》1996年第6期。

## 四、羞辱與認罪：從受虐到自虐

按照馬格利特的定義，羞辱是「任何一種行為或條件，它使一個人有恰當的理由覺得自己的自尊心受到了傷害」。進言之，「羞辱人就是不把人充分當作人或者根本不當人對待。」「不把人當人的方式有多種，一是把人當物品，二是把人當機器，三是把人當動物，四是把人當次等人（包括把成人當作兒童）」[21]據此，我們可以說，所有的「思痛文學」都是被羞辱的文學。

但是，是否受到羞辱與個人的認識和感覺有關。如果「思痛者」認為，成為一顆革命的螺絲釘是榮譽而不是被物化，改造自己是應盡之責而非羞辱的話，那麼，上述四種方式中，至少有兩種對他們來說就不能算是羞辱。

「思痛者」所認為的羞辱，包括靜態和動態兩個系統，給組織寫檢查、檢討、交代、思想總結、悔改計畫、自我批判、認罪書等書面材料是靜態系統。歸入異類，受審查、唱嚎歌、關牛棚、掛牌子挨鬥，打掃廁所、五七幹校、勞教勞改、「可以教育好的子女」等等是動態系統。在這兩個系統裡面，靜態系統最常見，最普及，也最源遠流長。從延安搶救運動中大批「特務」的低頭認罪，到周恩來的檢查，朱德的檢討，鄧小平的「永不翻案」；從地主、資本家承認自己剝削有罪，到農村的「四不清」幹部的交代；從民盟領導章伯鈞、羅隆基的登報自誣，到電影演員趙丹的思想交待；這種羞辱已經成為一種遍及中國社會各階層的文化現象。

檢討／交代與刑偵上的招供，天主教的懺悔有何不同？我請教了歐美的老外朋友和華裔學者，在所有的回答中貝蘇尼最為詳盡。她告訴我，刑偵中的confess（招供、坦白）提供的是材料和證據，並不是思想檢查。天

21 徐賁：《通往尊嚴的公共生活：全球正義與公民認同》頁281—282，上海，新星，2009。

主教的confess（懺悔、告解）是匿名的，神父並不知道懺悔者是誰。中國的「檢討／檢查」的目的在於迫使作者以自辱形式表達忠誠，與悔過和招供無關。

迫使人們向組織、向領袖悔過、認罪並非中國的獨創，它是國際共運中的通則。史達林的愛好之一，就是聆聽列寧的戰友們在黨代會上「強忍屈辱，像神魂顛倒的教徒一樣鞭笞自己。」[22]但是，史達林在羞辱人方面，永遠趕不上自己的學生毛澤東，他更喜歡處決和勞改營，而毛則熱愛群眾運動。

群眾運動是羞辱人的最好方式，只有在大庭廣眾之下的低頭彎腰才能更有效地摧殘自尊。只有沒完沒了的悔過認罪，才能更徹底地摧毀自我意識。毛澤東的好學生江青深諳其中奧秘。她曾經這樣吩咐新影廠的造反派：「陳荒煤、夏衍、肖望東……白天讓他們勞動，晚上要他們寫材料交待罪行，每天交一份。」[23]可以說，新中國繼承了雍正羞辱「名教罪人」錢名世，謀反叛逆曾靜的專制傳統，創造性地繼承和發展了國際共運的這一法寶。

無論是寫檢討，還是批判會，都是要通過內外兩方面的醜化、惡化、動物化，妖魔化（牛鬼蛇神）來踐踏你的自尊，摧毀你的自信，最後迫使你認同組織的結論——承認自己是個罪人。羞辱是一個改變人性的系統工程，檢討／批鬥是工程的基礎，馴服是最終目的。認罪則是關鍵，是能否變化成奴才的轉捩點。

沙葉新有一篇專講「檢討文化」的文章。[24]他所說的檢討的實質就是認罪。「挖不完的敵人，清不完的

22 德．安．沃爾科戈諾夫《勝利與悲劇——史達林政治肖像》第一卷，頁368，北京，世界知識，1990。

23 《1967年2月1日江青、戚本禹對中央新聞紀錄製片廠群眾代表的講話》，載《江青十年講話彙編：1966—1976》，頁226，自印書。

24 《隨筆》2001年第6期。

隊；做不完的檢討，請不完的罪。」這個順口溜說明，強迫人們做檢討，其實就是強迫認罪。因為只有成為罪人，你才能放棄自我，放棄思想，老老實實，不敢亂說亂動。

「思痛文學」告訴我們，「思痛者」大都是被羞辱者，因此也是認罪者和馴服者。他們中的很多人認了半輩子的罪。趙丹從《武訓傳》批判之後，就開始寫檢討，到了略感寬鬆的一九六二年，他請求周恩來發給他一個免鬥牌。然而，關愛藝術家的周恩來，也不能讓趙丹免於受辱——十年文革，他認了八年的罪。[25]肅反時，杜高是二十三歲的青年，一九五五年五月，「組織」脅迫他承認自己是「小家族集團」骨幹。反右時，他對肅反提出批評，又被打成極右分子，押送勞改。九六〇年，在北京郊外的一個勞改工廠，他因為沒有及時給伙房送回兩個別人的窩窩頭，受到了沒完沒了的批判，寫了無數的檢查。「我批判自己『可恥』、『惡劣』、『貪婪』，一直到『反人民』，從資產階級個人主義再到剝削階級的剝削意識，就這樣還過不了關。」一九六九年，長期患病，身體極度虛弱，且精神已瀕於崩潰的他，還不得不掙扎著為毛的最新指示、十二中全會公報和兩報一刊元旦社論撰寫心得，而這個心得其實就是另一種名目的認罪書：「我作為一個人民的敵人，一個右派分子來領會毛主席的最新指示的精神，加倍地感到只要加速改造重新做人，就一定會得到人民的寬大，得到新生的機會。我認清了當前的形勢，看到了毛澤東思想的無比偉大正確，我不願意再做人民的敵人，我要立即從反革命的陣營中跳出來，向人民低頭，向毛主席他老人家請罪，清算過去所犯的罪錯，用毛澤東思想改造自己……用自己改造的實際表現向人民證明自己真心悔改，求得人民的寬大處理。」[26]從延安到文革，中國製造出來的這類罪人大約以億萬計。與其說中國是一個「檢討大國」（沙葉新語），不如說是「認罪大國」。

25 李輝編：《趙丹自述》頁88，河南，大象，2003。

26 《一紙蒼涼——杜高檔案原始文本》頁383，北京，中國文聯，2004。

認罪之所以蔚為大國，源於「組織」的幾個特異功能，首先，組織能使任何一個無辜者，包括對革命有功的人，把自己視為革命的罪人。其次，組織能使這些人上綱上線地作踐自己，以至於把辱罵自己當作革命的表現。第三，組織能將認罪者的隊伍迅速擴大，辦法是動員有罪無罪的人都來檢舉、揭發。對於無罪者，這是一個向組織表忠心的機會，對於有罪者，這是一個認罪、馴服的證明。

「思痛文學」給我們貢獻了這方面的經典作品：廖沫沙的《甕中雜俎》、邵燕祥的《人生敗筆——一個滅頂者的掙扎實錄》，馮亦代的《悔餘日錄》，李輝編的《趙丹自述》，郭小川的《檢討書——詩人郭小川在政治運動中的另類文字》、杜高的《一紙蒼涼——杜高檔案原始文本》……

羞辱—認罪—馴服，這三部曲貫穿著受虐與自虐。顯而易見，認罪是自誣。為什麼自誣？一言以蔽之——恐懼。自誣是自虐之一種。自誣是痛苦的，費孝通在其選集的自序中說：「士不可以奪志，而我的志被奪走了。從四面八方來的，年復一年對我過去所寫的文章的批判，使我喪失了對自己的信心。起初不得不『向人民伏罪』，隨後也覺得『毒草害人，罪該萬死』，甚至也學會了用別人批判我的辭彙和邏輯去批判別人。哀莫大於心死。」這是從自誣到自虐，從希望重新做人到麻木沉淪，以至認同組織的最好表白。

一九六六年五月十七日晚，鄧拓在遺書中寫道：「只要對黨對革命事業有利，我個人無論經受任何痛苦和犧牲，我都甘心情願。過去是這樣，現在是這樣，永遠是這樣。」[27]一九七五年三月，廖沫沙告訴專案組：「像我這樣一個微不足道的小人物得以作為批判（點火）的對象，躬逢這一偉大的歷史盛舉，雖然吃苦不小，卻也足以引為『榮幸』而自得其樂……個人事小，全局事大，犧牲這區區個人，而有利全局，有利於革命……

27 袁鷹：《玉碎》，《歷史在這裏沉思：1966—1976年記實》卷3，頁126，北京，華夏，1986。

我又何樂而不為？」[28]

這是自虐的極至。

當羞辱成為文化的時候，會引起什麼後果呢？「思痛文學」從不同的角度得出了共同的答案：羞辱人的社會是不正派的社會，羞辱文化踐踏了普世價值和「習俗道德」，[29]是非、好壞、美醜、真假、善惡這些常識性的觀念在「佞諂日熾，剛克消亡」「邪夫顯進，直士幽藏」的現實中被顛倒。雖然人們心中還保持著對常識的尊敬，但是，社會性的道德淪喪已經不可避免。

普遍的虛偽、跟風、隨大流、投機主義、兩面派、「雙重思想」瀰漫於整個社會。而在羞辱活動中得逞的栽贓誣陷、臥底告密、打擊報復成了常態。田漢對吳祖光的誣陷，馮亦代的臥底、告密，趙尋、藍光夫婦對杜高的打擊報復；這類的例子在「思痛文學」中俯拾即是，一抓一大把。

不破不立，立在其中。羞辱文化建立起了新的道德風尚：向組織輸誠交心成為義務，以組織的名義拆看私人信件，為了治罪，對信件、文章斷章取義（毛澤東是這方面的始作俑者）。鼓勵配偶與右派離婚，鼓勵子女與打入另冊者脫離關係，歧視有問題的人的子女和親友等等。

有人問聶紺弩，國民黨在現代史上有什麼貢獻？聶回答：國民黨最大的貢獻是培養了共產黨。如果有人問我，文革在當代史上有什麼貢獻。我的回答是，它將那些被羞辱者、認罪者和馴服者變成了覺悟者。

---

28 1975年3月《給專案組的信》，載《甕中雜俎》。

29 見徐賁《通往尊嚴的公共生活：全球正義和公民認同》第十二章。

## 五、覺悟與啟蒙：從反省到反思

閱讀「思痛者」的作品，你會驚奇地發現，所有的內容都會與「上當受騙」有關。右派們會告訴你，他們當初是如何相信了組織；紅衛兵會告訴你，他們當初是如何相信反修防修；走資派會告訴你，他們當初是如何說服自己犯了方向路線性錯誤；造反派會告訴你，他們當初是如何相信造反有理；知識分子會告訴你，他們當初是如何相信自己帶有原罪；知青會告訴你，他們當初是如何相信「廣闊天地，大有作為」。

上當受騙，用文革的語言就是「受蒙蔽」，「受蒙蔽無罪，反戈一擊有功」是文革時流行的口號。「思痛者」就是「受蒙蔽」者，因此「思痛文學」既是「受蒙蔽」者上當受騙的文學，也是「受蒙蔽」者反省和反思的文學。「思痛者」反思的是蒙蔽他們的歪理邪說，是讓這些歪理邪說縱橫天下的制度和文化。在這個意義上講，「思痛者」就是覺悟者，「思痛文學」就是啟蒙文學。

丁東在沈蓉的《紅色記憶》的序中說：「沈老回憶生平經歷的這些往事，其主旨不是作為光榮來炫耀，而是作為歷史來反思。她所展示的，是青年時代忘我地投身革命，中年無可奈何地經歷政治運動，晚年開始反思的心路歷程。」

丁東所說的「青年——中年——老年」的三部曲，是所有的老年「思痛者」的共同經歷。反思既是老一輩「思痛者」的思想昇華，也是新生代「思痛者」的敘述主題。對自己盲從狂熱的反省，對歷史的重新評價審視是「思痛文學」最有思想史價值的部分。

盧弘在《我的一件虧心事》中講述了這樣一個故事：陳英，一位四十年代初就參加了抗日的傑出女性，因向領導如實地交待自己被國民黨俘虜的經過，而被定為自首變節。開除黨籍，反右期間她就此給領導提意見，被打成右派，從此淪為賤民。文革一來，她又被打成叛徒，趕到山西，七鬥八鬥。組織要求其夫與她離婚，趕她出門。在百般無奈之際，她到北京向自身難保的盧弘求援。盧弘在文中，講述了自己對這位曾經親如手足的難友從同情到厭惡，從親近到逃避的變化過程。然而，他無法逃避良知的叩問。三十多年後，作者寫道——

> 我國有句諺語：「為人不做虧心事，半夜不怕鬼敲門。」我卻不能坦然地這麼說。因為我做過虧心事，並且關乎一條人命！
>
> 她是我的一個女戰友，一個也曾年輕又才貌雙全的好大姐，與我親密得如同一對非血緣的姐弟。然而，我在她最需要幫助和救援時，卻切斷了與她的一切聯繫，致使她如今是死（按照當時情況，這幾乎是必然的）是活（若還在世她已過八十高齡了），我都概不知情。
>
> 我的記憶琴弦一旦觸碰到她，就會如山呼海嘯、天崩地裂似地震撼著我，衝擊著我，使我永難安寧……[30]

《炎黃春秋》有一個專欄，叫「懺悔錄」。那裡的文字都是反省的結果。文革初，偷看同學宋爾仁的日記，並把它交給組織的馬波（老鬼），坦誠「我交了他的日記本對他的殺傷是巨大的，影響了他一生的命運。這是我這輩子幹的最缺德的事。我對不起宋爾仁。」[31]一九六七年八月五日在北京糧食學校的武鬥中打死了同學的王冀豫在四十四年後這樣告訴自己：「靈魂深處總有些東西根深蒂固，冥頑不化，但理性還是反覆清晰地

---

30 《記憶》2010年第9期。

31 《我告發了同學宋爾仁》，載《炎黃春秋》2009第9期。

告訴我：『你是罪人！』一個性相近，習相遠的人世間，為什麼盛產那麼多仇恨？懺悔是不夠的，也許這一切需要幾代人的反省。」[32]當年的人大學生，現在的高校教授趙遐秋為自己當年跟風整人，使同學邢志恒自殺而懊悔。[33]在反右時服從組織，撰文批判黃秋耘則使韋君宜悔恨終生。[34]反省內心需要道德勇氣，反思外因需要才學識膽。葉維麗在〈也談卞仲耘之死〉中有這樣幾段話，催人長思——

卞校長死後至今沒有人站出來承認打過人。在很長一段時間裡我腦子裡老有兩個人的形象在晃，都是高一的。一個大胖臉，一個瘦高個兒。這兩個人做的一件事讓我記住了她們。文革開始後有一次工作組組織學生去教工宿舍參觀，看老師的「資產階級生活方式」。經過教我們語文的王老師家，她不在，保姆正抱著她的小孩在外面，當時我們班走在高一那個班的後面，我看見那兩個人竟然啐那個小孩兒。我當時特別反感，心想即使小孩的媽媽十惡不赦，小孩又有什麼罪？卞校長死後，有人告訴我打人的學生中就有那兩個人，我一下子覺得特別可能。今天回過頭想，正是眾人的沉默助長了她們後來的惡行。

……對生命的漠視是一代人的問題，我是這代人的一員，說這些話絕不僅僅是站在外面或高處去指責別人，它還包含著深深的自責。看胡傑的電影時我感到無地自容。第一次見到王晶垚先生時，我給他

32 《背負殺人的罪責》，載《炎黃春秋》2010年第5期。
33 《跟風整人的懊悔》，載《炎黃春秋》2009年第8期。
34 《思痛錄》頁42，北京，十月文藝，1998。

寫了一句話：「作為女附中的學生，我感到有罪。」這是心裡話。[35]

在這種文字面前，無論是非虛構性的「倖存者」文學，還是虛構性的「傷痕」文學都黯然失色。正是對內的反省與對外的反思賦予了「思痛文學」特立獨行的性格，使它在主流之外，挺起脊樑向世人宣佈：在當代史雲遮霧障之際，還有一種文學以真實為平臺，以「史鑒」為號召。紹續五四新文化運動的傳統，在默默無聞之中開闢了朱厚澤所說的「新啟蒙」。

## 六、結語

在中國當代文學史上，這類紀實文學的興盛，先後出現過兩次，第一次是五六十年代，《高玉寶》、《把一切獻給黨》、《我的一家》、《革命母親夏娘娘》、《不死的王孝和》等革命者的自傳或傳記，[36]《紅旗飄飄》（中國青年出版社組織編寫）、《星火燎原》（解放軍總政治部組織編寫）、《志願軍一日》等革命回憶錄，感動、教育了無數人。這其中包括革命者的後代，也包括非革命者的後代。第二次是八十年代後期至今，《上海生死劫》（一九八八）、《牛鬼蛇神錄》（一九九四）、《九死一生：我的右派經歷》（一九九八），《思痛錄》（一九九八）、《往事並不如煙》（二〇〇四）感動、教育了更多的人，這其中包括革命者後代的後代，也包括革命者本人。

35 《記憶》2010年第7期。

36 見洪子誠：《中國當代文學史》第十一章第五節：回憶錄與史傳文學，北京，北大，1999。

第一次紀實文學的創作，由國家機器組織作家生產，共青團中央等部門推薦、號召閱讀，直到文革前夕才消歇。[37]第二次紀實文學的創作，發自民間，由受難者和受害者自己撰寫，大量作品只能通過海外、自印、互聯網等渠道艱難問世。這一思痛文學之潮，從新時期至今三十多年，仍舊蓬勃，不見盡頭。

然而，第一次紀實文學榮列文學史。高玉寶、吳運鐸、黃鋼、柯藍在一片讚揚聲中青史留名。第二次紀實文學被學界長久冷落。鄭念、楊曦光、戴煌、韋君宜、章詒和從來沒有得到主流的認同。

這兩次紀實文學都是為歷史、為後代留下真實。不同的是，前者的真實是革命需要的流血和犧牲，後者的真實是革命造成的恐懼、苦難與毒害。

37　見王慶生主編：《中國當代文學史》第一編第十一章第三節革命回憶錄和人物傳記，北京，高等教育，2003。

# 「將麥克風交給人民」——口述中的心理學

「將麥克風交給人民」。這是口述史學者最熱衷於的事業。問題是，人民形形色色，有的人並不歡迎這麥克風。美國口述史學家唐納德・里奇就領教了「表面抗拒」、「欺瞞不說」、「操控」、「報導不實」。[1]為了辦《記憶》，我從二〇〇八年開始拿起錄音筆採訪文革親歷者。二〇一〇年，我所在研究中心又接受了「中國電影人口述史」的國家項目，我也鳥槍換炮，扛上了攝影機，採訪老電影人。幾年下來，我見到了各種心態的受訪人，他們讓我對「中國特色」有了更深刻的理解。

## 一、恐懼心

三年前，有一位老人不斷地給我寫信，說我們辦的《記憶》功德無量，並附來了他的稿件。他一九三二年生人，搞「蘇東」研究的，出過幾本書。他的稿子說的都是學部的事，可是非常簡括，除了時間、地點、人物之外，幾乎沒有細節。說是大事記吧，又不完整連貫。學部是文革的重點，從來沒人正經八百地研究過。我與他通話，電話那邊的聲音很大，急切而熱情。看來，此人有好多話要說。

---

1 唐納德・里奇：《大家來做口述歷史實務指南》頁15，北京，當代中國，2006。

我要到他府上拜訪，他婉謝。說寧願出來見我。約定在北師大附近的茶館見面。出現在我面前的，是一位白髮稀疏、腰硬腿軟的老者。握著我的手，他隔著墨鏡，巡視四周，選定最裡面的一個沒人的角落。我們寒喧一通，都有相見恨晚之慨。我跟他說，希望他寫寫學部的文革。他說，退休以來，他有三不：不開會、不講課、不動筆。我問他，可否錄音，由我來整理成文稿。再交他把關。他說：「讓我想想吧。」

這一想，就是三年。

經驗告訴我，他害怕了。巴金在《隨感錄》中說：「這些年來我有不少朋友死於『四人幫』的殘酷迫害，也有一些人得了種種奇怪的恐怖病（各種不同的後遺病），我擔心自己會成為『毒草病』的患者。這個病的病狀是因為害怕寫出毒草，拿起筆就全身發抖，寫不成一個字。」（頁三六）。這位老者顯然是上述後遺症的患者。

好萊塢電影人擅於「最後一分鐘搶救」，舊時期的過來人擅長「最後一分鐘逃脫」。逃脫的藉口有N種，「讓我想想」屬於最直白的。曾有一位陳姓老者坦言相告：「現在，在公共場所罵罵街、發發牢騷我敢，但是，你要錄音，我不敢——我不知道你會把它用到什麼地方？你要是弄到海外，我就領不上退休金了。」

六十年代初，毛澤東說，反右的缺點是人們不敢講話了。他不知道，在他鍾愛的文革結束三十多年後，人們還生活在恐懼之中。

## 二、抗拒心

採訪李文化的時候，談到芭蕾舞劇《紅色娘子軍》的拍攝。李導說，謝鐵驪不是這片子的導演。是江青讓他到劇組看看，他總共才待半個小時。這個戲真正的導演是他李文化，是他把音樂和舞蹈一點一點協調起來，分了鏡頭，拍下來的。我問他，有誰可以證明，李文化說了幾個人，最重要的就是扮演洪長青的劉慶棠。於是，我決定採訪這位當年的「芭蕾王子」。

我翻閱了有關劉慶棠的所有資料，從他的少年學藝到追隨江青當上文化部副部長，從他以「四人幫」的爪牙被判入獄，老婆與他離婚，到出獄後再續良緣，與一位當年的骨粉級粉絲結合，並出任什麼舞蹈學院院長。在採訪提綱中，我迴避了所有讓他難堪的話題，在二十幾個問題中，只有四五個與江青和文革的文化體制有關。

他家就住在電影學院對面的薊門里小區，我用快件把中國電影藝術中心的介紹信，採訪提綱、協議書等蓋著大紅印章的材料寄出三天後，給他家打電話。接電話的是一位女士。她告訴我，劉先生病了。讓我過幾天再打。又過了幾天再打，電話那邊嘰嘰咕咕一陣後，告訴我：「劉先生出去了。」

我擔心是那個訪談提綱嚇著了劉，重擬提綱，寫信解釋，只求人家俯允，與我談談，談什麼都行。但是，劉先生還是避而不見。直到他病逝。

事後，經過高人指點，我才覺悟，劉慶棠拒見一切人，尤其是官方的人。我自以為能贏得他信任的大紅官章，足以讓他遠遠地躲著我。懷有這種心理的不是劉慶棠一個人，而是一批人。他們是當年的造反派，文革後成了「三種人」。這些人當年是輕者雙開，重者判刑。失敗感、屈辱感、上當受騙感，使他們有一肚皮委屈和憤懣，他們知道什麼叫「坦白從寬，抗拒從嚴」。所以抗拒包括回憶的一切。

劉慶棠是藝術家，藝術家的抗拒是委婉的。工人的抗拒是粗魯直率的，當他們聽完你的介紹，不說一句話，就啪地掛上電話的事是屢見不鮮的。如果你運氣好，還能聽到這樣的回答：「這事別找我！」

## 三、羞愧心

羞愧之心也足以讓人們遠離口述之門。一位大公司的副總是這樣拒絕我的：「請原諒，我不能接受你們的採訪。因為讓我回憶往事，就是往我的傷口上撒鹽。我不能再想過去的事了，一想血壓就上來，就得吃安眠藥。跟你講一個小時，我一個禮拜都緩不過來。我覺得上帝已經給了我足夠的懲罰。五年前，我皈依了主，我資助殘疾人，做各種善事，以彌補我的罪惡於萬一……」從這哀求的聲音裡，我看到了淚水。

他的罪惡是什麼呢？我在別人那裡找到了答案——文革初期，他寫大字報揭發他的恩師，還在批鬥會上揪過老師的頭髮，打過他的耳光。而正是這位被他打罵的老師，卻在「三種人」的審查之中，為他說了好話，使他免於牢獄之災。後來他出了國，拿了學位回國，當他去帶著重禮去看老師的時候，已經是人逝樓空。

過去的折騰留給人們太多的痛苦，可以說，舊時期的親歷者都程度不同地患有心理創傷。這創傷會喚起正常人的羞恥心和愧疚感，道德感強烈的人，會向宗教尋求救援。知恥近乎勇，羞恥心和愧疚感固然可以淨化心靈，提升道德。但也足以讓人們逃避記憶。

## 四、疑防心

在南京，我遇到一位古怪的受訪者，他堅決拒絕本地的攝像師。儘管我向他說明，我的攝像師由南京師大的研究生兼任，這些研究生不是本地人，更不是電影圈內的人士，況且他們都是與國家電影資料館簽了保密協定的。但是，這位受訪者仍舊堅持只有北京來的攝像師才能旁聽他的口述，才能給他錄影。

我們不妨稱這種心態為「疑防心態」——疑慮和防範之心。事實上，大多數懷抱此種心態的人並不清楚他自己疑慮和防備什麼。換言之，「疑防之心」只是一種感覺。我曾經這樣問過上述受訪人：「您懷疑什麼？懷疑我的身分還是我的動機？您顧慮什麼？是怕我不遵守合同嗎？您防備什麼？是擔心我們整你的黑材料嗎？」他有些尷尬——他也說不清楚自己究竟在懷疑什麼，顧慮什麼，防備什麼。這種說不清道不明的感覺來自於他們的心理，而這種心理的形成源於安全感的長期缺乏。

美國的人本主義心理學家馬斯洛把人的需要分成五個層次：「生理需要、安全需要、歸屬與愛的需要、尊重的需要和自我實現的需要」。「安全需要」是僅次於「生理需要」的第二個層次的需要。[1]這種需要在心理上表現為「希望解除嚴酷的監督的威脅，希望免受不公正的待遇，希望遠離犯罪的侵害等。」[2]也就是說，受訪者的「恐懼、害怕、焦慮、緊張、擔心、不安等都是安全需要受到挫折的後果。」

L先生就是這種後果的受害者。他出身城市貧民，上到初中，就去當兵，轉業回來到了海燕廠，當置景工。出身好、黨員、又當過兵，根正苗紅。文革一開始，他就是給海燕廠黨委貼大字報的七人之一。當上了該廠紅旗造反兵團的頭頭。一九六六年六月，文革剛開始，他就作為可靠分子，受市委的派遣，抄過老藝術家們的家。因為能說會道，一九六六年底，他被選拔到市委宣傳組，做副組長，後來還當上了市革委會委員，成為徐景賢的下屬。當時的組就是部，按文革前的說法，他就是上海市委宣傳部副部長。級別是正局，應該有專車，有秘書，有病住高幹病房……。二〇〇九年，我在上海採訪他的時候，他的兒子跟我發牢騷：我爸是高幹，我應該是高幹子弟。

不幸的是，這位高幹沾上了三十年代電影的病毒——一九六七年五月十日—十二月，海燕造反派組織三十餘人到徐家滙藏書樓收集材料（後稱「紅影組」），編寫《電影戲劇四十年兩條路線鬥爭紀實》。紅影組找到L先生，請他幫助，L找了徐家滙藏書樓的領導，為他們開了綠燈——專門的房間，特殊的待遇，這些人編寫完了之後，印兩萬冊，分送馬天水、徐景賢、王秀珍等人，並推向全國。江青聞知此事大怒，指示徐景賢將

1 馬斯洛著，成明編譯：《馬斯洛人本哲學》第一章第四節「需要層次論」。北京，九州，2003。

2 劉燁編譯：《馬斯洛的智慧：馬斯洛人本哲學解讀》頁28，北京，中國電影，2005。

「紅影組」全部打成反革命。L先生在劫難逃——一九七二年十二月九日。他被上海市革委會定為「現行反革命」，送外地勞改農場監督改造。文革後，他又被列入「三種人」受到清查。在重新允許工作後，他搞了一個置景方面的發明，並申請了專利，從而取得了生產此項發明的許可。可是好景不長，九十年代初，有司又以經濟問題將他送上法庭，獲刑兩年。新時期三十多年，物質生活的改善和進步，幾乎很難在他的家庭中找到。可以說，在他身上，「免受不公正的待遇」的希望最為強烈。然而，他對口述歷史的「疑防之心」也最嚴重。如果不是軟硬兼施，採取非常手段，他會像他的造反派同伴那樣，遠離口述歷史。

在所有的懷揣「疑防之心」的受訪者中。L先生是個例外。他對自己的疑慮和防範有清醒的認知。「我怕你們整我黑材料」；「我擔心我說了實話又會給我帶來什麼麻煩」；「我不是對你們電影資料館不信任，說老實話，我對這個社會都不信任」；「我覺得我最好留一手，不能把真話全說了」……這是他在受訪後說的話。這類表達，說明他的「疑防之心」在弱化，他對我們的信任感在增加。他攜妻將子同來口述現場，並同意我們採訪其妻其子也說明了這一點。而要做到這一增一減，主訪者至少要具備三個條件：第一，要熟悉那段變化莫測的歷史，尤其要對上海海燕電影廠的文革和其中的人事關係心知肚明。第二，要瞭解文革中的造反派。知道造反的人大概分幾種，不同的造反者參加造反的原因和目的。以便你能準確地判斷受訪者屬於哪一類造反派。第三，不管他屬於哪一類，都要對他表示出最大的理解和尊重。

## 五、迎合心

與「疑防心」相對的是「迎合心」。迎合心指的是受訪者根據其對主訪者心思的揣摩，選擇那些他們認為符合其口味的內容來講述，或者在回答問題時有意無意地附和主訪者的觀點。這類受訪者與拒絕者和「疑防」

者不同，他們不那麼封閉，不那麼偏執，政治運動後遺症較少，而且精力充沛，思想活躍，掌握較多資訊，與媒體接觸頻繁，瞭解市民的關注點和當代文化的多元性。因此，他們在訪談過程中能夠很快地摸清主訪者的思想傾向和興趣。然後挑些你愛聽的，感興趣的話題來說。至少，他們不會反駁你，對你的看法採取附合的態度。

迎合之心，人皆有之。只是迎合的程度和對象不同而已。從心理學上講，迎合有融洽人際的積極意義。懷抱此種心態的受訪者往往是出於善意。這裡面既有長輩讓晚輩高興，又有老者向後生炫耀其見多識廣的雙重心理。

S先生就是在這方面比較突出的一位，他寫過幾本關於老電影人的書，有一定社會知名度。在他看來，我們既然是電影資料館的，就一定會對電影明星感興趣。因此，他會沒完沒了地向你講述他們的秘辛逸聞：周璇的金條藏在了什麼地方，周璇與哪位影人有了私生子，石揮與周璇的戀愛風波，石揮為什麼自殺等等。如果你提醒他，能否講一講文革中電影人的生存狀況，他馬上就想到了黃宗英，想到了黃在五七幹校吃飯時，從食堂買的四毛錢一盤的煮蠶豆。在採訪中，他喜歡重複的一句話是：「我在電影廠這麼多年，知道的事情太多太多了。」言外之意，不管你需要什麼貨色，我都可以保證供應。

對於這種善意的迎合，主訪者要更加嚴格地控制自己說話的慾望，學會不過分表現自己的傾向性，避免流露自己的思想感情。要設法在受訪者滔滔不絕的講述中提醒他：我們關注的不是明星，想聽的不是男女關係。

## 六、流芳心

人過留名，雁過留聲。除了罪大惡極者，大多數人都有青史留名之想，一位七機部的高工反駁我：「我們搞理工科的跟你們搞人文的不一樣，我們看重的是科技上的發明創造，不在乎青史留名。」其實，發明創造同樣會在史上留名。錢學森就是一個例子。

對於絕大多數人來說，青史留名的意義是，不要在歷史上留下自己的壞名聲。這種心理導致了一個結果——在口述時，只說對自己有利的，少說以至不說對自己不利的。人們管這叫做「選擇性遺忘」。這種說法強調的是無意識。而經驗告訴我，大多數受訪人是有意識的。

一位老教授，對我整理的錄音文字很不滿意。在盛暑的酷熱下，揮筆大改。改了兩稿之後，還不滿意，於是另起爐灶重寫。重寫的文字刪除了原稿中不利於自己形象的部分，刪除了他對世道人心和上級、同事的批評。面對這個「潔本」，我哭笑不得——這已經不是真正意義的口述了。而實踐告訴我，這種「偽口述」並非僅此一家。這種經驗給我留下了一個壞毛病——在閱讀口述出版物時，總不免疑神疑鬼。

有鑒於此，在採訪前，就得下功夫盡可能多地瞭解受訪人。包括他的作品，他的社會關係。在採訪中，適當地提出問題，把他有意無意遺忘的事件、人物提出來。請他談，克服他的選擇性遺忘。

## 七、性關係與「羨憎情結」

在訪談中，有一個有趣的現象——受訪者，無論男女，無論離退休，無論搞藝術還是搞行政的，對業界的婚外性關係都表現出極大的興趣。他們會不約而同地談到同事、領導的婚外性行為。比如，他們會神秘兮兮地告訴你，A導演並不是死於心臟病，而是因為嫖娼而亡。他們還會煞有介事地向你揭發晚年的B女士如何與一年輕導演同居，而那導演後來又成了她的女婿。在談到某領導C時，受訪者會繪聲繪色地描述他的家庭生活如何不和睦，夫妻關係如何糟糕，因此他在外面有幾個女友，以及他在某賓館與女友的親密行為如何被人發現。有時候，受訪者甲在傾訴自己在事業的上挫折時，會突然憤憤不平地告訴你，已婚的男演員D與已婚的女演員E在發生婚外性關係時，被他撞見。而受訪者乙則會幸災樂禍地講述女演員F與市革委會秘書G睡覺，被其夫率領小兄弟成功捉姦。下一位受訪者丙在喝了幾口茶之後，又會不失時機地向錄音筆講述教授H如何愛上了自己的研究生，逼迫結髮妻子離婚……

飲食男女，人之大慾。關注、談論兩性關係，尤其是婚外性關係，是世俗生活中不可或缺的內容。手機上的黃段子，飯桌上的葷笑話，網路中的情色圖像之所以難以杜絕，原因就在這裡。可是，口述歷史不是酒酣耳熱時的閒聊，受訪者的道德意識也遠遠地高於當今的中青年，況且他們的年紀又都進入了清心寡欲之期。儘管如此，七老八十的受訪人仍舊不約而同地把目光投向別人的婚外性關係上。那麼，這是一種什麼心態？這種心態又表明了什麼？

受訪者談論的婚外性關係者多是有頭有臉的人物——或是「三名三高」（名導演，名編劇，名演員），或是電影廠、電影局的領導，或是學院的教授，或是社會名流。用今天的話講，這些人都是「成功人士」。對於成功人士，社會一向有著較嚴格的道德要求，公眾也總是睜大眼睛瞪著他們，從穿戴到言行。接受社會與公眾的道德監督，是成功者必須付出的代價。因此，如果成功者有婚外性行為而社會的道德監督缺席的話，受訪者就要擔當起為社會監督拾遺補闕的任務，而將成功者的糗事四處傳播。

口述歷史採訪給受訪者提供了月旦人物的機會和理由，面對著攝影機和錄音筆，受訪者迫不及待地將成功者不光彩的一面傾訴出來。這其間的心態既有對長期缺席的社會監督的不滿，又有對成功人士道德缺陷的憤怒。個中還夾雜著揭櫫「真相」的快感[3]，以及在受訪者潛意識中湧動著的，對成功者以及他們享有的這類性關係的「羨憎情結」（Resentment comlex）[4]。

3 在我的採訪經驗裏，這類婚外性關係有的屬實，有的是猜測，有的是謠傳。

4 按照榮格的說法，情結是隱匿的，是受到意識的控制，以特定的情調為特徵的心理內容的團集物。它是一些聯想的自由組合和凝聚。個人無意識和集體無意識是由一些不確定的（因為不被知道）的情結或人格片斷所構成。（見榮格著，成窮、王作虹

「羨憎情結」是尼采發現的，是一種普適性的「在人類道德生活中起著決定性作用，並影響著個人的行為方式」的重要心理因素。[5] 國際學界在研究各國民族主義的興起與演變的時候，特別重視這一概念。中國學界則用它來解釋、分析近百年來中國的民族主義思潮。「現代意義上的羨憎情結，是對過去的一種感受、尤其是對一種精神傷害的『回味』以及與之相連的惱怒。它是一方對另一方的一種不肯承認的嫉妒和幽憤，原因是覺得他（你）過得比我好，該得的我沒得到，是命運虧待了我。」[6]

無論哪國人，無論哪個時代，無論何種制度下，我們都會聽到關於命運的抱怨。同樣，因為回味過去的精神傷害而憤憤不平的事，也史不絕書，隨處可見。「一方對另一方的一種不肯承認的嫉妒與幽憤」也並非中國獨有。問題是，命運之不公，精神之傷害，該得到的沒得到等等，在我們的受訪者身上表現得格外頻繁而沉重。

上海譯製廠資深配音演員蘇秀老人說得好：「政治運動給電影界造成的損失是無法計算的。自殺的、判刑的、迫害而死的是看得見的，更多的是看不見的。」[7]——因為相貌、氣質不像工農兵，幹了一輩子演員，只

---

譯：《分析心理學的理論與實踐》頁76—78，北京，三聯，1991）

5 詳見方維規：《民族主義原則損傷之後——中國150年羨憎情結》，《社會科學》2006年第5期。「羨憎」這個詞最早來自法語Ressentiment。方維規在這篇論文中，對它做了這樣的解釋：「從詞源上說，這個法語詞（re + sentiment）表示對外來情感或情緒的回應，原本包含兩個因素，其一，Ressentiment講的是一方對另一方的一種反覆出現的、情緒上的應答反應，是情緒本身的再體驗，或曰一種事後的體驗和重新體驗。其二，這種情緒的質是反面的，是帶有敵意的情感衝動。……從個人心理學或社會心理學上說，羨憎情結必須具備兩個前提：1、羨憎情結的主體認為，它與它的企羨和怨恨對象是平等的，本來不相上下。但這只是理論而已，現實卻是另一回事。2、它的對立面絕對高它一等，毫無平等可言。」

6 同上。

7 蘇秀訪談錄音（2010年3月2日）。

能跑龍套，當配角。因為幾句真話就被打成右派，用非所學，才華耗盡。因為家庭出身或歷史有點兒問題，就終生不得信任，沉淪下僚，壯志成虛。因為拍了「四人幫」選定的電影，就成了爪牙，即使在「四人幫」打倒後，仍舊受到逼供信的待遇，幾乎「自絕於黨自絕於人民」……。當這些受訪者看到那些發揮了自己的藝術才華，成就了一番事業，活的時候名利兼收，死了之後盡享哀榮的同仁時，他們會是什麼心情？當這些受訪者看到那些在舊時期以運動為生，以整人為業，在新時期仍舊吃香喝辣，占盡好處的政工幹部時，他們會是什麼心情？當這些受訪者看到那些生前見風使舵，死後頌歌盈耳，文集行世的領導幹部時，他們又會做何感想？

不用說，他們對這些成功人士不能不暗含著嫉妒、憎惡與恨意。[8]這是社會不公、真善不彰，正邪不分，以及社會動亂留給群體心理的巨大陰影。正是這種陰影，使一位被打成右派，在寧夏度過了三十年的，年近八旬的知識女性，在飯桌上突然發起火來，把「四條漢子」和他們的譯著、劇作視為糞土，把錢鍾書、楊絳的學術成就說得一錢不值。這偏執的心態背後隱藏的是羨慕——失意者羨慕成功者，羨慕他們藝術上的成就，羨慕他們得到的尊敬，羨慕他們死後的待遇，羨慕他們用公款印製的文集，羨慕他們青史留名……。

在實際生活中，像上述的那位女士那樣失控，對成功人士一切抹殺的事例是很少發生的。在意識有效的自我控制下，受訪者對成功人士發洩「羨憎情結」的最合理最通常的渠道就是婚外性關係。當他們將那些或真或假，似有似無的成功人士的婚外性關係講給你聽的時候，得到了一種滿足。

8 法語Ressentiment中本來就包含「嫉妒」和「懷恨」兩層意思。故臺灣學人多半譯它為「妒恨」。

## 八、議論國是與「焦慮感」

除了婚外性關係之外，受訪者最關心的還有當代政治，以及與之關係密切的政經結構和意識形態。當受訪人講到親身經歷的各種政治運動——「批武訓傳」、「文藝界整風」、「肅反」、「反右派運動」、「三面紅旗大躍進」、「三年困難時期」、「社會主義教育運動」（四清）、「十年浩劫」、「清理三種人」、「反對資產階級自由化」、「清理精神污染」時，他們中的絕大多數人都會加入自己的評價。編劇J在講述自己如何糊裡糊塗成了右派之後，給我們展示了她當年的日記。導演K在講述自己作為牛鬼蛇神如何被批鬥之後，給我們展示他保留的紀念品。演員L則在給我們翻看他的劇照之後，大講特講對「蘇東波」的理解，而這種離經叛道的議論常常要占去了採訪很多時間。

不管他們的看法是左，是中，是右，是主流、支流還是異端，受訪者的講述都會從當下的電影，轉向當今的社會。從對商業大片的不屑，轉向對腐敗現象的不滿，轉向房價，轉向政經結構，轉向對幾代領導人的評價……。

八十年代中期，北京大學的三位青年學者發現，「二十世紀中國文學浸透了危機感和焦灼感，浸透了一種與十九世紀文學的理性、正義、浪漫激情或雍容華貴迥然相異的美感特徵。」[9]這些經歷了影界風雨的耄耋老人的不屑與不滿，又會給北大學人什麼感悟呢？我們是否可以說，在這些老人的牢騷中，依舊隱現著二十世紀中國文化人所特有的危機感和焦灼感呢？於建嶸稱近年來頻繁出現的群體事件為「社會洩憤」。[10]這些受訪

9 黃子平、陳平原、錢理群：《論「二十世紀中國文學」》，《文學評論》，1985年第5期。

10 于建嶸：《社會洩憤事件中群體心理研究——對「甕安事件」發生機制的一種解釋》，《北京行政學院學報》2009年第1期。

者對當代史的執迷，不妨稱之為「歷史洩憤」。與「社會洩憤」不同，「歷史洩憤」只是說說而已。

唐納德・里奇說，「口述史家的工作就是把受訪者從懷舊的情緒之中抽離出來，坦然而富批判性地正視過去。」[11] 對於我面對的受訪者來說，「坦然而富批判性地正視過去」正是受訪者的熱情之所在，主訪者所能做的，是在適當的時候，誘引他們轉向別的話題，免得他們在批判過去上面花費太多的時間。

然而，「羨憎情結」也罷，「歷史洩憤」也罷，當受訪者面對著自己的錄音將以文字形式發表的時候，他們又是不約而同地退縮——隱去某些人名、改變原來的敘述，刪掉某些事件。

這裡有一個極端的例子：一位老導演對他的錄音整理稿不斷地刪改，每一次都隱去了一些人的名字，刪去了某些敏感辭彙和特指性事件。以至於當他跟我發誓，再也不改一字的時候，我仍舊囑咐編輯部：「你們先放一放，別排版，老先生可能還要改。」果然，當晚，老先生又來電話，要求將某人的姓氏的拼音再改一下。以免人家猜出來其所指。而這個人正是這位老導演最痛恨的主兒。在訪談過程中，他講的最多的就是此人。

這種從清晰退向模糊，從公開退向隱匿，從直面退到迴避的情況，在口述史工作中是屢見不鮮的。臺灣中央研究院近代史編審沈懷玉在《口述歷史實務談》一文中，專闢「關鍵內容被刪除」一節。其中寫到：「受訪者在做完錄音訪談後，對於『大放厥詞』、品頭論足的部分，幾經考慮深感不安，因而要求刪減內容。有時竟把最關鍵的地方全部刪除，或是全部改頭換面。原本有血有肉的稿子，刪到只剩下骨頭，只能說慘不忍睹。」[12]

---

11 《大家來做口述歷史實務指南》頁1，北京，當代中國，2006。

12 當代上海研究所編：《口述歷史的理論與實務——來自海峽兩岸的探討》頁150，上海，人民，2007。

## 九、口述史中的「雙重文本」

這種現象昭示我們，在口述歷史研究中普遍存在著「雙重文本」——包括我們在內，每個人都有自己內心隱秘，都有自己的顧慮和擔心，因此，當這些人成為受訪者的時候都會有自己的「潛文本」。也就是說，每個受訪者都有兩個口述文本，一個是他同意公開的「顯文本」，一個是他拒絕公開的「潛文本」。顯而易見，因為「潛文本」與「顯文本」相加之和是受訪者口述的全部內容。所以「潛文本」增多，「顯文本」就會減少。反之亦然。

所有的口述歷史的工作者都希望增加「顯文本」，減少「潛文本」。這個良好的願望取決於主客觀兩方面的因素。主觀指的是受訪者的心理、性格，客觀指的是受訪者所處的社會條件。

從發生學上講，客觀大於主觀。社會條件對「潛文本」產生的普遍性以及它在口述總和中所占的比例起著決定性的作用。進言之，如果受訪者經歷了較多的令人困惑的事件，受訪者所生活的社會存在著較多的不安全感，那麼，「潛文本」的比例就比較高。「潛文本」的深度和廣度與社會的和諧、公正程度成反比。社會的和諧、公正程度越高，受訪者的顧慮和擔心越少。上面提到的恐懼心、抗拒心、羞愧心、疑防心、迎合心同樣也會減少。

在採訪中，我們會經常遇到這種情況：受訪者在敘述中突然停頓下來，囑咐我們：「這些話你們可得刪掉」，或者是「這些內容可別外傳」。更糟糕的是，當口述變成文字準備發表的時候，受訪者突然變了卦。他們一遍又一遍地修改刪節，不但要將所有的人名隱去，而且要把所有生動深刻的對話，有血有肉的細節刪成幾根枯骨，直至像那位臺灣同行說的那樣，將你的辛苦勞作變得「慘不忍睹」。

值得安慰的是，顯、潛這兩個文本在受訪者那裡並不是固定不變的，時間的流逝，人事的變遷，思想情感的異動，以及時政觀念的更新改變，都會使受訪者對原來的口述產生新的認識，從而使某些「潛文本」浮出水面，躋身「顯文本」之列。換言之，這裡的「顯」與「潛」是一個動態的、變化的過程。一般來說，其變化的總體趨勢是由「潛」而「顯」，而不是相反。臺灣的口述史家在征得受訪者同意之後，對其要求刪除的「潛文本」採取「保留一段時間再做決定」的辦法，[13]順應了這種趨勢，值得我們借鑒。

13 當代上海研究所編：《口述歷史的理論與實務——來自海峽兩岸的探討》頁150，上海，人民，2007。

# 香蘭自判前因誤，生不當門也被鋤

## ——紀念文革史家王年一先生

得知王年一先生腦梗塞住院，我知道他活不了幾天了——我的叔叔死於此，我的中學同學亦死於此。我跟幾個朋友想去三〇一看他，遭到其家人的嚴拒。九月十三日，王先生在昏迷中辭世，享年七十有五。

我一九八七年就認識王先生，他那時是國防大學教黨史的教授，我是北京電影學院文學系的教師。我身在曹營心在漢，想一邊教文學，一邊研究文革。王年一是文革研究的先行者，從我上門求教之日起，我們即開始了長達二十年或熱或冷的交情。但是不管冷熱，我都敬王先生為師，自詡其私淑弟子。王先生則把我當作無話不談的摯友，當面叫「老吳」，寫信稱「吳兄」。

我與王先生的交往，可以分成「熱—冷—熱」三階段。前十二年是熱，後五年冷，再後三年溫度大幅度回升。「熱」的歲月裡，我是他家的常客，與他探討各種問題。中國學者封鎖、壟斷資料的惡習，在他那裡蕩然無存——他不但無償且主動地借我資料，而且還向我提供他的心得體會。可以想像，在視文革為禁區的氛圍中，他的熱情和無私，給了我這個初出茅廬的業餘涉獵者多麼大的溫暖和鼓勵。有一次，他告訴我，北大、社科院、中央黨校和國防大學四個單位要成立文革研究所，中央書記處書記、政治局常委胡啟立已經批准。我連夜跑到他家報名。他說我是第一個報名的，還說，來這個所的人都是學黨史的，正需要我這個學中文的，他甚至連我的工作都安排好了——負責一個文革研究和資料的專刊。「六四」的槍聲擊碎了我們的夢想，但是並沒有減弱他為我尋找出路的熱情。機會終於來了——圖們要寫《康生與「內人黨」冤案》，想找個青年人合作。王先生推薦我去。我一聽書名就火了——「內人黨」冤案是從「烏蘭夫反黨叛國集團」來的，「烏蘭夫反黨叛國集團」是前門飯店會議決定的，這個決定是毛澤東批准的。康生雖然不是東西，但是他跟林彪、「四人幫」一樣，與「內人黨」冤案沒什麼關係。我當著王先生的面，狠狠地痛斥了這種迎合上意的作風，毫不客氣地拒絕了他的舉薦。王先生對我的不識抬舉，非但沒有絲毫的不悅，反而大大地誇獎了一番，說我有膽識、有原則、不趨時媚上。直至十幾年後，他給閻長貴先生寫信，還念念不忘地表揚我「有文人的骨氣」。九十年代初，我還參加了王先生主編的《文革大辭典》的編撰工作，負責撰寫內蒙古的辭條，王先生對我稱讚不已。後來，他給閻長貴先生寫信，談到國內埋沒人才時，說我在國外會成為「名教授」，而他在國外只能成為「名教師」。其實，無論國內國外，要想在文革史上搞出名堂來都大不易，我認識的幾個研究文革的，澳大利亞的阿尼塔•陳、瑞典的沈邁克或先或後都改了研究方向。文革發生在中國，以史做鏡應該是中國人的事，指望外國人欣賞你打磨的鏡子，難矣哉！往大了說，這是搞社科人文的共同困境——在國內受限制，在國外被忽視。

話說回來，人都愛聽好話，王先生的謬獎和推重，使在孤寂中摸索的我跟他迅速親近起來。雖然他的謙虛仁厚和獎掖後進足以讓我們「打得火熱」，但更吸引我的，是他勇於認錯的作風。跟我一樣，王先生是性情中人。我的學生對我的評語——天真幼稚，沒有機心，沒有城府，不會處世等等都可以原封不動地用到王先生身上。性情中人的一個特點，就是喜怒形於色。有一次，我們正在他家談天說地，他的妻子插了一句什麼話，一下子把他惹火了，他吹鬍子瞪眼，大發雷霆，那股蠻不講理的橫霸作風，與《激情燃燒的歲月》中的石光榮能有一拼。王夫人是天下最賢慧的妻子，坐在他身邊，一言不發，直到他發完脾氣，才悄悄地起身離屋。過了一會兒，我去洗手間，發現她躲到客廳的角落裡偷偷地掉淚。我的「膽識」和「原則」再一次爆發出來，回屋關門，我對王先生正色道：「古人說，當庭訓子，關門教妻。這後半句雖然有點封建夫權，但是人家封建夫權還知道保護別人的自尊心呢。您當著我的面訓太太，也太傷人自尊了。再說，人家整天侍候您，沒功勞也有苦勞，就算哪句話說的不妥，也不至於發那麼大脾氣呀！」王先生沒說話，悶頭抽煙。我自覺沒趣，又待了一會兒，起身告辭。這時，他說話了：「老吳，你別走！」我看著他，他的神色像個犯了錯誤的小孩。「你說的對，我錯了，我承認錯誤！」說著，他打開門，朝著客廳裡大聲說：「老吳批評我了，我錯了，我給你道歉，老婆子，王年一同志請你原諒！」

此後不久，王先生得了腦血栓。我很有些感慨：敢於直面自己一丁點兒小錯的性情中人，活在一個是非不分，且明知錯了卻死不認賬的世道裡，能不得腦血栓？

我們關係的由熱而冷，是因為那本《文革大辭典》。一九九八年秋，我正在瑞典隆德大學東亞研究中心做客座。有一天，中心主任沈邁克拿著一封信興沖沖地跑來找我：「嗨！好消息！英國一家出版公司要出一本文革辭典，咱們組織一個班子幹吧！」邁克是哈佛大學的漢學博士，歐洲著名的文革專家，他深知國內研究文革的難處，很為那本彙聚著五百多人的心血，數百萬字的辭典出不來著急。他知道這是一個絕好的機會——把國內出不來的《文革大辭典》譯成英文在國外出。這樣既可以幫老朋友王年一的忙，又可以在為東亞研究中心找個好項目。我的熱情也被點燃了，馬上給王先生寫信，告訴他我們的計畫，請他把書稿要回來，以便談版權的問題。邁克的幹勁衝天，又申請經費，又跟英國商量翻譯事宜。我徵得邁克的同意，從丹麥請來了一位精通中、英、德、丹諸種文字的哲學博士周一雲女士，請她主持翻譯工作……萬事俱備，只欠東風。可這東風左等右等，就是不來。我急得要死，又寫信，又打長途，最後，王先生終於回話了：他要不回來書稿——作為中間人的書商獅子大張口，向出版方索要一大筆錢。

我不禁無名之火三千丈：這是什麼主編呀！幾百號人的心血，在國內一壓就是七八年，好不容易有這個機會，居然被一個小小的書商卡住了……

我們中間從此有了芥蒂。但是真正鬧翻是在我回國之後。王先生寫了一本《文革雜談》，聯繫了N家出版社，沒人敢出。他的研究生說有辦法，王先生滿懷希望把手稿交給她，結果泥牛入海。王先生給她寫信，不回；打電話，沒人接。王先生不會用電腦，所有的手稿都只有一份。萬一弄丟了，損失就大了。我又氣又急，一邊抱怨這年頭的人輕諾寡信，一邊為如何要回手稿出謀劃策。後來，經過了許多周折，這部稿子終於回到王先生手中。我不自量力又自報奮勇，幫他聯繫香港的出版公司。於是，王先生把書稿交給了我。

拿到書稿之後，我才發現，這是一個艱巨的任務。第一，在交給出版社之前，必須先把它變成電子版。也就是說，我得從簡單勞動做起，先當錄入員。第二，必須做一番整理編輯工作：刪繁去重，選擇篇目，確定目錄，增加序跋。我放下手中的活兒，一篇一篇地讀，邊讀邊改。我正在此中摸爬滾打的時候，王先生來了信。我一看大驚——他要我在此書上署名！我馬上給他打電話，敬謝不敏。王先生不依不饒，又來信，堅持讓我署名，而且我的名字要署在他的前面。其口氣不容置辯，簡直是命令。我怒了，跳起來給他打電話：您這是命令主義，軍閥作風！國民黨軍閥！王先生來信說，我說他軍閥，說他國民黨，他很傷心。我只好歉歉連聲，好言相慰。

那時候，他正在為林彪著迷。他掌握了相當的證據，證明林的外逃完全是毛逼的。我對林彪並無好感，他在搞個人迷信，搞階級鬥爭，推進軍隊的極左化等方面起了重要的作用。在我能夠完整地唱下來的可憐的幾首歌裡，排在第一的就是林彪為毛主席語錄寫的再版前言。但王先生敢於為林彪翻案，是他思想的一大飛躍，也是文革研究中的一大突破。我勸他寫文章往國外投稿，並以多位國內作者為例，說明現在寬鬆了，只要是學術文章，不會找作者的麻煩。王先生可憐巴巴地看著我：「我不敢，我怕，怕人家整我，怕坐監獄。我是病人，真坐了大獄，我這身體幾天就死了。」說到這裡，他拿煙的手顫抖起來，五官扭成一團——他哭了，老淚縱橫。看著他那孩子般的抽咽，我的心裡升騰起複雜的感覺，這裡面有可憐，有悲傷，也有輕蔑。在我看來，既要追求真理，就不要前怕狼後怕虎。真正的歷史學家要有才學識膽。敢不敢說真話，就看你有沒有膽量。「我不敢，我怕」，這算是什麼歷史學家？王先生在我的眼裡又矮了一截。

此後不久。王先生說，他手裡有些重要的文革資料，希望與我合作編一本《文革大事詳記》。但是他的材料不宜拿出家門，只能我到他家去寫，而他家又沒電腦，商量的結果是，我先買一台手提。當時我所在的研究中心正在福利分房，我要分到位於市中心的大房子，就得交出位於四環外的小房子，我對電影研究早就煩透了，從國外回來，就想辭職，合作編書的事給我提供了一個說服自己的理由。那天晚上，從王先生家歸來，我激動萬分，躺在床上，不顧妻子的困倦，大談人生理想。又是辛稼軒的名句，又是蒲松齡的名對——從「男兒到死心如鐵」到「三千越甲可吞吳……」我這廂念念有詞，妻子那廂早已進入黑甜之鄉。

在我放棄了福利房，買了手提電腦，就差辭職的時候，王先生卻黑不提白不提了。我等得不耐煩，拎著手提，登門催問。往常我一進門，王先生總要在夫人的幫助下，掙扎著站起來，跟我握手。這回，他坐在沙發上，神情頹喪，只是示意我坐，然後就悶頭抽煙。我把手提擺在他面前：「王老師，這是我買的手提。」他冷冷地瞅了一眼，好像和他無關。我點了一根煙，還沒抽一口，啪！王先生一巴掌拍在沙發的扶手上，我嚇了一跳。他聲音嘶啞地吼道：「這也不讓寫，那也不讓寫，整天就是歌功頌德，搞他媽的假大空！」他怒目圓睜，肩膀抖動，嘴唇哆嗦，大鼻孔一煽一煽的，眼神變得陌生而冰冷，直直地盯著我，好像我就是那些整天搞假大空的政宣幹部。被他盯得發毛，我趕緊找話：「王老師，出什麼事了？誰不讓您寫了？」王先生似乎意識到自己的失態，長歎一聲：「唉，不寫了，不寫了，寫了也出不來！」

合作編書的事就這麼黃了，我的大房子也沒了。一位跟我很哥們的同事聽說我放棄了福利房，不解地問我：「交出四環外的小房子，換個市中心的大房子，一把就是幾十萬呢！這好事你不幹，不是傻B嗎？」我有苦說不出，既不能找王先生算賬，又不能跟人們解釋。窩囊透了。

我的不滿，王先生毫不知覺，仍舊給我寫信（他很少打電話），仍舊請我去他家。我知道文革搞不成了，趕緊回過頭來搞正業。我的正業是電影研究，這是官方控制最嚴酷的領域。新時期電影，八十年代尚有向現實主義回歸之勢，九十年代以降，銀幕上幾乎一無可觀，要麼是淺薄無聊的娛樂片，要麼是歌功頌德的主旋律。有想法的導演冒死犯難搞違規電影，有想法的研究者著書撰文試圖發出清醒的聲音。然而，違規導演一再被黜，清醒的文字無法發表。在此語境之下，搞正業而似有較大空間的只有歷史。而在電影史中，最能自由言說的就是外國電影。我譯過幾本英文書，英文的讀、譯尚可，在瑞典、法國又有些人脈，我琢磨，如果從瑞典電影史入手，進而擴展到歐洲電影史，在國內混個權威並非難事。但是，當我面對著瑞典使館文化參贊送來的一大堆伯格曼的資料的時候，我改了主意——三軍可以奪帥，匹夫不可以奪志。為了一個區區博導教授而放棄初衷，讓我瞧不起自己！何況思想專制和文化封閉造成的學術空白多多，也不缺我這個半路出家的主兒。要搞電影史，就搞中國電影史，要搞中國電影史，就搞文革電影史。而文革電影又與十七年電影有著千絲萬縷的聯繫，好，我就從十七年搞起。

於是，我開始搜集資料，埋頭搞一九四九至一九七九年的《中國電影研究資料長編》，為寫十七年電影史和文革電影史做準備。我整天忙得腳打後腦勺，沒時間理睬王先生；而王先生逢年過節照樣給我寫信問候，我接信後僅僅打個電話而已——我們的關係降到了冰點。

在忙活了幾年之後，我突然悲哀地發現，我的「曲線治學」幾乎化成了泡影——殫精竭思寫的電影史，因為提到了反右，寫到了文革，就沒地方出版，即使我自費出書也不行。我的兩本思想隨筆和批評傳媒的集子，以及編寫的電影評論集都無法問世。我編的電影研究資料雖然僥倖獲准出版，但是辛苦搜集來的「陰謀電影」劇本和評論統統被砍掉，一百六十萬字的資料變成了一百二十萬字，四卷本變成了三卷本。我給研究中心打的

「拉片報告」被駁回，主任告訴我，文革電影不宜研究。

福不雙降，禍不單行。就在我鬱悶的時候，兩位國安人士找到我的單位，跟單位頭頭歷數我的種種莫須有的「罪狀」：在出國講學期間，與異議人士劉賓雁見面，向國外傳遞國內人權資料；六四前夕與朋友聚會，商量如何幫助在「風波」中受傷致殘的人士。國安人士讓頭頭轉告我，如再亂說亂動，就將以「危害國家安全，顛覆國家政權」的罪名逮捕法辦。

從此我生活在恐懼之中，不敢打電話，怕有監聽；不敢發電子信，怕公安黑客；不敢在家裡放文革材料，怕被不速之客搜出沒收。不敢與國外的親友聯繫，怕把他們當成美蔣特務、異議分子。恐懼是瘟疫，會傳染，我的熟人朋友見到我時的微笑，不約而同地僵硬起來。某日，我到某知情者家，他竟讓我把衣服脫掉，把鞋放在門口，然後才能進門——他懷疑我身上被安上了竊聽器。那段時間，我成了自己的把關人，每做一件事，都要站在國安的立場上研究一番，它是否屬於亂說亂動……

惶惶不可終日之中，我想起了王先生，想起了他帶著哭腔說的「我怕坐牢」，想起了我對他的腹誹。我突然意識到，我看不起一個半身癱瘓的老人，只能說明我的淺薄輕狂。無產階級專政並沒有向我揮起鐵拳，它只是朝我輕輕地吹了一口氣，我就嚇成了這副樣子。作為黨員、軍人，王先生比我承受的壓力更大，他的頭上不但有黨紀國法，還有軍事法庭。他的同事不是因為在書中披露了鄧小平永不翻案的檢查，而成了階下囚嗎？

極權專制是靠恐懼來維持的。恐懼的力量是無可限量的，它吞噬了知識分子群體，毀滅了社會道德，扼殺了創造精神；它培養了一批又一批御用文人，造就了一代又一代見風使舵的投機者。隨著社會的進步，恐懼也在移步換形，它不再像毛澤東時代那樣，在光天化日下縱橫馳騁，而是隱匿在人們的內心深處，使你幾乎意識不到它的存在，只有當你一旦想說真話的時候，它才會現出原形，獰笑著抽緊你的神經。

然而，恐懼也使我對王先生有了更深的理解。他主編、撰寫了那麼多有份量的書：《文革大事記》、《文革第一年》、《文革大辭典》、《文革雜談》、《文革研究資料》……，沒有一本問世。三卷本的《文革研究資料》已經裝訂出廠，卻因為高文謙的舉報而全部銷毀。香港中文大學熊景明想跟他要一套，他卻無書可送，如果不是我送一套給他，他這位主編只能束手。我的書是心血，他的書同樣是心血，我的書出版不了，我鬱悶，他的書出版不了，會比我更鬱悶。因為他老年體衰，來日無多。他非讓我在他的書上署名，或許是因為出書心切吧？他在編書上的失信，肯定是受到了官方的警告。有關部門不是時常找他，以黨紀國法相威脅嗎？他不敢在國外發表文章，那只是一時的怯懦。這是正常的人性，我不是也不敢出版我的關於文革的書嗎？然而，他畢竟是大寫的人，是真正的歷史學家，就在與我談話不久，他即擲老病之軀於虎口，以殘癱之手，著驚世之文，與何蜀先生合作，將「九一三」真相公諸於世。為了這篇文章，國防大學的組織部、保衛部多次找他談話，禁止他寫作。王先生怒極，四次以掌擊桌，痛斥來人。此時此刻，他已經沒有了顧慮，沒有了恐懼。他豁出去了！他在去世前致閻長貴的信中有這樣一句話：「個人得失不必計較，國家興衰卻不能不計較」。他用行動實踐了自己的信念。

我們的關係從此由冷轉熱。

有人說，當今之中國頗類於經濟發展、社會穩定的勃列日涅夫時代，有人說，當今之中國彷彿舉辦奧運會前後民族主義澎湃的德意志第三帝國，也有人說，當今之中國就好像回到了虛驕浮誇的晚清。任何比喻都是有缺陷的，但是，這三段歷史的共性——對思想言論的控制放在當代中國身上，卻貼切入微。

當權者以另類的歷史想像來安慰自己，他們把當今中國比作盛唐，比做康乾之世，於是有了八十多集的《貞觀長歌》，有了「我想再活五百年」的康熙宏願。這種想像迴避了盛唐之所以盛的原因，忘記了那是一個思想自由的時代，是一個民族的想像力盡情揮灑的時代。這一想像遮罩了康乾撒下的恢恢文網，隱匿了文字獄的兇殘，掩蓋了天朝上國在英使來訪中暴露的無知和虛矯。而康乾盛世的偉大學術成果——經學和考據，恰恰證明了中華民族思想文化的衰敗與枯朽。中國落後於世界，正是從那時開始。

清醒之士是有的，一百六十多年前，在升平之中最先感到大難將至的龔自珍告訴人們，這個盛世不過是「文類治世，名類治世，聲音笑貌類治世」的衰世。一八三九年五月，在頑固派的打擊下，龔自珍辭官南歸。在離京的路上，他寫下了這樣的詩句：「促柱危弦太覺孤，琴邊倦眼眄平蕪。香蘭自判前因誤，生不當門也被鋤。」在中國歷史上，「生不當門也被鋤」的仁人志士不知凡幾，他們並非體制外的挑戰者，只是體制內的改革派；他們並非政治異議人士，只是學界的一分子。他們的「反骨」和不幸，全在於他們的所從事的專業和誠實守信的品格。他們的最大希望不過是以求真之學，補益於社會；以歷史之失，警醒於當局。

是的，鋤掉他們是容易的。只須一個文件，就足以讓他們失語；只須一次談話，就足以讓他們的腦血管破裂；只須一個暗示，就足以讓他們的兒女成為他們研究的絆腳石……。最後，只須一個「和諧社會」，就足以讓他們在苦悶和孤寂之中死去——二〇〇七年九月十三日晨八時四十分，王年一先生永遠地閉上了眼睛，加入到那眾多的他所敬佩的志士仁人的隊伍之中。

希特勒鋤掉了湯瑪斯・曼，勃列日涅夫鋤掉了索忍尼辛，清政府鋤掉了龔自珍。香蘭鋤掉了還會長出來，他們的思想和著述已經成為人類的不朽遺產。那些專制帝國呢？

# 縱無健筆書青史，不敢心聲付蛀塵
## ——悼《記憶》之友劉向宏

### 一

二〇〇九年九月，我們到回龍觀去看向宏。她瘦得皮包骨，臉色灰黑，倚在沙發上，坐都坐不穩，惟獨兩隻眼睛清亮明澈，依舊有神。臨走時，我握著她的手說：「你好好養著。怎麼也得堅持到明年。《記憶》創刊兩週年，還等著你的賀詩呢！」向宏什麼話也沒說，只是淡淡地一笑。

從她家一出來，妻子就埋怨我：「哪有你這麼說話的！你讓人家堅持到明年，這不是等於說人家活不長了嗎？」我沒分辯。作為客套，我這話說得不妥。作為常識，這話並不錯——肝硬化兼腎衰竭，既吃不下飯，又無有效的治療，怎麼可能活得長久？

四個月後——二〇一〇年一月三十日晚八時二十六分，向宏逝於北京武警總醫院。享年五十六歲。《記憶》失去了一個忠實的讀者，一位真摯的友人。

因為身體不支，向宏在二〇〇八年就退了。聽說我們要辦《記憶》，她給我打過很長的電話，談她當年辦《傳記文學》的經驗。《記憶》問世之後，她強撐病體，為它介紹作者，推薦文章，並向親朋好友廣為傳發。當年十月，在《記憶》出了四期之後，她寫了一首七律，詩前有序：

值此非驢非馬之世，逢茲官史胡唚之時，欣悉《記憶》問世。友朋傳來，四期歷歷。其匡人言之謬誤，有求真之心；駁有司之欺瞞，無犬儒之態。特賦詩一首，以示敬意。

**讀《記憶》有感**

日暮危欄敗柳風，
黎民塗炭九秋蓬；
從來世事煙雲鎖，
自古江山霧靄重。
斷簡殘編究有跡，
雪泥鴻爪寧無蹤；
多情最是東流水，
時作驚濤裂岸聲。

這首詩登在了《記憶》第五期的「編讀往來」之中。它成了向宏在《記憶》上的絕筆。

## 二

向宏原名「向紅」——「紅心向黨」或「向紅太陽」。是她自己改成了「向宏」。雖仍在黨，仍在毛澤東餘威的籠罩之下。但志趣與主流大不同。那年弔唁趙紫陽就是一例。

既然生活在北京，就要盡可能地進入現場，成為歷史的親歷者。這是向宏的信條。趙紫陽去世第七天，我們估計當局會放鬆警戒，於是相約去弔唁。頭一天晚上，我給她打電話，囑她寫幅輓聯，一定把八九年趙紫陽在廣場上那著名的「無所謂了」寫進去。第二天一早，她拿來了：

難為漢相，寧做楚囚，大丈夫無所謂了。
青史留名，人心自在，小朝廷何足道哉。

內行知道，古詩中的對仗，虛詞最不容易。向宏以「何足道哉」對「無所謂了」，既工整又貼切。我一邊往宣紙上抄，一邊說：「不管輓聯有多少，這個肯定能進前三甲。不過要是人家追查起來，我也肯定要跟你吃瓜絡。」向宏笑了笑，到一邊抽煙去了。

趙紫陽是二〇〇五年一月十七日逝世的，那天已經是一月二十四日。可是富強胡同的大路口和馬路邊上，還有兩輛警車。幾個員警在胡同口站著，便衣在馬路兩邊晃。不過，他們倒沒找我們麻煩。

到了六號院大門口，兩個便衣把我們攔住：「你們是幹嘛的？」

向宏：「弔唁趙紫陽。」

「你們是趙紫陽什麼人？」

向宏：「朋友。」

「你們是哪個單位的？」

向宏：「沒單位。」

便衣指著向宏挎著的相機：「把這個留下來。」

向宏好像沒聽見一樣，若無其事地往裡走。奇怪的是，便衣也若無其事，既不說話，也不阻攔。我們大搖大擺進了二門。向宏發議論：「這兩位也太不敬業了。至少也得嚷嚷兩聲呀！」

二門口有一木椅，椅上放著一個紙盒，盒子裡面是做好的紙花，趙紫陽的女婿給我們一人發了一個。我們小聲問他，裡面還有沒有便衣了。他沒說話，只是曖昧地笑了笑。

靈堂裡，不少人在照相。向宏跟我說：「你看，人家都把相機帶進來了。看來沒幾個人聽那兩個便衣的。」

一個小時之後，我們從趙家出來，那二位便衣早沒了蹤影。

## 三

在向宏的志趣之中有一條：行俠仗義。她不簽名，不發帖，不當輿論領袖，不當公共知識分子。她做的是具體的事。我認識她，就是因為她幫我出書。因為苦於在大陸出不了書，八年前，我寫了本《中西風馬牛》，借老外的嘴說中國電影的事。書尚有些可讀性，在刊上發了，網上也有流傳。可是試了四五家出版社還是出不來——有的讓我刪去對雷鋒精神的評價，有的讓我刪去江青和樣板戲。就在走投無路的時候，友人推薦給了文藝出版社，向宏是此書的責編。她非但沒讓我刪，反而讓我加上了一些原來想說又不敢說的話。

不過那書的封面讓我不高興——在書名下面，加了這樣一句話：「通過對電影的解讀，提供多種倫理依據和價值尺度。未出版即被多家報刊連載，轉載。」我問她，「這是誰寫的？什麼解讀、倫理、價值的，人家還沒看就嚇跑了。」她說：「你知道嗎，這是我特意給這本書塗的保護色。審讀小組看到這種提示，會以為這是一種專業書，就會放鬆審查。」向宏的解釋給了我靈感，在送給她的書上，我題了一首打油詩：

太平盛世懼民言，
恢恢文網又一年。
裝癡賣傻苦遮掩，
騙得官家買路錢。

這回輪到向宏不高興了：「我們辛辛苦苦給你出書，倒落個上當受騙，你可真沒良心。」

書出了半個月之後，文化部給出版社打電話，說孫部長聽說了這本書，要出版社送去幾本。社領導給部長送去五本之後，趕緊把向宏傳來，問她書裡到底寫了什麼，怎麼驚動了部長？向宏好言撫慰了領導一番。可人家還是七上八下——按規矩，這書本來是要這位領導把關的。因為向宏是老資格的編審，所以領導就沒看。得到了這個消息之後，我、向宏也緊張起來——我怕牽連她，她怕書被禁，領導怕整頓檢查。

一個禮拜以後，向宏告我：「部長打來電話，說《中西風馬牛》很好。表揚我們社出了一本好書。希望我們再接再厲。」

不負部長厚望，我再接再厲又拿出兩本書來，第一本是《中國電影研究資料》，另一本是《中國電影的改造》。前者是資料集，後者是十七年電影史。它們都屬於非虛構作品，我沒法裝癡賣傻，向宏的「苦遮掩」也不靈了。資料集有四萬元的出書補助，二百多萬字，分了四冊。向宏擔心文革時期的電影資料在審查時會出事，勸我砍掉第四冊。我知道她不到萬不得已不會這樣做，只好忍痛割愛。而那本電影史，向宏則完全束手無策——它涉及到反右，我修改了N次，向宏還是說肯定通不過——除非把五六、五七年的兩章拿掉。我跟她發牢騷：「鄧小平說歷史問題宜粗不宜細，拿掉了那兩章倒是符合小平的精神了。可歷史能減去兩年，從五五年直接跳到五八年嗎？」我提出自費出版，試圖保住那兩年。向宏不點頭。我明白了，這本書成了她的滑鐵盧。她的俠肝義膽、勇氣智謀在書刊審查面前無能為力。她所能做的，就是為這本書題詩——

**題《中國電影的改造》**[1]

信史千年搏浪沙，
鐵函沉井傲官衙。
文章溯本功獨到，
膽識歸真書自華。
武訓途窮樣板舉，
廬山閂轉影壇伐。
爐餘心火民間繼，
滌掃堂前噪暮鴉。

此書在我手裡放了N年，今年在臺灣問世。可惜，向宏看不到了。

1　此書五年後在臺灣秀威出版，書名改為《毛澤東時代的人民電影》。

# 四

在「五〇後」的同輩人中，向宏在格律詩上的造詣是第一流的。她的詩有意境，有情致，音韻和諧，對仗工穩。我是學古代文學的，與向宏相比，自愧弗如。「縱無健筆書青史，不敢心聲付蛀塵」。這是向宏的詩句，她將其所思所感，化而為詩。逝世後，我整理了向宏的詩作，得詩近四十首。其中有兩首值得一提。

二〇〇五年五月中國藝術研究院召開「保持共產黨員先進性」的教育活動。地點是北京郊區的什麼度假村，事先通知各位黨員帶游泳衣／褲。向宏給我發來了一首七律——

保先洗腦出京門，
反腐依舊度假村。
闊論高談名利宴，
淺斟低唱綺羅身。
陳規早繼文革去，
新政偏圖專制存。
可歎欺人欺己後，
復言天下一家春。

黨員到度假村去學習檔，在「名利宴」、「綺羅身」中「保持先進性」。在這種「欺人欺己」的形式走過之後，還要「復言天下一家春」——為太平盛世歌功頌德。向宏的清醒表明，中共黨內有一股自我反省、自我更新的強大力量。

向宏的詩告訴我們，她的清醒源於歷史意識。請看她作於二〇〇五年六月的詩：

一十六載又國殤，
風雨如磐夜未央。
每恨奸邪歌盛世，
豈堪諂佞道吉祥。
江河不廢天行健，
正氣長存人自強。
敢問乾坤再造日，
友朋共話慨而慷。

在此「國殤」之日，向宏每年都要為它訴諸筆墨。二〇〇七年這一天，她給朋友發了這樣的短信：「十八年前的記憶還是如此深刻，那一天的此時，我噙著眼淚凝望著長安街上彈洞累累的鐵護欄，只覺得心也已經千瘡百孔。今天想來，那情景還是如此清晰，這記憶將永不磨滅。」

記著這個日子的，何止向宏。

向宏病倒之後，每個週末仍舊給大家發她在防火牆之外看到的資訊。其中有一篇臺灣「白色恐怖政治受難者紀念碑」的碑文：

臺灣實施戒嚴期間（一九四九年五月二十日—一九八七年七月十四日）及其前後，有許多仁人志士遭受逮捕、羈押或槍殺，時間長達四十多年。此種慘痛事實形成恐怖氣氛，籠罩整個社會，成為臺灣人民揮之不去的夢魘，影響社會發展至深且巨，史稱「白色恐怖」。

昔日威權體制下，統治者高高在上，迫害人權，剝奪自由，造成無數生命的隕落、家庭的破碎和種種不公不義，舉國上下遂長期處於不安與恐懼之中。一九九〇年代之後，在國人流血流汗，持續努力下，臺灣走出威權統治，逐漸形成自由民主的社會。

保障人權，追求社會公平正義，是民主國家所服膺的普世價值。我們不僅要追求歷史真相，追究責任，更應記取教訓，使執政者不再重蹈覆轍。因此建立紀念碑，祈願臺灣從此成為民主、自由、人權和正義的國家。

這個碑文很多人都提到過，智效民在《炎黃春秋》上為其撰文，傅國湧的博客上有它的照片……向宏無文無圖，但其所思所想，盡在不言之中。

## 五

是什麼力量驅使向宏做上述這些事呢？是性格，正義感？歷史意識？不管是什麼，反正它不是從天上掉下來的。它源於生活——或是對現代歷史文化的讀書和思考，或是對中外資訊的留心和比較，或是對民生的關注，對生態的憂慮；或是出於對同類的同情，對邪惡的憎惡……總之，它是思想、性格、閱歷、經驗的混合體。這種混合體，我無以名之，稱之為志趣。

其實，有類似志趣的人多了，黨內黨外，精英庶民。誰願意撒謊騙人？誰不渴望說真話，誰不知道歷史無情？只不過，知易行難。絕大多數的人因為各種原因，無法像向宏一樣知行合一。

裝，是這個時代的真正特色——下面裝著服從；上面裝著相信下面的服從。在公開場合裝孫子，私下裡則是「草泥馬」。而這個裝，越來越假，越來越不耐煩。一位監察機關的處長跟我說過這樣的話：「幹部的嘴就像妓女的B。」我很驚訝他的坦率——他跟我認識不到一個小時。

白樺跟我說過一件趣事：當年艾青握著他的手，老淚縱橫地稱讚：「了不起了不起，你寫了個好劇本。你替人民說了真話！」可幾天後，在批《苦戀》的會上，對《苦戀》上綱最高，對作者斥責最烈的，還是這位大詩人艾青。白樺告訴我，當時艾青剛從外地回京，連住的地方都沒有，他要裝出緊跟聽話的姿態給上邊看，以便上邊早點為他落實政策。

歷史是中國人的宗教。除了極惡之人，誰都惦記身後名。「人相食，是要上書的。」劉少奇用這話提醒毛澤東，說明他的歷史意識。毛怕歷史，所以要打倒劉少奇。他忘了他說過的「人間正道是滄桑」。

他忘了，人民沒忘——二〇〇九年清明節，中國人權活動家遇羅克的雕像在北京通州宋莊美術館落成揭幕。在不久的將來，林昭、張志新、李九蓮、鍾海源等巾幗英雄的塑像也會矗立在這塊土地上。儘管無數事實昭示我們，維護正義，追求真相，即使在「依法治國」的和諧盛世中也仍舊是一個艱苦卓絕的事業。儘管在主流文化的時代英雄榜上，找不到那些為這一事業流血流汗、受苦受累、忍辱負重的仁人志士的位置。但是，他們不負歷史，歷史也不負他們——或遲或早，與臺灣那座紀念碑同類的建築物將出現在天安門廣場。在這個紀念碑上，將鐫刻著他們的名字。在這些名字中，你將找到劉向宏。

# 春色誰為主，南北東西路——北京四中瑣記

## 一

我很少參加四中的校友聚會，為什麼？我也說不清。可能是它的浮囂張揚讓我畏縮，可能是它的攀龍附鳳讓我反感，也可能是它的豪華校園、男女合校讓我疏離……

二〇〇九年春節前夕，西西友誼酒店舉辦了一次四中校友會，我冒昧與會，完全是出於私心——我想在《記憶》（這是我跟何蜀辦的一個研究文革的電子刊物）上面推出一期「四中文革專輯」，這是一個聯繫師友的好機會。

聚會永遠是亂哄哄的，觥籌交錯之中是應答的笑臉和酬酢的客套，平心靜氣和低聲細語在這裡沒有存身之所，你必須大聲嚷嚷才能交談。似乎一定要為這亂哄哄增加成色，四中合唱團閃亮登場，一曲「紅歌」悠然響起——

太陽最紅，毛主席最親
您的光輝思想永遠照我心
春風最暖，毛主席最親

您的革命路線永遠指航程
……
您的功績比天高
您的恩情比海深
心中的太陽永不落
您永遠和我們心連心啊
……

在合唱團一遍又一遍的詠唱中，我觀察著周圍，這歌聲似乎沒有喚起任何反應，其唯一效果就是引發了更大聲地嚷嚷，更豪邁的說笑。這所精英學校的精英們，對於意識形態的痲木，讓我想起了公園、空場上自娛自樂的男女，錄放影機傾泄出來的任何曲調——無論是周璇、鄧麗君的「靡靡之音」，還是「抬頭望見北斗星」的革命抒情，都不妨礙他們引吭高歌或翩翩起舞。

在這歌聲中，我找到了老校長劉鐵嶺。當年英姿勃發的帥哥，如今已經是白髮皤然的老翁。我伏在他的耳邊大聲問：「您聽了這歌有什麼感想？」或許是沒聽清，或許是不好回答，他給了我的一個溫馨而含糊的笑。

然而，歷史既不溫馨，更不含糊，此時此刻，它狡黠地眨著眼，帶著嘲諷的笑，向四中師生拋出這樣一個因果鏈——如果「您的光輝思想永遠照我心」，如果人們「心中的太陽永不落」，那麼，我們即使不去早請示，晚彙報，也應該為「兩個凡是」效忠。如果毛的「革命路線永遠指航程」，那麼，這裡所有的人的命運都將改寫。比方我，就不可能上那資產階級統治的大學，而要繼續在土左旗黑河之畔，白天到地裡幹活，晚上卷著「大炮」，聽社員「灰擻」。而眼前這位老校長，即使有幸活到現在，也只能在「五七」幹校裡存身。

倫敦大學的Chris Berry教授說過：「不管文革時期的文化遭到怎樣的嘲笑，在塑造著今日中國的民族主義和現代化方面，仍舊發揮著作用。」這話沒有說錯。

歌罷，我問合唱團的一位女團員：「你們為什麼選了這首歌？」她說：「考慮到來聚會的都親歷過文革，相信這首歌會滿足人們的懷舊感。」

對於喪失了歷史感的人們來說，懷舊的酒杯裡放進什麼都是一個味。

## 二

我考進四中，很有點盲打瞎撞。我的小學在海澱的鐵五小，班主任陳永榮老師勸我報清華附或一〇一，理由是這兩所學校都屬海淀區，考本區容易。我沒聽陳老師的話，報了西城區的北京四中。

但是，光榮感很快就被自卑感壓倒——第一節課選班幹部，班主任王行國對講臺下面的四十七個學生發號施令：

「在小學當過大隊長的，起立。」

呼啦，四十七人中站起來一半。

「在小學當過班主席的，起立。」

呼拉，又站起了一半。

「在小學當過中隊長的？起立。」

呼拉，我前後左右的全站了起來，我的心提到了嗓子眼——王老師如果再問下去，「在小學當過小隊長的起立。」將只有我一個人站起來丟人現眼。

阿彌陀佛，王老師問到了中隊長就打住了——班裡的幹部資源極大豐富，他要做的是，從高個子裡挑姚明，用不著從矬子裡拔將軍。

我產生了嚴重的自卑感，鬱鬱寡歡，在班上抬不起頭來。幾個禮拜以後，這種感覺就被劉順福一掃而光——劉，矮胖，貌醜，聲音尖細還帶口音，每當唐老師讓他念英文的時候，他那怪聲怪調都會讓全班笑翻。同學們嫌他土，他確實很土，衣服是中式的藍褂子，鞋子是手工做的老頭鞋，從不穿襪子。就這樣的土包子，在小學居然又是班主席，又是大隊長！

我的自信在同學們的哄堂大笑中陡然而起。

那是怎樣的流金歲月啊，我每天坐二十一路，換十三路，到平安里下車，驕傲地從女六中門口經過，從後門進入四中，繞過教學樓，進入教學小院，初一四的教室就在院南側的平房之中。一天的生活開始了。班主任王行國那扁平的大臉，嗒拉著的嘴角，冷峻的小眼睛；英語老師唐琳線條分明的臉龐，清澈的目光，發母音時露出整齊的白牙；語文老師齊大群感情充沛的講解，跳動的頭髮，蕭灑倜儻的版書；數學老師劉潤清的紅鼻頭，歷史老師朱鑒民探照燈般的眼睛，還有那面頰黑紅，身材乾瘦的遲文德，給我們上體育時「立正，向右看齊」的尖而高的嗓音……啊，這一切，如今想來竟像一曲牧歌，讓人感慨而陶然。

我是個中等生，即使是常受齊大群表揚的作文，也遇到了強勁的對手——初一的時候，學校組織參觀軍博，要求寫觀後感。班長劉學煌拔了頭籌——在這篇作文裡，他用了四十二個成語！

學習上的挫敗增加了我打籃球的興致。在小學，我是壘球隊的主力，到了四中，我迷上了籃球。這顯然與四中眾多的籃球場的教唆有關。除了教學小院，大操場上還分兩排站著八個籃球場，第三四個，場地平，籃筐好，是大家爭奪的對象。第二節課結束後是做眼睛保健操的時間，唐琳老師站在講臺前帶領大家做操，每當她閉一下眼睛，籃球就向後門移動一步，直到滾到我的腳下——坐在後門附近的人必須充當搶佔籃球場的先鋒。

課間鈴聲一響，我就像百米衝刺的運動員，抱著籃球沖出後門，向最佳場地狂奔。一旦好場子被人家占了，就趕緊去搶次場子，如果搶不到，沮喪之情就足以將後兩節課毀掉。

由於癡迷於籃球，我盼著長高；量身高，摸籃板成了日常功課。由於癡迷籃球，放學之後不回家，直到打到看不清籃筐，才再度奔向食堂，就用那淡黃色的薄紙印的加餐票買上四個無眼小窩頭，來安撫剛剛吃完晚飯的肚子。由於癡迷於籃球，凡有賽事，必鵠立觀戰。顧德希漂亮的托球入框令人神旺，傅洋準確的定點跳投讓人叫絕，吳濟民雙手一橫一豎示意暫停，韓茂富嘴裡的哨子一聲長鳴，比賽重新開始……。「融融兮師生，浩浩兮前程，朝夕相處共奔競，熙然會群英，愛如家庭親，校譽日以升。」這是四中老校歌的歌詞。彼時之情狀，庶幾近之。

打球之外，我還迷上了下棋。我的棋友就是我爺爺和奶奶。兩位老人住在磚塔胡同，據說，元代的北京總共有二十九條胡同，只有磚塔胡同保存至今。在這條北京最古老的胡同裡，我找到了少年時代的一大樂趣——打完了球，坐十三路到白塔寺，走上半站地，就到了爺爺奶奶家，兩位老人喜歡下棋，我的加盟使他們增加了不少樂趣。起初是我分別跟他們廝殺，後來他們兩個聯合起來對付我。再後來，前院小名「大石頭」的崔連生——比我大一歲的太平橋中學的學生——成了我的對手。我常常邊吃邊下，直殺得天昏地暗，日月無光，以至誤了十三路的末班車。

## 三

從一九六四年九月考入四中，到一九六八年九月去內蒙插隊，我在這所學校呆了整整四年。正經上學不過一年半，這一年半還包括兩三次下鄉下廠勞動。最後一次是在一九六六年的四月間，我們去塔院公社勞動，大約看見人家入團，與心不甘，於是，我假模假式地跟團支書管甯談心，他則真心實意地鼓勵我交入團申請。

我交了申請，很自覺地從外到裡都開始裝。外面的裝，是賣塊兒幹活，不怕髒不怕累。內裡裝，是寫雷鋒式的日記，說自己在跳進豬圈之前發生了那些思想鬥爭，豬糞怎麼臭，但是勞動怎麼光榮，個人主義多麼骯髒，共產主義多麼偉大。總之，為了讓組織上知道我多麼要求進步，就得挖空心思給自己扣帽子，然後，再用無產階級思想批判一通自己。

功夫不負有心人，我的日記終於起了作用。勞動結束的那天，大家排隊聽王行國做總結。王板著扁平的大臉給大家訓話，訓著訓著，突然說起了我。說我怎麼要求進步，怎麼自覺地改造思想，怎麼像雷鋒同志學習……。他開始念我的日記。

我突然渾身燥熱，衣服像長了刺，我聽不清他念的語句，但是每一句都讓我更加難受。我祈禱他趕緊念完，可王老師每念幾句，就要停下來引經據典，汝南月旦。我像根木樁子一樣站在隊列裡，低著頭，眼睛看著地面，一動也不敢動。心想，同學們一定在罵我，罵我耽誤了吃飯，罵我裝孫子。這麼一想，我就更難受，簡直覺得到了世界末日。

從塔院回來，初中舉行籃球賽，初二四與初二三對壘，正當劉源源（劉源是他後改的）一個漂亮的三步上欄時，我上去想給他來個蓋帽，一群鳥兒飛過，幾泡鳥糞從空而降，劉源源手中的球剛剛拋出，就接到了一泡鳥糞，而我的頭上臉上也受到鳥糞的襲擊。誰也沒想到，這是不祥之兆。

沒幾天，《五一六通知》下來了。學校亂了。據管寧說，團支部給我寫了鑒定，報到了校團委，團委批了，報到團中央，可團中央癱瘓了，辦不了公，於是，直到我離開四中，團也沒入上。唉，孫子白裝了，日記白寫了，王老師白念了，我的罪也白受了。

此後的兩年半，我成了逍遙派。看來，我沒入團，純潔了共青團組織。

課不上了，幹嘛？只能在學校裡瞎轉悠。革命了，每天都有新鮮事：有人貼了唐琳的大字報。她現在已經代替王行國成了班主任——說她是小業主出身，因為政審不合格，被張家口外語學院淘汰出來。於是，這位二十五六歲的知識女性出現在教學小院，穿著一件洗得發白的藍卡嘰上衣，拿著一把大條帚掃地。臉色蒼白，面無表情。我站在不遠的牆角，又想看，又怕被她看見。她兩眼釘著掃把和地面。機械地移動著手腳，一下一下地掃著，每掃一下，那條帚似乎都在我的心上劃過，我感覺她一下子變老了，變得陌生了。

掃地的老師裡，還有王行國，他突然謙卑起來，不太自然地跟我們打招呼。儘管受過他的表揚，我對他並沒有好感，在我的印象裡，他喜歡吹毛求疵，教室的地上出現一口唾沫，他也要用粉筆劃個圈兒，興師動眾地開個現場會，喋喋不休地講上半天。幾十年後，我才知道，他五八年被打成右傾分子，挨過整。他的吹毛求疵，他的大道理，總之他的左，顯然與此有關。問題是，他的革命表現並絲毫沒有改變他的處境——一九六六年八月四日，四中游鬥全校牛鬼蛇神，王行國亦在其中，在圍著操場轉圈的時候，他用簸箕護著腦袋，抵擋唾沫和墨水，而他平時特別器重的學生，為了跟他劃清界限，還衝上去對他施以拳腳。

最讓我驚訝的是副校長劉鐵嶺，一群外校的紅衛兵提著皮帶，氣勢洶洶地喝令牛鬼蛇神們唱「嚎歌」，鬼神們群龍無首，面面相覷。眼看著小將們要發威打人了，劉鐵嶺站了出來，領唱：「我是牛鬼蛇神，我有罪，我該死！」隨著一聲洪亮的「預備——齊」。鬼神們齊聲唱了起來。剛開始，我被那些紅衛兵迷住了，尤其是那幾個面若桃花的女生，她們頭上的軍帽不是像戴在頭頂上，而是扣著後腦勺上，帽檐高高地立著，斜指蒼穹。帽子前面露出幾縷撩人的流海，帽子後面伸出兩枚「小刷子」。一身洗白的黃軍裝，袖子挽到胳膊肘，腰紮皮帶，足蹬解放鞋。有一位把褲腿捲到小腿，似乎要讓人們知道她沒穿襪子。等到劉鐵嶺出來領唱，把我的注意力吸引過去，劉的表情讓我又好奇又困惑——他是那麼認真，那麼坦然自若，好像他正在從事著一個光榮而神聖的工作，他唱的不是咒罵自己歌，而是在唱《社會主義好》或者《革命人永遠是年輕》。

三十年後，一位老導演跟我談起當年的唱嚎歌。當時，北影的牛鬼蛇神沒人會唱，北影「四大帥」之一崔嵬挺身而出，一句一句地教大家。不但教得有耐心，而且唱的有激情。謝鐵驪在傳記中評說：崔嵬的性格真有特點，就是當了牛鬼蛇神也逞強好勝。我由此想起了劉鐵嶺。但是，我們的老校長似乎並不是爭強好勝，他的挺身而出和引吭高歌，有贖罪，有自虐，也有排難解困，可能還有更多更複雜的東西。

參觀老師們唱嚎歌，很震撼，很滑稽，也很彆扭，但絕不乏味。令人乏味的是收聽校領導們的坦白交待——按照校方的安排，各班搬著椅子，在教學小院的空場上一排排地坐著，聽他們給自己扣帽子，給自己「掌嘴」。聽著聽著，想起我的學雷鋒日記，渾身又是一陣不自在。但是，這不自在很快被人們對劉鐵嶺的揭發所轉移——劉有一個個人奮鬥計畫：二十歲當上校領導，三十歲當上區領導，四十歲當上市領導，五十歲進中央。他的雄心壯心，讓我暗暗驚服。

## 四

革命賦予了操場新的功能，除了遊鬥牛鬼蛇神之外，它還成了四中學生展示車技的競技場。一群小帥哥，身著黃軍衣，腰紮武裝帶，足蹬白回力，胯下一輛錳鋼車，在跑道上風馳電掣地瘋騎，騎著騎著，突然雙手往前一推車把，身體從車上飛躍而下，車子在無人駕駛中憑著慣性向前飛馳，跳下車的人，在後面猛追，追上車後，抓住車把，雙腿躍起，飛身上車，兩腳找到蹬子，再一通瘋騎。

一年前，最早在這操場上玩這種把戲的，是彭真的小兒子傅亮。一個俊朗少年，雖比我低一年級，但已經身高一米八，還有一位跟他高矮差不多的同伴，當初，兩人輪番飛上飛下，引來觀者如睹。「五一六通知」一下來，這兩位立馬不見了蹤跡。

「眼看他起朱樓，眼看他宴賓客，眼看他樓塌了。」你塌了，他蓋。亂哄哄，你方唱罷我登場。四中的操場上的車技表演換了新人。飛車之外，還有倒騎車的——一位白白胖胖的大個子，戴副白眼鏡，穿件大窟窿小眼的白背心，扣著一頂破帽子，面朝車座，坐在車把上，歪歪扭扭地倒著騎。

說到騎車，不得不說說當年的永久十三型錳鋼車。四十年前，自行車堪稱大件，有一輛自行車的年輕人，其自豪感絲毫不亞於擁有一輛小汽車。而如果擁有一輛錳鋼車，那牛B勁就仿佛當代人有了一輛奧迪、賓士或者寶馬。錳鋼車跟一般自行車的區別一眼就能看出來，一般的車的車後架跟車身一個色，都是黑的，造型粗笨。錳鋼車的車架子是電鍍的，設計精巧。一般的車，無論男女，車支子都是一個黑乎乎的鐵傢伙，車子一走，那支子就在車輪後頭吱呀吱呀地哼哼。而錳鋼車是電鍍的單支架，輕便靈巧，騎起來絕無聲息，更撩人耳目的是它的車鈴，只消按一下，就會發出一連串的清脆悅耳的鈴聲。

當時，騎錳鋼車的，大都是「老兵」，他們的時髦做法是把車座拔得老高，以顯得他們行高於眾。那時北京的街上，時常可見三五成群「叫囂乎東西，隳突乎南北」的「錳鋼族」。

班上的同學無形中分成了三類，部長之後、將軍之子、大使之嗣以及革軍、革幹、工人之嫡脈屬「紅五類」。如我一般職員家庭出身的，屬周倫佐在《文革造反派真相》中所說的「麻五類」。「黑五類」似乎也有，但人數寥寥，且沒有揪出來示眾，所以誰也不知道。這大約應該歸功於我們班老兵的德政——他們似乎信守「兔子不吃窩邊草」的原則，對同班同學採取不打、不罵、不理的「三不」政策。儘管如此，你仍舊會從空氣裡感受到他們的特權和高高在上——走廊裡本來不准騎車，可是他們來往飛車，和他們迎面相遇，他們好像沒看見你，而把目光投向你肩膀後面的什麼地方。

我當不了紅衛兵，但這並不妨礙我跟著同學去北大、清華抄大字報。不妨礙我被派往別的中學送喜報，也不妨礙我參加新四中公社舉辦的批鬥大會。甚至，我還跟著班上的紅衛兵參加了一次抄家。

那家住在護國寺，據說是資本家。是派出所提供的資訊，還是同學的舉報，抄家是校文革會指派的，還是班上的紅衛兵自己組織的，我統統不知道。我只是個跑龍套的角色。

那是一個不大，且不很規整的院子。被抄的一家住的是東房，房主是一個高而胖的老頭，紅衛兵喝令他在院子當中跪下，他不想跪，頭上馬上就挨了幾皮帶，老頭疼得咧嘴，一手護著腦袋，一手扶著地，笨拙地跪下。一個瘦小的婦人，大概是他老婆，順從地跪在他旁邊。我狐假虎威地跟著班上的紅衛兵進了屋，屋裡的傢俱很普通，窗下是桌子，桌邊是縫紉機，一張雙人床，床架子是銅的，床邊立著一個一人多高的紅漆櫃子。一位工人出身的紅衛兵王X，鼻翼一鼓一鼓的，果斷地打開了衣櫃，衣櫃裡面分上下兩層，王X從上層開抄，頗有經驗地把雜物扔到床上地上，櫃子後面出現了一個鐵盒，打開，裡面有手錶，有首飾，這大概就是所謂的細軟了。然後，他又轉到下層，當那裡的雜物扔光之後，櫃壁處摞了幾個紙包，打開，一疊疊捆得整齊的嶄新的人民幣。大家歡呼起來。王X拿起一疊錢，高聲宣佈：看，這就是資本家剝削的證據！

東房抄完了，人們轉戰到北房。這是一間不大，堆滿了雜物的涼房，沒想到，這裡面居然藏著幾十箱子肥皂——大概這位資本家以前是做肥皂的。

抄家是中午吃完飯進行的，大約進行了兩個多小時，三點鐘，人們用平板車滿載著「勝利果實」，回到學校。四中操場的東側有一間堆放體育器材的大房子，那是抄家物資的集散地，紅衛兵總部掌管著這間房子的鑰匙。

## 五

就在我抄人家家的時候，人家抄了我爺爺奶奶的家。

那是男三中幹的。事情是前院的老吳家引起的，老吳家是地主，怕被抄，讓他家的長子，一位四十一中的高二學生吳侍堯將家中細軟轉移到親戚家去。不想弄巧成拙，招來了男三中的紅衛兵。在他們到這個院子抄家之前，豐盛派出所又給他們提供了情況：這個院子裡誰是資本家，誰是地主，誰是舊軍官，誰是小業主。拿著這個「黑名單」，小將們來了個「聚而殲之」：老吳家被抄被打，不在話下；老崔家也被翻了個底朝天，其父親爭辯了幾句，被打得口鼻出血。崔連生的弟弟、妹妹太小，不知紅衛兵的厲害，抱著爹媽哭喊，被小將們痛打。

我爺爺奶奶住在後院，但也叨陪末座，跪地陪鬥。家，當然也被抄了，不過小將們斬獲不多，上天入地翻了半天，只找出幾枚「袁大頭」、一付麻將牌、兩個網球拍。他們來晚了一步——我爺爺奶奶未雨綢繆，一個禮拜之前，就把家中的古書、細軟，燒得燒，毀的毀，扔的扔。數年後，我奶奶跟我說，唉，知道你愛讀書，當初藏起來了就好了。你爺爺膽小，幾天晚上不睡，生生地用手把那些古書一頁頁一張張地撕，撕了好幾天。都撕成指甲蓋大的碎片，混在煤灰裡倒了。

那可都是明代的木版書呀！

後來，我還是從老人處繼承了幾本線裝書——增像繪畫鏡花緣，古文觀止，唐詩三百。這都是我奶奶愛看的書，她把它們藏到了破花盆底下，躲過了一劫。

那時我妹妹住在爺爺奶奶家，她剛上小學五年級。抄家之後，她就像受了黥刑，天天背著「狗崽子」的罪名上學下學，走過我爺爺奶奶掃過的街道。革命改變了她的人生。

抄家的第三天，我和我爸爸去看爺爺奶奶，我說了一句話：「沒想到，紅衛兵的烈火燒到了我們家！」我爸爸急忙申斥我：「小點聲。別讓人聽見！」

說實話，我們全家都應該感謝男三中的小將們，感謝他們沒把我爺爺奶奶打死。我們還應該感謝豐盛派出所的人民警察，他們接受了蘇家屯的勸告，沒把我爺爺奶奶押回原藉。

那時候，打死人在北京是家常便飯，女附中副校長卞仲耘，女三中的校長沙坪，女十一中的體育教師哈慶慈老師，寬街小學的校長郭文玉和教導主任呂貞先……。在八至九月的一個多月的時間裡，紅衛兵小將僅在北京就打死了一千七百七十二人，而趕回老家者則達十萬之眾。

四中沒有打死本校的師生，但是打死了從校外抓來的人。我的四中同窗，北大教授印紅標撰文：「在一九六六年八－九月紅衛兵暴力盛行時期，有一些校外的市民被押到四中，遭受校內外紅衛兵的毆打，有人因此死亡。關於被毆打折磨致死的人數說法不一。據劉東回憶說，他親眼目睹有好幾人死在關押之處。其他一些校友聽說被打死一人或者三人。文革暴力是四中歷史上恥辱的一頁。」[1]

在驅趕四類分子方面，四中也有貢獻：「在中央文革、『首都工作組』的指使縱容下，水利電力部北京勘測設計院東方紅戰鬥組於一九六六年八月二十三日率先發出了《最後通牒——家屬中的四類分子立即滾蛋》的通令。八月二十四日，四中文革會立即做出呼應，以『北京四中革命師生』名義發出《通令——關於驅逐四類分子的五項命令》。命令『一切鑽進北京的地、富、反、壞分子必須滾出北京。滾回老家老老實實地勞動改造，不許亂說亂動，如不老實，立即鎮壓。』」一位九〇後的四中校友在寫下上述文字之後，不乏揶揄地問道：「不知這張傳單是否也該收入四中百年紀念文集？」[2]

在這個飽含反諷的問題後面，隱藏著這樣悲慘的事實：文革中，四中有四位教師自殺，其中有一對教師夫婦——數學老師蘇亭午和地理老師汪含英。因蘇做過前政府的「國大代表」，文革伊始，即遭批鬥，夫妻雙雙被剃了陰陽頭。他們在棉花胡同的家被抄後，又遭封門。這對老夫妻只好棲身於四中的一間小平房，在這裡，

---

1 印紅標：《北京四中文革初是否有學生被打死》，載《記憶》第52期。

2 水流雲在：《北京四中在一九六六》，載《記憶》第52期。

他們遭到了紅衛兵沒完沒了的侮辱、批鬥和打罵。兩位六十開外的老人，逃到東北投奔兒子，哪知道兒子也成了牛鬼蛇神。二人絕望返京，到香山仰藥而死。

蘇老師的學生、四中校友、北大數學系退休教授徐明曜告訴我，蘇亭午與劉景昆、張子諤並稱「數理化三老」，在業界聲望卓著。他每次講課，教育局都來錄音。文革後，四中給劉景昆、張子諤塑像立碑，蘇亭午卻無人提及——在主流的辭典裡，自殺是對黨對政權對人民的對抗。

四十年後，這段歷史在主流那裡徹底消失了。曾幾何時，紅色恐怖籠罩的西城化為這樣的美文：「況乃躬逢盛世，露凝河晏，百年積穢，一朝滌洗。仁披九州，德風八極。運魯班之斤，建萬人歡聚會堂；盡百工之力，興千秋高歌殿宇。攬五雲乎春明，迓萬寶於首邑。雨暘應期，民豐物殖；蒼龍夭矯，凌乎太虛。」

上述文字取自《西城賦》。二〇〇七年十二月二日有司在首都博物館舉辦了以此賦為中心的「書法、美術『攝影展」。此賦作者是四中老三屆高三學長王彬，魯迅文學院的副院長，評論家、散文家、城市文化史學者。

一提起成功，就不能不想到失敗——我們班的劉順福是個地地道道的失敗者。因為他老爸當過國軍連長，先是家被抄，隨後被趕回原籍，而在沒趕走之前，他在垃圾站撿破爛。這是我知道的他在人間的最後消息。此後幾十年，初二四班的同學見面多矣，大家交流著各種資訊：誰拿了博士，誰在國外定居，誰混上了司局級，誰發了財，誰停妻另娶……。卻沒有一人提起劉順福，一個曾在小學當過大隊長、班主席，曾在四中的課堂上惹人發笑，最後因「狗崽子」被逐出北京的同窗。好像他不曾與我們同學，好像他與四中無關。

一九五七年，北大劃了七百多名右派（《北京大學紀事（一八九八—一九九七）》中有兩個數字，一為七一五，一為七一六），二十多年後改正。北大對當年的受害者、死難者沒一句檢討沒一句安慰，甚至連「中國聖女」林昭的銅像都不敢收。當年物理系的學生，被劃為「極右」的譚天榮說北大沒有母儀。嗚呼，天下沒有母儀的母校，又何止一個北大。

# 六

我愛我的爺爺奶奶，可是我不敢去看他們。有幾次，我去爺爺奶奶家，剛一進胡同口，就看見胡同盡頭的拐角處，一個矮小乾瘦的老婦人在掃街，她身上圍著的那件打了補丁的藍圍裙告訴我，這個老婦人就是我奶奶。一個騎車的年輕人從她身邊經過，朝她吐了口唾沫，還罵了一句什麼。我不敢看奶奶，趕緊進了院子。

《西城賦》頌揚西城的胡同：「百花深處杏花天，其稱大雅；磚塔胡同幽思邈，幾近八百年矣。」有著八百年歷史的磚塔胡同的灰牆上，出現了一行一點也不雅的文字：「臭地主，X你媽；老子令你滾回家！」——本來派出所是打算把我爺爺奶奶遣返回老家的，可是東北老家的大隊支書堅決拒收，派出所只好作罷。十年後，在房管所退還爺爺為自己的房子交的房租的那一天，爺爺告訴我，老家的那位大隊支書，曾經托人給他捎話，讓他安心在北京住著，那邊有他頂著。這位支書的膽魄讓我驚異，爺爺解釋說，這位支書在土改時，是屯子裡的貧協主席，蘇家屯土改前，就是他跑到瀋陽，告訴在銀行做事的爺爺趕緊逃走——別的屯子亂抄亂打，死了人。這位貧協主席為什麼如此喪失階級立場呢？因為他還保留著記憶，還知道感恩，他知道，從瀋陽通往蘇家屯的電線桿是我爺爺立的，通往各家的電線是我爺爺拉的，屯裡的壓水井是我爺爺打的，通往瀋陽的路是我爺爺修的，錫伯族烏扎拉氏的族譜是我爺爺親筆撰寫的。

這樣的人，按傳統的說法，叫積德行善。按延安的說法，叫開明士紳。按新時期的說法，叫活雷鋒、慈善家。而按毛時代的說法，叫「黑五類」。一九四八年，我爺爺奶奶拋家捨業，避難首善之區，其心情大約也只有龍應台筆下的那些逃台者可比。建國十七年，他們不求聞達於新朝，苟全性命於盛世。但是，過了初一，過不了十五。革命來了，年逾六旬的他們只能下跪、掃街、挖溝、脫坯，修防空洞。

「須知人之所以生，要以自食其力為本根，以協同尚義為榮衛。所貢獻於群眾者不啬，斯群眾之報施我者必豐。藉勢倚權，常與禍構，不可為也。」這是北京四中第一任校長王道元的「訓誡」。這個訓誡裡有我爺爺奶奶，也有毛澤東與紅衛兵。不過，事情並非像他說的那樣。藉勢倚權，到今天也沒有什麼禍。不啬於貢獻於群眾的，得到的報施就是掃街。

吳侍堯一家更慘，全家被趕回了原藉，其父回鄉後，沒幾天就被折磨死。崔連生一家覆巢無完卵。前院後院一片蕭殺，沒人再跟我下棋。

「紅八月」之後，那些以殘殺弱者為英雄的時代驕子，多遭滅頂之災——其老爹老媽成了走資派、叛徒、特務。「紅五類」變成了「黑九類」。曾幾何時，他們揮舞的得心應手的「血統論」大棒變成了一塊巨石，狠狠地砸在了自己的頭上。《中學文革報》風行海內，《出身論》仿佛陽光、雨露、方向盤。如果說，廢除高考給予我的是心理的輕鬆，那麼，這篇文章給予我的則是醍醐灌頂的愉悅。如果說，我為自己是四中人感到光榮，那麼，這光榮只是來自此報的主辦者是我的校友——高二的牟志京。他與初三的趙京興是一九四九年以來最早且最年輕的公共知識分子，是「獨立之精神，自由之思想」最勇敢的前驅先導。

「出身論」深得人心，「血統論」喪魂落魄。西糾解體，聯動受到重創，老兵們中的強硬派發出誓言：二十年後還是我們的天下。四中的教學小院貼出這樣的詩作：

遙憶當年送沙果，
江青阿姨真愛我。
如今再看送果人，
手銬腳鐐把牢坐。

要學越王十年訓，
臥薪嚐膽滅吳國。
此去泉台招舊部，
旌旗十萬斬閻羅。

識時務的老兵們趕緊掉屁股，轉彎子，四中的禮堂裡傳出一陣陣歌聲，老兵們要用歌聲向無產階級司令部表達忠心。在文革中最活躍、最狂妄、又最富才華的高一學生劉輝宣擔任合唱隊的指揮，那歌詞通俗上口，至今還有幾句在我心中縈繞——

革命哪戰士響個當當，
手中有筆又有槍。
緊跟中央文革走，
誓死捍衛毛澤東思想！

革命哪戰士響個當當，
不保爹不保娘。
緊跟中央文革走，
誓死捍衛毛澤東思想！

劉站在台前，有力地揮動著手臂，歌聲在四中校園裡蕩漾。

孤獨與自卑籠罩著我，我放棄了免費大串聯，躲進了魯迅的書裡。

# 七

魯迅的書不好懂，但是耐讀。我尤其喜歡讀它的注釋。看到《兩地書》的時候，我萌發了一個念頭：編一本魯迅語錄。於是裁了白報紙，釘成一個個本本，用牛皮紙做成封皮。上面寫上四個藝術體大字「魯迅語錄」。

一天晚上，正當我抄得如醉如癡的時候，上高三的大姐從外地串聯回來。她雖然不是紅衛兵，可比紅衛兵還激進。一看桌上的那幾個本本，登時柳眉倒豎，杏眼圓睜：「好哇，你不串聯，不革命，躲在家裡幹這個！」

我急了：「幹這個怎麼啦？」

「怎麼啦，革命不允許！」

「憑什麼不允許？」

「只有毛主席才能有語錄！」

我們大吵，最後大姐一摔門走了。臨走撂下一句：「就欠讓紅衛兵好好教育教育你！」

大姐一走，老爸嚇壞了：「你姐要是叫來紅衛兵怎麼辦？你爺爺奶奶家剛抄了……」當天夜裡，我把這些本本包起來，從裡屋藏到外屋，從洗手間換到廚房，最後放進了裝煤球的灰箱子。

惴惴不安地等了幾天，紅衛兵沒來。我又繼續這個大工程。所不同的是，每天都把抄好的那個本本東掖西藏。大概幹到第十卷《兩地書》的時候，我有了一個極痛苦的發現——外屋的小書架上，竟立著一本五十年出版的《魯迅語錄》。編者宋雲彬，豎排，分上下兩編。上海聯益出版社。細細一比，我輯錄的好多語錄都在上面。我受到重創，抄好的本本也不再藏來藏去。三十多年後，我跟大姐說起這件事，她居然問我：「是嗎？有這事？」

魯迅看完了，我就跑到文津街的北圖閱覽室看《守常文集》、《沫若選集》，裝模做樣地捧讀那精裝的大厚本，很覺得自己有了學問。可是不論是李大釗、郭沫若，還是後來的高爾基、莎士比亞、托爾斯泰、雨果、羅曼羅蘭，都比不上魯迅給我的影響。下鄉插隊時，四中高三的老大哥、胡風的公子張曉山成了我的朋友，他給我一個評價：你小子喜歡冷眼看人。

學校也還是去的，只是蜻蜓點水——操場上空蕩蕩的，既沒有英俊少年玩飛車，也不再遊鬥牛鬼蛇神。革命似乎連籃球都革了。教室裡一付破敗模樣：一輛破自行車立在講臺上，黑板上寫著「新四中公社萬歲」。幾個同學坐在課桌上，足蹬椅背，天南海北地神聊。有人在走廊裡喊了一聲，一輛瓦藍的二十六女車從門口掠過。

從聊天的同學那裡知道，四中出了兩派，一派是四三派，一派是四四派。我對哪一派都沒興趣，但從感情上傾向於「四三派」。因為它批對聯，反聯動。這一派的組織叫「新四中公社」，我們班不少人都參加了。在同學的攛掇下，我也成了「四三派」，得到了一個很像樣的「新四中公社」的袖章，而到了這時候，紅衛兵的袖章也大大貶值，我用了一枚主席像章就換了一個。

這個紅衛兵袖章後來派上了大用場——二〇一〇年五月，嚴正學為林昭、張志新塑像，林像的底座是一個高一米八的長方形鐵框架。嚴需要毛著、小紅書、紅衛兵袖章和毛像章，想把它們用樹脂固定在鐵框架的底部，暗喻正是這些東西殺害了林昭。我將這些東西找齊了，把這個袖章捐了出去。

# 八

大約是一九六七年的春天，上邊給四中派來了軍訓團。一個姓楊的排長整天領著我們在操場上向左轉，向右轉，齊步走。這要是讓北影人知道，一定會大吃一驚——名導演淩子風給牛鬼蛇神們整隊時，嚇死了也不敢喊「向右轉」。要轉到右邊去，就得向左向左再向左。四中的教育，看來確實優勝，居然沒有一個學生聽到「向右轉」就會想到封資修。

當然，優勝還不止於這一點，二〇一〇年六月，《記憶》第四七期刊出「師大女附中文革專輯」，發表宋彬彬、劉進、葉維麗、馮敬蘭等人的文章，記述一九六六年八月五日她們的校長卞仲耘之死。之後，不止一位女附中的老三屆給我寫信，稱讚四中的學生懂政策，有理性，最有力的論據就是四中人沒像她們那樣把校長打死。

「新四中公社」的創始人王祖謂對此做了進一步的論證：「四中培養出來的學生，不僅才華出眾且絕大多數頗具『紳士』風度。在那個『橫掃一切』、『徹底砸爛』的瘋狂時期，四中的領導和一些教師，儘管也受到過衝擊和鬥爭，但沒有被過分地虐待；學生隊伍，儘管被意識形態嚴重撕裂，但從未發生過群體間的武鬥；較之大多被嚴重損毀的學校而言，四中校舍，包括樓前的果樹都基本完整地保存下來……那時的我們，包括老紅衛兵在內，在進行激烈、亢奮的鬥爭時，顯然都沒有忘記『君子動口不動手』的古訓。這一點看似淡而無奇，但我認為，它恰恰展現了四中學生群體的良好素養，展現了學校育人的成功。」[3] 我對王祖謂當年的壯舉充滿敬意，但是，對這番評論不敢恭維。不必說那些死於四中老兵手中的外校人，不必說那位打掉牟志京的門牙的

3 《在階級鬥爭最狂熱時期，我們曾奮力追求平等》，載《記憶》第52期。

好漢，更不必說八・四大遊鬥，以及遊鬥後逼著那些老師傅為紅衛兵歌功頌德。僅就上述說法而言，就是四中教育的一大失敗——四中人對十七年的教育缺乏真正的認識和反省。

話扯遠了，回來再說軍訓。軍訓帶來了「復課鬧革命」。「復課」是哄人的——沒有老師教，複什麼課？而「鬧革命」倒是真格的。用當年的團支書，後來的史學博士，管寧的話說：「就是跟著最高指示走。批了這個批那個，反正『鬧』就是『革命』，就有『真理』。[4]如此一來，我去學校的興趣銳減，整天看書又有點煩，幸好我家離玉淵潭不遠，到那裡的八一湖游泳成了消磨時光的好辦法。

文革時代的玉淵潭空闊寂寥，沒有什麼遊人。死人卻常見。水閘前漂浮物中的溺死者，南岸石階旁泡得發白的屍首，北岸樹林裡破席子蓋著的遺體，我見到過不少。有一次，我跟弟弟夜裡去玉淵潭游泳，在岸邊的樹林裡，一連踩了兩具屍體，嚇得我們一口氣跑回家。

比死人更可怕的是活人。那是九月底的一個下午，我遊累了，穿上衣褲回家。穿樹林的當兒，突然沖過來五個女紅衛兵，她們上身是洗得發白的舊軍裝，下面穿著或黃或藍的褲子，頭梳刷子，足蹬涼鞋，個個袖子挽得老高，三位跨在錳鋼車上，兩位站在旁邊，手裡拿著鋼絲鎖。這些人把我圍在垓心。

我本能地把鴨蹼放到身後——這是我最值錢的東西。

我的動作惹來了一陣譏笑：「瞧給他嚇得！」「嘿，姐們兒不要你的鴨蹼，就想跟你借點錢。」

「我……我沒錢。」

「糧票也行。」

「我也沒糧票。」

---

4 《復課・批黑教材・「反動權威」吳晗》，載《記憶》第52期。

「姐們兒不要你的，是跟你借！」

「借，我也沒有。」

那個跨在車樑上的高個子說：「真他媽的摳門，你有鴨蹼，肯定有錢。」

手拿鋼絲鎖的女孩子問：你是不是鐵道部的？」

「是。」

「走，上你們家玩玩。」

要是讓這幫人知道我們家，那還得了！我站著不動，緊張地想著對策：把她們帶到二十三棟去，我小學同學家？不行，還是到四十幾棟好，那裡地形複雜，乘她們不注意，逃走……。

大概她們也覺得到我家有點冒險，又回到我身上打主意：

「嘿，你的褲兜裡裝的什麼？」

我把兩個褲兜都翻給她們看。左兜裡有把鑰匙，右兜裡有半張小報。一個女生把小報拿過去：「新四中？你是男四中的？」

「哼。」

「你認識劉輝宣嗎？」

「認識，他是老兵合唱團的指揮。」

這領頭的女煞星突然改了主意：「算了，咱們走吧。」

說完，一揮手，那三人騎上車，沒車的兩位跳上車後座，揚長而去。

直到這五位女劫匪完全消失在小樹林的盡頭，我才松一口氣。但是，我還不敢掉以輕心，一路上，東張西望，唯恐帶上尾巴。

直到今天，我也不明白，她們為什麼會突然對我高抬玉手？是威震北京的劉輝宣起了作用，還是不甘寂寞的老兵合唱團起了作用？無論是什麼，反正都屬於四中。沒想到，四中還有救人於危難的功效。

據說，江澤民一九九五年視察四中時說：「久聞大名，如雷貫耳。到這裡來，真是三生有幸。」四中憑什麼讓人「如雷貫耳」呢？首先是它的升學率。百年四中，除了日本佔領北平的淪陷期和廢除高考的文革時代，其升學率始終居高不下：清華北大復旦南開，國內重點不在話下。近年來，就讀香港，負笈歐美，已成新潮。其次，四中的「如雷貫耳」還因為它出了很多名人，從前文化部長王蒙到封疆大吏薄熙來；從光大集團的董事長孔丹到社科院院士張曉山；從名噪一聲的作家劉輝宣到「心靈雞湯」的烹飪者于丹……這是一個長長的名單。

然而，在這巨大的成功背後，卻是越來越昭彰的缺陷——這裡不乏勤奮嚴謹，卻罕見民主開拓；這裡富於進取的熱血，卻缺少堅守的膽魄。就整體而言，四中人擅長高分，拙於創新；博聞多識，貧於思想；緊跟主流，而少見特立獨行。它可以培養出很多高級人才，卻不能給予人們勇氣、正直和誠實。「太陽最紅，毛主席最親」就是一塊試金石，當今的四中人的選擇和歌詠，當年的四中人的麻木與渾沌，為此做了最好的注解。

# 我書架上的神明

我讀魯迅要感謝文革。一九六六年六月中，北京四中倡議廢除高考，正上初二的我，坐在教室裡聽那喇叭裡的義正嚴詞，心中竊喜——這回可好了。學校不上課，同學們先是跑北大、清華抄大字報，隨後就是滿世界串聯。我是職員出身，當不上紅衛兵，加上生性孤僻，就一個人悶在家裡似懂非懂地讀魯迅，並且決定為他做一本語錄。儘管這一工程因為我在家裡的書架上發現了一本一九三六年出版的《魯迅語錄》而中止，但是，魯迅給我的影響至大至深，以至在此後的幾十年中，我所理解的魯迅被我或真或假，亦正亦邪，不知不覺地貫徹到方方面面：對主流的反感，對一元化的厭惡，對辛辣簡約文風的推崇，對我行我素的酷愛，以及為人處世的尖刻孤冷，滴滴點點似乎都與魯迅有關。

那是一個無書可讀卻值得大書特書的年代，一九七二年，我回京探親，去西單買書，轉了半天，選了一本《阿爾巴尼亞勞動黨歷史》。本想帶回內蒙鑄鍛廠細細研讀，沒想到，這盞「歐洲的社會主義明燈」還沒點亮，就被歐洲的老牌修正主義的一本「黑書」永遠地打入冷宮。

這本「黑書」就是密洛凡・德熱拉斯寫的《新階級》。身為鐵托的戰友，南聯盟副總統、南共政治局委員、中央書記，德熱拉斯在功成名就之時，以匪夷所思的勇氣當上了主義的叛徒。他批史達林、列寧，大挖其思想體系的病根。我平時借書都按時還，那一次失了信——德熱拉斯那駭人聽聞的思想給我洗了腦。農村的貧困，工廠的凋敝，幹部的苦悶，林彪的出逃，知青的迷茫和無處不在的假大空，被這本不到二百頁的小書輕輕點破。我激動得發抖，恨不得生吞每一個字。整整兩天，我伏案抄書，幾乎做了一本德熱拉斯語錄。

我讀魯迅的時候，是十三歲，讀《新階級》是二十三歲。如果說，魯迅告訴我做什麼人的話，那麼，《新階級》則告訴我如何認識這個世界。我不參加批林批孔，不參加共青團，不參加毛澤東思想宣傳隊。除了工會組織的籃球、羽毛球和象棋比賽，所有的活動我都躲得遠遠的。《摘譯》、《自然辯證法》、《第三帝國的興亡》、《出類拔萃之輩》、《六次危機》、《鬥爭之路——米高揚回憶錄》、《人世間》、《你到底要什麼》、《普列漢諾夫機會主義文選》、《多雪的冬天》、《白輪船》、《落角》等內部讀物陪伴著我。

但是，躲過初一，躲不過十五。正是這本「黑書」，把我捲進一個「現反」大案之中。那案子的四名主犯是我的同班同學，而那首犯則是與我經常見面的插友。案發之初，內蒙公安廳的同情者傳出口信，我半夜扒車跑回北京求援。當我為了逃票。鑽進兩節車廂之間的拱形頂棚時，在灰塵、蛛網中，我不由得想起了《新階級》中的一段話：「一個生活在共產主義制度下的公民，經常受到他良心痛苦的壓迫，唯恐自己違反了什麼禁律。他總是戰戰兢兢，因而他必須處處表示他不是社會主義的一個敵人，就好像在中世紀時，一個人必須時時表示出他對於教會的忠誠一樣。」三十多年後，北大教授、主犯之一的印紅標將這個案子冠以「理論通訊」之名，寫入他的博論《失蹤者的足跡：文革期間的青年思潮》之中（香港中文大學，二〇〇九年）。

二〇〇七年秋，我回呼市，當年的工友、廠團委書記，現在的飛騰集團的老總對我說：「真佩服你的高瞻遠矚，在四人幫最牛的時候就知道他們長不了。」我說，因為當時我看了一本書。他說，怎麼不給我看看？我一時語塞，含糊支吾，不知說什麼好。其實我心裡明鏡也似：要是真給你看了，你的廠團委書記就得泡湯，沒了這個臺階，要登上飛騰集團老總的寶座，恐怕也難。

如果說，魯迅教我如何做人，德熱拉斯教我如何論世，那麼，李澤厚則告訴我怎樣做學問。李曾說過，他的那一代知識分子「知識少而懺悔多」。李的博士生則認為，李乃歷次運動汰洗下倖存的一顆含金量最大的沙粒。「沙粒」是謙辭，「含金量最大」為知言。李先生多產且多面，其思想學說雖有遊移、有瑕疵，但在當代學人中，給我啟發最大，其三部「思想史論」是如此深入我心，以至於為我寫序的孟犁野、陳墨二位仁兄都認為，我那本在臺灣出版的「人民電影史」竟然帶有電影史論的味道。

因此，八十年代在北大念研究生時，聽到中文系某教授厲聲斥責李澤厚不是東西的那一刻，我大大地吃了一驚。事後想想，這也不奇怪——文革中群眾鬥群眾之所以如火如荼，很大程度是因為革命釋放了人性之惡。如果「七八年再來一次」，李先生大約要戴一戴「反動學術權威」的帽子吧？當他在臺上彎腰掛牌做噴氣式的時候，我估摸，一定會有「革命知識分子」衝上去憤怒地揭發他的反動言行，而更加憤怒的小將們則會因此多賞他三拳兩腳。

前兩年，社科院評院士，亦即所謂的「學部委員」。我的校友、插友張曉山名列其中。我問他，你們是怎麼評的？為什麼沒有李澤厚？曉山說，大所兩個，小所一個，基本上由所長副所長包了。我頗為李先生鳴不平。後來一想，確實不該評他——評院士是改革題中應有之義，而改革又是革命之一部分。告別了革命的李澤厚豈可當上革命的院士！更何況老美給了他榮譽博士，僅從利益均沾上講，這院士也輪不上他。

李澤厚有句名言：「不寫五十年前可寫的書，不寫五十年後可寫的書。」（《中國古代思想史論・後記》）照此說法，王年一就不該寫《大動亂的年代》。可王先生不但寫了，而且還影響深遠，頗得好評。以至於歐美、日本都惦記著翻譯此書。對我來說，這本書是一把火，是一個路標，它燃起了我改行的心火，它指示給我後半生的學術之路。看完這本書，我做出了一個貌似悲壯實則幼稚的決定——告別電影學院的教職，投奔到王先生的門下——那時候，王先生與他的同志們正醞釀著建立一個研究所，專門研究那個「大動亂的年代」。

後來的事，我在一篇悼文中寫了。簡言之，王先生齎志而歿——研究所吹了，他主編的大辭典出不來，給我的書序也沒來得及寫。「促柱危弦太覺孤，琴邊倦眼眄平蕪。香蘭自判前因誤，生不當門也被鋤。」這是一百六十年前龔自珍辭官南歸時寫下的。「生不當門也被鋤」的命運不但由王，由我，也由我們的書共用。

人以群分，書以類聚。上面說的書是我的基本讀物，這種讀物有一個神異之處，它們會呼朋喚友，凝聚同類。久而久之，我的書架子就被這些讀物的嫡親旁系所盤踞。但是，那本四十年前購於西單的「明燈史」，仍舊穿著紅彤彤的封衣，以「見證者」的身分，傲然屹立其間——它在用其「零閱讀」的悲劇命運，證明著那個時代的貧乏和我的愚昧。

# 北大三事

## 一、「人生識字憂患始」

我與北大的緣分只有三年。本科畢業連考了兩次研究生都名落孫山，不考了不考了，卻撞上大運——同事小賈塞給我一個表格，說某某生病棄考，要我填。當時我正在為內蒙文革搜集資料，哪有心思備考，就把那表格扔到一堆報紙裡。沒想到，小賈又把它揀出來，填上我的名字，還跑到領導那裡給我請假。好意難違，我只好又去死記硬背。這一背，還背出了名堂——「中國古代史」的試卷把朝代的年號搞錯了。我跟監考官說了，還不解氣，又在百忙之中，在卷子邊上寫了正確答案，還對那出題的進行了一番批評教育。現在想起來，都是瞎耽誤功夫——那些年號隨手可得，你考它、記它、糾正它幹嘛？

鬼使神差，通知我口試。主持口試的是周強、趙齊平和另一位先生。周先生壯健莊重，趙先生英俊瀟灑。周身著中山裝，趙卻是花格格毛衣。早聽同學說過趙先生，所以，對他格外留心。其臉型面色，讓我想起了關雲長，只是多了一副眼鏡，少了五綹長髯。聽他談笑，又讓我想起了周瑜。老將程普的話也接踵而至：「與周公瑾交，如飲醇醪，不覺自醉。」入學後，我才知道，趙先生當時已經重病纏身。

趙先生得的是腎病，而直到他住院換腎，我才知道他生病的原因——他曾經是「梁效」的成員。「四人幫」倒臺後，「梁效」中人受審查，趙先生參加過評法批儒的寫作，審查小組認定他是跟著「四人幫」反周總理的。趙先生一遍又一遍的檢查，總過不了關。

一次，審查小組叫他交待跟「四人幫」的關係。本來莫須有的事，他百口難辯，審查耗到很晚。當時外面雨狂風驟，他苦痛至極，全然不顧地走進傾盆之中，而因神志恍然，茫茫然不知所往，直到深夜才渾身淨濕地回到家中。這一夜的外寒內熱，栽下了置他於死地的種子——他得了重感冒，高燒不退。而為了立功贖罪，他又拖著病體，焚膏繼晷編寫電大教材。感冒轉成腎炎，腎炎轉成尿毒癥。

大概是一九八五年吧，趙先生有了一個換腎的機會。中文系上上下下都大大地鬆了一口氣。學生們以為，趙先生又能重執教鞭；系裡則為減少醫藥費的支出而寬慰——趙先生的尿毒癥得頻繁透析，那費用是個大數目。

沒想到，那移植的腎，壞死在趙先生腹腔裡，不得不再開一刀，把它取出來。我兩次去醫院，第一次是手術前，趙先生的家人在，病房裡瀰漫著溫馨和希望。我送上蜂王漿，說了幾句話就走了。第二次是手術後，病房裡只有趙先生和一個護士。趙先生躺在床上，臉色灰黑，袒露的肚皮上有兩道一尺多長紫紅色的刀疤，上面那道刀疤的後端還張著嘴，那護士正往裡面塞紗布。

見我來了，趙先生抬抬手，示意我坐下。我問，幹嘛往肚子裡填紗布？趙先生說，腹腔裡面發炎了，有膿血，醫生要把裡面弄乾淨，傷口才能縫上。

我看枕邊的書和本子，問：您還要寫書？趙先生呆呆地望著天花板，好像沒聽見我的話。良久才悠悠地說：「不寫書，還能幹什麼？人生識字憂患始，姓名粗記可以休！」

我不知道這是蘇軾的詩，但從那意思上揣摩，他大概在歎息知識人的命運，在感慨「梁效」往事。我不知道說什麼好。

趙先生搓著肚子上脫退的皮，自言自語：「在幹校，我可是好勞力。當時留在鯉魚洲，當個農民就好了。唉，脫胎換骨做不到，就只能摘腎換皮了。」

我記不得那天是怎麼告別的。只記得幾天後，趙先生托周強老師，把那盒蜂王漿的錢給了我。

兩年後，我畢業了。從季先生家告別出來，看見不遠處的石臺上坐著一位老人。我奇怪，人們都穿T恤短裙了，怎麼這人還穿著棉背心？我看了他一眼，覺得似乎在哪兒見過。騎車走路，快到博雅塔的時候，啊，心裡一聲驚叫：趙齊平！——那個老人可能就是趙先生！我掉轉車頭，一陣猛騎，回到了朗潤園樓前。

為了慎重起見，我把車停到了他前面七八米的另一個樓門前，假裝修腳蹬子，蹲在車輪後面，端詳著那老人。果然是趙先生。兩年不見，他竟蒼老成這個樣子。余英時說，「人生識字憂患始」的根源是「放言」，是「不平則鳴」。可趙先生呢？他不曾放言，沒有不平，連發牢騷都那麼克制。對於許多參加寫作班子的人來說，他們憂患的根源，不在識字，而在聽話出活，在「三忠於四無限」。

趙先生坐在石臺上，雙手抱著拐杖，佝僂著腰，失神地望著遠處的灰磚牆。原來的滿頭黑髮，已經變成了一堆稀疏的乾草。三年，僅僅三年，那英姿勃發的周郎，就成了肉乾神枯的待亡之軀。他在想什麼呢？想他在幹校伐竹種稻？想他的《宋詩臆想》，想「梁效」帶給他的痛？

我注視著他，落日的餘暉，透過樹葉，灑在他的身上，變成了一個個光斑。微風吹過，那光斑跳動著，忽明忽暗。

## 二、「不要去『三角地』」

口試的時候，周強問我想搞哪一段，我惦記著文革，可文革歸黨史，跟詩經楚辭諸子散文漢賦唐詩宋詞元雜劇明清小說這些都不沾邊。我就說，哪段離現在最近，我就搞哪段。周強說，那你就跟季鎮淮先生吧。

季鎮淮先生出自聞一多門下，是學貫古今的文史大家。我成為季先生的關門弟子是一大錯誤——我的興趣在當代，可卻要跟他鑽故紙堆。我不喜歡文學，可卻要研究晚清的詩。我從來不跟季先生交心，心裡念叨著「免從虎穴暫棲身，說破英雄驚煞人」。其實，季先生慈祥得很，北大也自由得很。只是這專業像個緊箍咒，讓我沒有功夫經營上學前的營生。

三年之中，我跟季先生相安無事。我住在離校半小時的清華東路，除了開學聆聽教誨，期末彙報成績，偶爾給他借借書外，平時他不找我，我也不找他。

一次，我不小心說漏了嘴，說我想研究文革。季先生放下手中的放大鏡，轉過身，他的一隻眼睛斜視，看著那邊的書架子的某個點的時候，其實就是在看著我。「你？你搞不了。」老先生搖搖頭，「那是上邊的事，只有像司馬遷那樣才能搞。」

從此，我們誰也不提這個話題。但我心裡不服，難道非得割了生殖器才能搞文革史嗎？我搞不了上邊，可以搞下邊，搞不了中央的，可以搞地方的。

一九八五年九月十八日上午，我到學校辦事，一路上，所有認識我的人都朝我急吼：「季先生找你呢！」

我不知道出了什麼事，騎車直奔朗潤園。

氣喘吁吁見了季先生，他的第一句話：「你去沒去三角地？」

「沒去，怎麼啦？」

季先生舒了一口氣：「校黨委開會，要導師管住自己的學生，不要去三角地，更不要貼標語和大字報！」

我小心地問季先生：「您去三角地了嗎？」

「我不去，你也不要去。」

到了這地步，我還能說什麼？只能唯唯諾諾，說一些絕不給導師惹禍，請他老人家一百個放心的甜言蜜語。

季先生放心了，送我到門口。

然而，還沒等我下樓，好奇心和逆反心就搞起了革命的大聯合，乘著這大聯合的東風，我風馳電掣地直奔三角地。一路上給自己找了一百八十個堂堂正正的理由：季先生沒去，是因為他腿腳不方便，作為他唯一的學生，我有責任替他搞搞調研，親自嚐嚐梨子的味道。……

三角地已經是人山人海。老遠就看見一個大花圈，花圈上垂著兩條長長的輓聯，上面寫著「紀念九一八」，「不忘國恥」一類的字。飯廳的灰牆已被大字報貼滿，其內容無非是中日今昔對比：「四十年前向我們舉起白旗的日本人，為什麼在四十年後挾著豐田汽車、家用電器湧入中國，成了經濟戰場上的勝利者？……」我轉了兩個多小時，結論是，所有的導師都應該來這兒受受教育。

季先生是聞一多的研究生，終其一生，他都念念不忘導師的教誨。他送給我的《聞朱年譜》至今還在我的書架上。我知道，季先生是好心。他從清華的副教授到北大的系主任，見多識廣。怕我一時衝動，壞了前程。

回家路上，一聯五言詩——「何意百煉鋼，化為繞指柔」在腦袋裡翻騰——我怎麼也想不起來它的出處了。

## 三、「董事長是我哥們兒」

二〇〇二年，我在一家影視公司做文學總監，這是個徒有其名的差事，每週只去一兩次，看看劇本，見見編劇就走人。一切都是老闆說了算，我也樂得省心。

那天，公司要在歐美同學會慶祝老闆四十大壽。從副總到文秘，都做出欣喜若狂之狀，我轉了一圈，覺得無聊，正想走人，聽見司機小潘問行政總監：「接北大校長用咱們的寶馬行嗎？」

我問小潘：「北大校長來幹嘛？」

「幹嘛？咱們是北大的三產，北大校長當然要來了。」

看看北大校長如何祝賀億萬富翁的生日，也算是經風雨見世面。我跟著眾人上了車。

歐美同學會在南河沿，我媽媽家在北河沿，地方很熟，但沒進去過。這回公司能租下它祝壽，是借了人家對外開放的光。進了大門，穿廊過庭，眼前一個帶回廊的院子，古柏參天，方磚鋪地，幾十張藤桌籐椅早在那裡侍候。高大的正屋上，明黃色的琉璃瓦耀眼。屋前的平臺上，橫著一架黑得發亮的三角鋼琴，琴前數米處，站著一個包了紅綢子的麥克風。

客人們來得差不多了，主持人宣佈，祝壽慶典開始。名流大腕紛紛來到麥克風前，或莊或諧，說些捧場的話。然後是紅男綠女獻歌，鋼琴師獻藝。就在我不勝其煩的時候，主持人說話了：「接下來，請我們最最尊貴的嘉賓——北京大學校長講話。」

一中年男子，縱身一躍，上了臺階，還沒站穩，就向台下頻頻招手。我趕緊擠到臺階前——北大的校長，我只見過丁石孫。那時我住在清華東路，回家要走北大東門，常看見這位滿頭白髮，騎著自行車的老校長。畢業十五年，北大真是日新月異，連校長都變得這麼年輕，這麼瀟灑，這麼活力四射！

那校長站在麥克風前，扶扶眼鏡，用略帶閩南味的口音開講：「各位女士們先生們，各位朋友們，各位尊敬的來賓，作為北大負責三產的副校長，我要負責任地說，貴司不但為影視業創造了佳績，而且為北大帶來了光榮……」

我俯著身子，盡可能近地打量著這位。他，白淨面皮，金絲眼鏡，頭髮烏黑，眼神看不清楚。想必一定透著超級的聰明。我早就聽說，北京高層有四個「黃金王老五」，這位大概就是其一吧。

臺上的王老五繼續演說：「我從未名湖畔來到歐美同學會，一路上在想，我為什麼要來？答案很清楚：因為我是董事長的哥們兒，但是我到這裡，不僅代表哥們兒，更代表北大。今天，我要以這雙重的身分，獻給董事長一個小小的禮物。」他向下面揮了揮手，小潘將一個大花籃費力地抱到臺階上。

「請各位猜一猜，這個花籃裡裝的是什麼？」

客人們起身離座，伸長脖子，從四面八方湊向台前。疑惑、好奇、羨慕像攝像鏡頭似的，齊刷刷地射向那個花籃。副校長面有得色，繼續賣關子：「各位，誰能猜出來，這個花籃裡裝的是什麼？」

台下嗡嗡嗡嗡，議論、說笑、插科打諢響成一片。一著名導演，一手摸著鋥亮的光頭，一手摘下墨鏡，朝臺上嚷嚷：「這丫挺的怎麼盡說廢話呀！花籃裡裝的是什麼那還用猜嗎！花籃裡裝的是花唄！」

一位女歌星，晃動著滿頭金髮，跟兩邊的女伴嘀咕：「北大的校長怎麼跟傻B似的！」左邊的附和：「啊，我看他到縣級台當個娛樂節目的主持還行。」右邊的扶著椅背，翹首顒望，沒接茬。

副校長看看關子賣得差不多了，從花籃裡抽出一個東西來：「各位各位，請看，這就是我送給我們敬愛的董事長的禮物！」他搖晃著手中的那個東西，放大音量：「董事長先生是影視界大亨，身邊佳麗如雲，這個東西不可不備呀！」

那是什麼？人們踮腳伸脖，互相詢問。副校長把那東西高高舉起，用足丹田之氣：「安—全—套！」下面頓時譁然。

在這一片「詩情畫意」之中，我走了。

一九九三年，趙先生病逝。四年後，季先生長辭，又過了幾年，壯健的周強留下了「喪事從簡」的遺囑。這位副校長也離開了北大，到另一所大學當正校長去了。

# 我的回扣

## 一

那是二〇〇五年國慶日，我在去呼市之前，把告狀信的複印件給李秉義寄去。李收到的當天，就給我來了長途，說，「來吧來吧，好久不見了，來玩玩。」

我說，「我是去辦事的，那有功夫玩。」

他說，「農民的事，鬧不機密（清楚），毀林占地是大事，那毀林的，就是一個下了台的村長，為什麼就動不了？這裡面肯定有文章。你這書呆子，住在京城，球也不知道一條，就跑來幫人家打官司。」

我氣了：「廢話少說，你能不能幫忙吧。說個痛快的！」

——「能能能，只要你別後悔。」

——「我後悔什麼，我看你小子當上個破局長，就忘本了！」

——「誰說我忘了本，我早就跟法院打了招呼。」

## 二

火車上沒事，我又拿出那封告狀信。信後頭有57個深淺不一的紅指頭印，旁邊寫著人名：程豆豆、崔大正、陳青蛇、李渠渠、劉醜兒、鄭煥煥……看著人名，我回想他們的模樣——程豆豆，放羊娃，厚嘴唇、紅臉蛋，戴個狗皮帽子，拿個放羊鏟，長年趕著百十隻羊。當時只有八九歲，一晃四十好幾，當上了村長。崔大正，村裡的知識分子。一雙小而亮的眼睛，眼珠深黃，連鬢鬍子一直長到了眼框，但他愛乾淨，天天刮鬍子，臉老是發青，鼻子高且直，嘴小唇薄，下嘴唇一說話就一抽一抽的。他那時比我們知青大十歲，現在也該六十開外了。

大正原來是內蒙鋼廠的團委書記，六十年廠子下馬，他帶頭回鄉。他出身地主，回來後就受壓，知青來了，他有了說話的。這回正是他給我寄的告狀信，給我打的長途，要我找央視焦點訪談——在這些外地人眼裡，焦點訪談就是最高權威，而北京人找這個權威辦事，就像到超市買東西一樣。

這種誤解來自於城鄉差別。

閻連科說，在農民眼裡，知青來自於另一個世界，村裡把知青當祖先似的供著。因為知青不但能給農民帶來急需的票證，還能給隊裡弄來短缺產品。而知青們呢，則把蜻蜓點水式的下鄉當成人生的重大苦難，當成憶苦思甜的資本，把農民的愚昧，當成日後的談資。在主流邏輯裡，農民臉朝黃土背朝天，幾輩子苦受是該著，是天經地義。

現在大正找我，也是出於同樣的心理，他們把城裡人當成高於他們的品類，不過現在他們需要的不是票證，而是焦點訪談。人家說：出了事，美國人找律師，中國人找熟人。李秉義說他找了兩院，肯定也是找他的哥們兒。

## 三

區法院的院長在他的辦公室的床上接見我。一見李局和我進門，他從床上坐起。

李秉義開門見山：「這是我的老朋友，北京來的教授，來幫土左的老鄉打官司。」

院長伸出左手跟我握手——他的右手正在打吊瓶。

「院長咋個病哈了？」我模仿內蒙人的腔調問。

「算不了啥大病。打打吊瓶，降降血脂了哇。」

我看著他的紅臉膛，將軍肚，不知道說什麼好。

李秉義給我解圍：「他兩年前剛調上來，瞭解下邊的情況。」

院長盤腿坐在床上：「上訪信我看了，按下那麼多手印，民憤大咧，這種灰哥拋（壞蛋），可得好好整搓整搓。」

最後商定，明天是國慶日，院長帶上法院的人回察齊，讓我喊上村裡的人也到察齊。院長要問問察齊的公安、司法，這件事是咋鬧的。

## 四

一出法院的門，我就趕緊給豆豆打電話，告訴他國慶那天的上午十點到察齊賓館大堂見面。並把院長的話學了一遍。李秉義雖然不高興，還是挺幫忙——借車，找人。兩輛車借下了，一輛公安的，一輛審計的。明天一早出發，十點前到察齊。

事辦完了，人也餓了。拉著李秉義去吃莜麵窩窩。正吃得香，手機響了，是豆豆。

「大哥，我們求求你，明天別來了。」

我嚇了一跳：「為什麼？出了什麼事？」

「旗裡早先下過文，不准幹部帶頭鬧事。」

「你是為了保護環境，怎麼是鬧事呢？」

「大哥，人家說告狀就是鬧事。你帶的人一來，我的罪名就定哈了。」

「這樣吧，你派個能把事情說清楚的人到察齊。你不出面，行不？」

「不了不了，我們再也不敢了。求你別讓他們來！」那邊已經成了哭腔。

「讓大正跟我說話！」

大正說話了，還是那尖細的嗓子：「老弟呀，你的好心，我們領了。你是青天大老爺，可強龍壓不住地頭蛇。你這麼一鬧，市裡、旗裡、鄉里都知道了，豆豆就呆不住了。好不容易盼來一個好幹部。你不知道官官相護呀。你做做好事，我求你了，全村求你了！」

我氣得三屍神暴跳，七竅生煙：「你們找焦點訪談就不鬧事了嗎？就不官官相護了？」

大正：「焦點訪談是人家來訪，不是我們告狀呀。」

「豈有此理！你不寫告狀信，人家焦點訪談怎麼知道？」

「那那，那焦點訪談不會讓豆豆到察齊對質的呀！」

「我大老遠跑來了，找局長，求院長，事馬上就解決了，你們倒往回縮了！我怎麼跟人家解釋！」

「對不起你呀，等我們去呼市，當面負荊請罪。」

「我不等了，明天就回北京！」

「唉呀呀，咱們多年沒見，你就不能再呆一半天，讓我們看看你？」

莜麵窩窩頓時味如嚼臘，我越想越氣，明明是他們找我幫忙，幫了一氣，我倒成了害人精！他媽的，農民的事真是鬧不機密。

李秉義火上加油：「我不是跟你說了嗎？村裡的事你格搗（弄）不清。」

## 五

第二天上午，豆豆、大正冒著雨來了。大正已經成了一個又乾又瘦的老頭兒，後腦勺上還長了一個大肉包。豆豆，我根本看不出來了。當年紅臉蛋的放羊娃，竟然成了一個滿臉風霜，頭髮灰白的中年漢子。

豆豆畢竟是一村之長，有條有理地敘說著事情的經過：前任村長毀了二百畝的林子，把地包給了他的兒子。公安來了，地退給了村裡，把他抬（抓）到旗裡，說是關了大獄。可人們發現他在呼市逛大街呢。村裡要把這二百畝地分給別人，他兒子站在當街罵：「誰敢占地，爺砍了他的球！」他們告狀，就是要壓壓這個「灰哥拋」的氣焰。可沒想到我神通廣大，把法院院長請到旗裡現場辦公。他們怕了。

話題轉到致富上。豆豆說，村裡除了種地沒別的可幹。種地又沒水，原來我們知青在時的機井都廢了——機器被偷了，電線被割了。他想打兩口機井，沒錢。去年認識了市財政的一個科長，科長給村裡貸了二萬元。這才打上一口井。可井有了，沒變壓器，沒電線。再去找那科長貸款，科長不管了。

他們問我，認識不認識財政局長。說，這個局長跟我一樣，也是北京知青，不過人家沒回北京，留在了呼市，近年當上了局長。是個女的。

我告訴他們，這人我不認識，那時候，男生與女生不說話。他們很失望。

李局衝豆豆發話了：「我問你，人家憑啥給你貸款？」

豆豆：「我的老婆與科長的老婆是同學。」

李局：「同學的面子，只管一回。你們還想貸，就得給人家好處。人家白給你貸呀？」

豆豆張了張嘴，想說什麼。

我為李秉義的話做注解：「李局長的意思是，你得給人家回扣。為下次貸款做鋪墊。」

李秉義怕他們不明白：「回扣就是好處費，要不人家下次還給你貸款嗎？看來你是捨不得——好不容易貸點錢，打井還不夠，哪有錢給回扣。對不對？」

豆豆看看大正，大正看看豆豆。兩人都不說話。

李秉義：「捨不得不行，不給錢，怎麼也得有點別的表示。搞現代化，就得有現代意識。再說了，人處的是感情，你拿了錢一蹦子跑回去，頭也不回，只顧上打井。下回誰還管你？把村裡的好東西給他送上。」

豆豆：「村裡有啥好東西，都是土裡刨出來的。」

「土裡刨出來的也不怕，山藥下來了，給他送上。莜麵下來了，給他送上。村裡的大姑娘小媳婦給他派上，給他家做飯看孩子打掃衛生，白天夜裡跟他念叨電線變壓器，看他能忘了！」

豆豆唯唯。

## 六

到了中午，我帶他們下樓吃飯。李秉義跟我們一塊下樓，去趕別的飯局。

看著李秉義上了車，大正才跟我說：「那兩萬元貸款，豆豆當時就拿出兩千留給了人家。」

我大驚，看著豆豆。

豆豆：「現代意識咱們有。再說了，不給人家，咱們也意不過（不好意思）。」

「那那那科長為什麼不給村裡二次貸款？」

「人家嫌少吧？」

等飯菜的時候，我拿出兩條中華煙，遞給豆豆，「這是從北京帶來的，算是我支援村裡的公關事業吧。」

豆豆略做推辭，收下了。奇怪的是，他馬上打開包裝，拿出兩包煙遞給我。

我說你這是幹什麼。

大正勸：「收哈吧，要不他意不過。」

# 學術反腐路漫漫——我的「打黑」

## 打假還是打黑

起初我說「學術打假」，後來我說「學術打黑」。這一改變跟我的錢包有關。如果你在報刊上揭露了某些人的抄襲剽竊，你的四個車胎在一周內全部報廢，相信你跟我一樣，也會改成「打黑」。

關於我的車胎被扎。我的學生們堅信與我那篇小文有關，據他們推測，一定是某位相關人士，雇了個上不了戲的「北漂」。告訴他必要的資訊，於是人家就在那個和諧溫馨之夜，為每個車胎幾十塊的價格，向我的車胎下手——側面入刀，刀口寸許。首次做案心慌意亂，只扎了三個。越二日，又給那漏下的補了兩刀。

我對此深表懷疑。我不相信，學界跟黑幫黑道黑社會沾邊。但是，這些年權學交易之盛，抄襲剽竊之眾，學界臉皮之厚，學人人心之惡，確非一個「假」字了的，思來想去，似乎只有「厚黑」才搔到癢處。

## 第一篇小文，四個車胎被扎

我的那篇小文發在二〇〇六年第六期《當代電影》上，署名吳迪（啟之）。題目是《學術規範與職業道德——電影研究中的抄襲與剽竊》，文中點了林邵峰、倪駿（中戲副教授）、何春耕（湖南大學教授）、黃獻文

（武漢大學教授）四個人的名。小文問世後，發生了幾件可歌可泣的事——

最令人感動的是，何春耕給編輯部和我來電，表示後悔。說他恨不能馬上飛到北京，向被他抄襲的酈蘇元賠禮道歉。他還寫了一個檢討，答應在《當代電影》上發表。

最令人可憐的是，中國藝術研究院前影視所的慕青白先生給《當代電影》的主編和我來信，信中揭露倪駿的《中國電影史》還剽竊了他的《中國電影電視》，抄了他九千餘字。這位受害者在信末還不忘叮嚀：「此信可不發表，發表時還是以吳迪與啟之的名義為宜。」

最令人佩服的是，一名「從事影視教學的教師」。他給編輯部的信對我進行了嚴肅的批評教育。先說我那篇小文是「話語霸權並且有較強的人身攻擊性」，又針對我將抄剽者的單位、職務、學位、職稱公之於眾的做法，嚴正地質問我，是否想「給單位施壓以懲治違規者？」並進而認為，「這種感情超越理智、超越法治的做法不但不是法治社會應有的行為，而且也體現出學術研究者客觀立場缺乏。」來信還認為，造假有兩種，一種是「主觀為之」，另一種是「因文風習慣而導致的」。「應該區別對待」。來信的最後，還發表了一番很得青年人心的言論：「學術打假者可能未必會將目光放在目前最具有話語權的研究者們身上，因為這樣打假的成本和風險可能會很高，即使攻擊他們恐怕也未必會對其個人造成太大影響，因此矛頭必然會主要指向青年人，以這種方式進行批評，我以為非常不利於青年學者的成長。」

帽子很大，但並不可怕。最可怕的是，這篇小文差點讓我惹上官司——清華大學新聞與傳播學院副院長尹鴻給《當代電影》編輯部打了電話，用了近一個小時指斥我那篇小文，並聲稱要到法院告我。尹之所以如此動怒，是因為，他是何春耕的導師，為何春耕的《中國倫理情節劇電影傳統——從鄭正秋、蔡楚生到謝晉》一書寫了序。序中對何做了高度評價：「何春耕的勤奮，在我指導的十來個博士研究生中，是頗為顯著的……在寫作過程中，他將自己的主要觀點陸續發表，徵求各方意見。正是經過了這麼認真的打磨，所以當他的論文呈交答辯和評審專家以後，自然得到了應有的學術評價。我想，這種春耕秋收的結果正是他所一直期待的。……也許，當我們再研究中國電影走過的歷史道路的時候，我們會意識到，何春耕這部著作很可能是一部不應忽視的文獻。」我在文中說「何春耕抄襲剽竊的只是他的整本書中的很少的一部分。」但是「我相信，縱使在學術腐敗，學風糜爛的今天，中國學界也不會有人冒天下之大不韙，敢於站出來為何春耕的小惡辯護。因為，這很少的一部分抄襲剽竊，也足以說明作者的學風和人品，也足以令湖南大學顏面掃地，也足以使尹鴻所說的『春耕秋收』成為學界的笑柄。」

雖然我至今沒收到傳票，但是何春耕突然改了主意，拒絕《當代電影》發表他的檢討。不管怎麼著，這一期的《當代電影》是賣火了，據說，僅中戲的師生就買了二百本，於是不得不加印五百。《文藝研究》、《電影藝術》的主編紛紛找我，希望我再有這方面的稿子給他們。《當代電影》受到鼓舞，催我再寫第二篇。

就在此時，我的車胎兩次被扎。到派出所報案，員警的第一句話就是：「你肯定是得罪誰了。」不愧是人民警察，一語中的。

## 第二篇小文：圈內無處可發

我的第二篇小文點了三個人：倪駿（同上）、路海波（國務院學位委員會學科評議組藝術類成員、中央戲劇學院影視系主任、博士生導師、《電影藝術》編委、中戲博導教授系主任）、高鑫（中國傳播大學教授、博導）。但《當代電影》言而無信，壓稿不發。兩個多月後，主編要我把人名、書名隱去。理由是，路海波是國務院學術評議委員會的委員，得罪了此人，對於我所在的單位中國電影藝術研究中心不利。何況，路還是我的朋友云云。我告訴他：人名書名隱去就文不成文了。路不是我的朋友，我的朋友沒有幹這事的。

不約而同，《文藝研究》的主編方寧也變了卦——托人傳來的理由是：路海波是他所在研究院院長的同學，是研究院的客座。而高鑫是他去年博士答辯時的導師之一。剛拿了學位，就揭導師的短，不夠意思。《電影藝術》倒沒有抽肩膀，但是我也不想找了，那主編是我電影學院的學生。我不想給他出難題。

圈裡盤根錯節，只好轉到圈外去，此文最後發在了《博覽群書》上。於是，圈子裡太平了，主編們踏實了，抄剽們安心了——反正沒幾個人博覽群書。就算覽了，又奈我何？既然可以「好官我自為之」，為什麼不可以「好師我照當之」？

話雖這麼說，有我這個「不安定因素」在，「好師們」總會犯嘀咕，陸弘石告訴我，路海波給他打電話，請他勸勸我，不要再寫了。陸的評論是：「他還好意思！」然而，我卻對這位導師突然憐憫起來——連我的學生都從我那篇小文中，看出來我屬於那種「見了棺材也不掉淚」的主兒；這位在戲劇界泡了大半輩子的教授，竟然沒這點兒悟性。

倪駿在其博士論文的「後記」中說：「『不僅要學做學問，更要學好做人！』這是剛進中戲的時候，路老師在第一堂課上的第一句話，歷歷在目，聲聲在耳！」在導師榜樣的激勵下，倪駿在學習做人上又邁出了一大步——二〇〇七年四月十三日晚九時許，倪駿給我打電話，承認自己抄剽了陸弘石的著作。問我怎麼辦。我請她公開檢討。她說怕《當代電影》不發她的檢討。我向她保證肯定會發，並將編輯部主任的電話告之。然而，她從此杳如黃鶴。直到兩年後，北大教授李道新在書坊中驚訝地發現，她的新書又剽竊了他的著作。

# 十二萬：打個老虎

人們說我「打蒼蠅，不打老虎」。不錯。我很想打「老虎」，可我不掌握「老虎」腐敗的證據。以官位換學位的「權學交易」者才稱得上「老虎」。這類交換都是私秘行為，像我這樣的等閒人士怎麼知道？

思來想去，想出一個辦法——成立一個「學術反腐工作室」。通過互聯網，放手發動群眾。讓「老虎」們陷入人民戰爭的汪洋大海之中。權學交易有三個無法超越的環節：一是入學考試，二是外語成績，三是論文答辯。要考碩博士，必須經過筆試口試兩道關，那些浪得學位的官員是否合格，一查原始記錄就知。二是外語。碩士要求外語成績及格，博士要求兩門外語。查一查考試卷子，就一目了然。三是學位論文。白紙黑字，你寫得怎麼樣，導師的評語，答辯委員會態度，都有案可查。可是，掌握證據的人，憑什麼要把證據給我呢？有了，我拿出十二萬，獎勵給勇於揭發並提供證據者。打他幾隻老虎，出這口鳥氣！

二〇〇七年八月，「學術反腐工作室」成立，我向社會承諾：凡向本工作室提供權學交易的確鑿證據者，本工作室一次給予獎金一萬元人民幣。

時至今年五月，舉報信接到了幾封，說的還都是「蒼蠅」。其最大者，不過是某校的教授，抄襲了某在職博士的論文。總之，「老虎」連個毛也見，我一分錢也沒花出去。

實踐給了我一悶棍。我終於明白了，這種工作室是打不著「老虎」的——不管「老虎」在臺上還是下了台，瞭解其權學交易之底細的，都不敢造次。在臺上就不說了，下了台的「老虎」餘威尚在，黨羽猶存，誰也不想惹麻煩。再說，一萬元實在算不上重賞。

# 王建民：鞭打自己人

「老虎」沒打著，卻認識了一位同好——王建民。山東大學當代社會主義研究所教授，《當代世界社會主義問題》雜誌的主編。去年二月，在給我的一封信裡，他談了自己如何鞭打「自己人」。下面是其信的摘錄——

教育部每年從以往年度通過的博士學位論文中選出一百篇予以表彰獎勵。從全國每年五萬篇過關的博士論文中挑選百篇，五百選一，可謂精中選粹；花落社科園地寥寥幾篇，無異鳳毛麟角。因為稀罕，各校均視為張揚博士培養水平之最重要指標，一旦到手，不僅對師徒重金伺候，而且在職稱等許多方面出手大方。哪裡有誘惑，哪裡就有齷齪，身在其中，躲不勝躲。

所謂身在其中，我當值的山東大學當代社會主義研究所是教育部重點研究基地，在「冊子」裡掛了號，便時不時地參與某些評審工作。

作為今年百篇優秀博士評審人，我發現一篇論文由抄襲拼湊而成。然而，其導師是我一向尊重的學者，其作者是我多年的熟人，而作者的博士學位答辯委員會成員多是我的朋友；我與這學校亦有密切合作，該校的同行專家多為合作夥伴。就是說，這次，我這鞭子要抽打的是「自己人」。

「大義滅親」一詞當然是再熟悉不過了，但以前從未想過這到底有多難。他們遠說不上是什麼「親」，要下手尚且如此不易，若真是親人，我是狗熊無疑。我下移了自己的底線：在他們的要求下，我承諾不向學界公開這一醜事。當然，似乎也還沒有墮落到底：一、已向教育部有關部門書面和電話據

> 實通報、一票否決；二、電話要求該校主動查處。
>
> 來函對中國學術腐敗成因的分析，在下有同見；對現狀的無奈，在下有身受；對前景的悲觀，在下有同感。所不敢苟同的是：你說「人們的麻木和無奈」會最終變成「一種潛規則」。不，完全不對。它已經是顯規則了。

三個月後，在王建民的倡議下，我們在北京召開了一個「學風與學術規範」研討會。與會者有北大、人大、北師大、山東大學、山西大學的同仁。面對日益猖獗的學術腐敗，大家憤懣而無奈。這情景，二百年前的龔自珍也遇到過。不過，他比我們樂觀。所以寫下了「山中之民有大音聲起，天地為之鐘鼓，神人為之波濤」名句。

## 張建華：老革命之女成了「山中之民」

今天四月，我認識了第二位同好——張建華。她是山東省一醫學刊物——《精神醫學》（原《山東精神醫學》）的編輯。五年前，她發現了一樁怪事——她的頂頭上司張桂華，山東省精神衛生中心紀委書記兼人事科科長，在二〇〇四年第二期的《精神醫學》上以第一作者的名義，發表了一篇醫學論文。而此文是二〇〇一年投給編輯部的一篇舊稿，原作者是山東省濱洲市人民醫院精神衛生中心院長伊茂森。此文發表後，伊院長寫了一紙證明，證明張桂華對他的論文進行了修改，所以同意張是第一作者，自己甘列第三。張建華告訴我：「我曾經逐字逐句地核對過張、伊二人的文章，幾乎隻字不差」。她認為這是一種隱蔽的權學交易，事發當年，即向精神衛生中心舉報，無果。三年前，她又向山東省衛生廳信訪辦舉報，仍無果。

於是，這位老革命的女兒，成了「山中之民」。義無反顧地投入到民間學術反腐的「大音聲」之中。

## 我別誤人子弟

我從來不報課題，不管是文化部，還是廣電總局。為什麼呢？我報的新中國電影史一類的課題從來不被批准。然而，我就算自己掏腰包，研究成果也問不了世——我掏四萬元出一本四百頁的電影史，卻沒有一個出版社敢接活。所有的出版社百口一腔：「你把那兩章反右派運動的內容刪了，我們才能考慮。」歷史是可以刪的嗎？在十七年電影史中，反右是一大轉折。刪了它，其後的歷史就成了一筆糊塗賬。我不刪。於是那五年前殫精竭思寫的書，蟄伏至今。我想出文革電影史，自知理虧，把價錢抬高，六萬。遍詢環中，竟沒有一家為利所動。

然而，作為一個成果貧瘠，混吃等退的研究員，我又不得不為年輕人申報課題——按規定，助研無資格申報課題，必須由正研替他們申報。我深知，自己在圈內的人望，即便不屬於人人喊打，也一定是某些人的眼中釘，肉中刺。所以，我儘量躲避為年輕人報課題，你想想，如果那審批的，一看見我的名字就咬牙切齒，恨不能食我肉，寢我皮，我代報的課題不是肯定瞎嗎？

可今年，躲不過去了。非讓我牽頭申報「電影口述史研究」，在我下面是十五個後起之秀。深怕因為自己連累大夥，我向領導交待我的「潮底」。領導沉吟片刻，說：「我們想辦法做做那些人的工作。審批的人總得有個講良心的吧！」

早幾年，就有學生跟我說：「吳老師，你老跟那些人叫勁。我們畢業都不好找工作。一聽是您的學生，誰還敢要我們呀！」

從前年起，我就申請不帶研究生，免得誤人子弟。

# 中戲院長：為了學術尊嚴和貴院清譽……

今年三月，北大李道新（藝術學院教授）告我，倪駿的新書《旁落的江湖》（中國友誼出版公司，二〇〇八），抄了他的《中國電影文化史》。我一聽這書名就知道此書一定源自于倪的博士論文。三年前，我就從網上下載了這篇被評為全國優秀的博士論文。那時，常識就告訴我，它是抄剽之作。

我把倪的博論傳給李。經他的查核，倪駿的博論《中國武俠電影的歷史與審美研究》總共抄襲他《中國電影文化史（一九〇五－二〇〇四）》（北京大學出版社，二〇〇五）一書中相關內容十九段，六千七百十六字，約占本博論字數的四．六％。隨後，陸弘石（電影頻道節目部主任、原中國藝術研究員影視所研究員），陳墨（中國電影藝術研究中心研究員）也先後告我，倪的博論還抄剽了他們的著作。

今年四月七日，我給中央戲劇學院院長徐翔寄去了一個快件。其中有一封給他的信，茲節錄如次——

徐翔院長　大鑒：

冒昧打擾，只為學術尊嚴和貴院清譽——貴院影視系副教授倪駿博士一貫抄襲剽竊。現已發現的有如下三部著作——

一，倪駿撰寫的《中國電影史》（二〇〇四年，中國電影出版社出版）

二，倪駿主編的《悲情畫傳》（二〇〇六年，中國廣播出版社出版），

三，倪駿的博士論文《中國武俠電影的歷史與審美研究》（二〇〇五年五月通過答辯）

隨信附上五種證據：

一、《學術規範與職業道德》(一)(見《當代電影》二〇〇六年第六期)

二、《學術規範與職業道德》(二)(見《博覽群書》二〇〇七年第四期)

三、中國藝術研究院影視所所長章柏青給《當代電影》主編張建勇及吳迪的信。

四、北大教授李道新、電影頻道節目部主任陸弘石、中國電影藝術研究中心研究員陳墨等人的信。

五、倪駿抄襲剽竊李道新、陸弘石等人著作的勘比考證。

上月教育部已下達關於學術不端行為的通知,希望您乘此東風,對倪駿的抄襲剽竊行為做出嚴肅處理。

順頌春祺!

中國電影藝術研究中心
吳迪(啟之)
二〇〇九年四月七日

四月十日,中戲的朋友將此信及其附件交給院長。至今,五個月過去了,徐翔沒有任何反應。嗚呼,一個連蒼蠅都打不著的人,居然想打什麼老虎!

## 我不願意在「豬窩」裡做學問

我所在的中心成立了學術委員會,我是委員之一。在發聘書的時候,我對主任說:「我想給你個笑臉,可惜笑不出來。」我當時的臉,一定很難看。

事後，我問他：「在你剛上任的時候，我就跟你講了中心的學術不端。三年了，毫無動靜。你有什麼難言之隱？」年輕的主任神秘地笑笑，一聲不吭。我又說：「我早說過，我不想在『豬窩』裡做學問。」主任還是笑笑，一聲不吭。

很多已退或在職的官員都被高校請去當院長了，且「以吏為師」在高校已成為潮流。據說，我所在的研究中心也在考慮請電影界的局處長做導師。

「老虎」已經升堂入室。

# 敬稱、諛稱與「賄賂」

張郎郎寫他坐監獄：「在這地方，我們管員警叫隊長，管軍人都叫班長。」「犯人一無所有，他們獻給看守的，就只有好話。而最受聽的話，就是讓他們當官。獄警中最大的就是隊長。來監獄工作的最高軍銜者，大約那時候也就是個班長。

這是敬稱，還是諛稱？

網上有一篇《稱謂雜談》，作者列舉了不少諛稱的例子：八十年代鄉鎮企業的人進城到機關辦事，見人就叫處長。「上菜場買菜，到商店購物，特別到旅遊點，想兜生意的人，都會稱你『老闆』。」作者認為，「這些個『處長』、『老闆』的稱呼……不能算是尊稱，姑妄名之曰：諛稱。」

作者所說的尊稱，在語言學裡叫敬稱。敬稱與諛稱區別在哪兒，上文的作者說他「也沒分得明白。」諛稱內容龐雜，意蘊豐厚，應用廣泛，與現實生活密切相關。可能正因為如此，給好多人帶來困惑。《稱謂雜談》在網上引來不少跟帖。跟帖中普遍存在的一個誤區，就是把敬稱（尊稱）跟諛稱混為一談。有的人把本屬敬稱的「令愛」、「令千金」、「女公子」也當成了諛稱，更有甚者，竟然把「您」也歸入諛稱之列。這種糊塗說法源於這樣一種糊塗理念：「諛稱和尊稱之分，在於使用人的心態。」

---

1 李陀、北島主編：《七十年代》北京，三聯，2009，頁118。

說這話的是一位臺灣網民。照他的邏輯，如果我用「您」來跟你說話，表面尊敬如儀，心裡冷嘲熱諷。那麼，「您」這個人稱代詞，就是諛稱。照此推演，任何敬稱都可以是諛稱，任何諛稱都可以是敬稱，敬、諛之間的轉換全憑使用者一時的好惡。顯而易見，用心態／主觀意識來區別稱謂／客觀事物的性質，得到的只能是「唯我論」。這讓我想起一位西哲的話：如果思想可以殺人，全世界的人都會死光光（大意）。這位臺胞能活著，並說出這樣的昏話來，足以證明「諛尊之分心態說」之荒誕無稽。

最近讀了幾本語言學的書，試著說說敬稱與諛稱的異同。敬稱和諛稱都是抬高對方。敬稱是在事實的基礎上抬，諛稱是不顧事實的抬。稱杜甫「杜工部」是敬稱，稱杜甫「杜侍郎」是諛稱。鄭板橋當了縣令，秀才稱之為「父師」，縉紳稱之為「父台」，這是對縣太爺的敬稱。如果《儒林外史》裡的匡超人，見了鄭先生，大喊「公祖」，那不是無知，就是阿諛——知府、知州才稱「公祖」。

也就是說，張郎郎他們「隊長」、「班長」之稱謂，絕不是什麼敬稱、尊稱，而是徹頭徹尾的諛稱。

正常的情況下，自尊自愛之人不會阿諛奉承。張郎郎等人之所以入獄隨俗，是因為那時的獄方可以關你禁閉，可以上你背銬，甚至可以判你死刑，「當場執行」。文革中的「思想犯」饒瑞農在一篇回憶錄中談到，他被強留勞改工廠（南京第四機床廠鑄工車間）就業（當電焊工）的時候，同廠的許小彥，因家有急事，在某個休息日享受了一下已經恢復了的公民權——未向廠方請假就回了一趟家。結果以「逃跑」罪名抓回，手銬腳鐐招呼不算，還關了禁閉。廠領導王政委蒞臨禁閉室開導教育，許小彥沒有阿諛，只有解釋：我既是公民，休息日離廠就不用請假。而在王政委眼裡，恢復公民權的犯人還是犯人。兩人話不投機。政委大人還被帶鐐的許小彥踢了一腳。於是，這位二十多歲的刨床工被定為「現反」判處死刑。「在全廠大會上當場點名、當場宣判、當場執行。」[2]

在這種法西斯面前，扭曲是自我保護，是生存策略。遇羅克在獄中不也是一口一個「班長」的嗎？[3]其實，在監獄外頭的人，也好不到哪去。思想一元，管理一體，每個人都被編織到單位的大網上，孩子上學、配偶工作、本人的升遷榮辱以至死活都與是否聽話相關。蕭軍當了兩年農民，還得回到這個大網中，劉少奇請求毛澤東，讓他帶著全家回鄉種地，也沒能從那網上掙脫。你不揭發檢舉，不檢討交代，不歌功頌德，不低眉摧腰，總之，不阿諛奉承。行嗎？

稱謂分為面稱和背稱。諛稱也分面諛和背諛。面諛固然讓被諛者受用。但少不了「當面說一套，背後說一套」。那些當面叫「隊長」、「班長」的犯人，一扭臉，就會操隊長班長的八輩祖宗。背諛的情況比面諛複雜，有的是出於習慣——侍候慈禧的人，背後同樣一口一個「老佛爺」。有的是出於恐懼——有一個「國民黨軍醫」因直呼毛澤東其名被判七年。此後直至逝世，都稱毛為「紅太陽」。有的出於崇拜——我曾認識一位平壤大學來語言學院進修的教師，一提起金日成，他總是「慈父」「慈父」的。有一次，我跟他開玩笑，問他，你的慈母是誰？他從此不理我。當然，背諛者有的是既出於習慣又出於恐懼，有的則是三種心理的混合。

無論是面諛，還是背諛，都讓人想起賄賂。賄賂有物質的，也有精神的。諛稱是用語言進行的精神行賄。精神的賄賂比物質的更可怕，它在不知不覺之中，深入人心。它簡單易行，無須破費，只要像馮友蘭說的「修辭立其偽」，或把良心餵狗，或將腦袋送人。即可。所以容易推廣操作，通行天下。

---

2 《走出恐懼——「九一三」事件四十年祭》，《記憶》第75期。

3 《七十年代》頁120。

監獄中的稱謂，在文革後變化不小。新時期的犯人對熟悉的看守，每以職業稱之：張管（教），李提（審）。對不熟悉的看守，犯人們統稱為「政府」。「報告政府」是那疙瘩最常聽到的話。對於那些政法大學來的實習生，犯人們則不約而同地叫「班長」。

新時期的進步，在這裡一眼可見，張管李提，表明了犯人與看守之間似乎有了某種平等。「報告政府」雖說也是話語賄賂——把個人抬高成權力機構——但是，這諛稱比「隊長」、「班長」的含義要豐富得多，它透露出犯人對獄方的要求和希望。有人會問，新時期的犯人為什麼要管那些初出校門的學生叫「班長」呢？畫家嚴正學用他的親身經歷給我們提供了答案——嚴給家人朋友的信，全賴那位「江班長」的睜眼閉眼。而「江班長」有此同情心，多是因為他初入此行，還沒有患上「職業麻木症」的緣故。[4]

儘管「班長」之稱，沿襲了七十年代的舊習，但是，它只限於實習生，使用範圍大大地縮水。與時俱進的學者會從這一繼承之中，挖掘出中國監獄管理與日俱增的人道。

4 嚴正學：《陰陽陌路》自印書，2009，頁30。

# 「哥們兒」的異化——女性話語中的男權

前幾年，出了一部電影和一本同名的書——《女人無窮動》（又名《誰睡了我的丈夫》）。導演寧瀛說，她拍這部片子，源於對男性為中心的主流社會價值觀、審美觀的不認同。她要「用全新的審美意識去展現中國一代成熟女人獨特的個性魅力」。[1]四位成功的女人：洪晃、劉索拉、李勤勤、平燕妮主演，前外交官章含之客串老管家「張媽媽」。

影評人稱讚這部片子「直接」、「粗礫」，並斷言：「女人勇敢起來，男人就應該羞愧至死。」[2]網上的評論則認為，這部」女權主義的影片」，「顛覆了傳統和現代的女性形象」，「粉碎了男性鏡像中的女性，」從而消解了男人「自身隱含的權力」。因此，男人對它恨得要死，怕得要命。

我是男人。對它既不恨也不怕，更談不上羞愧。我只是奇怪——是否以「哥們兒」相稱，張嘴閉嘴「操你媽」，外加無數個你「丫的」，就是成熟女人的獨特魅力？

「以男性為規範」是漢語性別偏見的首要標誌。[3]用性別偏見來捍衛女性，用男性本體來反抗男權意味著什麼，寧導和她的那些操來操去的「哥們兒」，似乎從來也沒有想過。

---

1 寧瀛、劉索拉、洪晃、章含之著：《女人無窮動》上海，文彙，2006，頁1。

2 同上，頁162。

3 王德春等著：《社會心理語言學》上海，外語教育，2012，頁77。

寧導想到的只是某種假定帶來的困惑：經過反封建，經過「男女平等的革命，時間上甚至超前西方的女權運動」，為什麼，「『半邊天』的後代們已經完全自覺地投降於資本主義商品經濟的審美標準。不知不覺中，我們又回到小心翼翼地追求男性心目中的女性美，否則就是醜的。」[4]

我想問，經過「男女平等的革命」，男女在什麼意義上取得了平等？「半邊天」實際上指的是哪半邊？中國是否存在過早於西方的女權運動？從反封建中衝殺出來的進步女性，是否知道什麼是資本主義商品經濟？她們什麼時候疏離、不滿、反抗過男性心目中的女性美？

五十年代初，《新婚姻法》公佈後，農村刮起了「離婚風」。浩然對此風有如下描寫——

邪氣是由那些吃上公糧，穿上幹部服和軍裝的農民們給攪和起來的。當初他們在村子裡幹莊稼活的時候，又窮又苦，很害怕打一輩子光棍，千方百計地娶上個老婆，就心滿意足地哄著老婆給他生孩子、跟他過日子。後來撈到了一個以前做夢也沒想到過的官職，地位變化，眼界開闊，接觸到年輕美貌又有文化的女人，腦袋裡滋生起喜新厭舊的毛病，就渾水摸魚，乘風而上，紛紛起來帶頭鑽新婚姻法的空子，生著法子編造諸般理由跟仍留在農村種地、帶孩子、養老人的媳婦打離婚。……我們的老縣長，年近半百，很追時髦。他在新婚姻法實施後，在縣直機關帶頭跟鄉下那位與他同甘共苦患難幾十年的老伴兒離婚之後，馬不停蹄地跟一個比他兒子還小若干歲的女年輕幹部配成新夫妻。[5]

---

4 《女人無窮動》頁1。

5 鄭實采寫：《浩然口述自傳》天津，人民，2008，頁84。

榜樣的力量是無窮的。上面帶頭，下面影從。風氣由此而成——「凡是脫產在外面搞工作的男人，如若不跟農村裡的媳婦們鬧離婚，就被視為落後、保守、封建腦瓜，就沒臉見人，就在同志中間抬不起頭來。」（同上）浩然就因為沒離婚，成了另類，縣委書記發話：「梁浩然年輕輕的思想這麼封建落後，還不趕快離婚！」（同上）

誰都知道，新婚姻法造福於婦女。可有誰知道，它還毀掉了無數農村婦女的後半生？如果在為婦女謀利的事情上，革命的男人們也會打著堂皇的旗號，鑽空子，謀私利。那麼，革命後的男女平等，豈可高估？——無處不在的男權，有著極強的生命力和適應性，在數千年傳統的幫助下，它隱匿於語言／思維之中，寄身於女性／女權之內，以提倡平等而求生，用反抗男權來復活。

「向前進，向前進，戰士的責任重，婦女要翻身。」高唱著「紅色娘子軍」連歌的革命女性，從來也沒有想到，為什麼連裡只有洪長青一個男人，也只能用「他們」，而不用「她們」。她們更會理所當然地認為，「共產主義真，黨是領路人」。這個黨一定是「他」，而不是「她」。

男女都一樣，女人半邊天。「同志」不分膚色種族，當然更不分性別。於是，有了「鐵姑娘」生產隊，有了「不愛紅裝愛武裝」。有了對女性生理差別的漠視。政治在給女性戴上光榮花的同時，也戴上了「誰說女子不如男」的高帽子，結果，家庭、子女、社會和女人的身體都吃了虧。

媽媽吃了虧仍執迷不悟，女兒則更上層樓——不但要與男性比體力，還要比勇氣，比吃苦耐勞。原北京師大女附中教導主任的劉秀瑩告訴我：「那時候，女附中好些女孩子的腳底板都是黑的。」為什麼有鞋不穿，偏要打赤腳？詢之當年的「赤腳大仙」，答曰：光腳板意味著能吃苦，而能吃苦是革命者必備的條件。

文革之初，布拉吉（連衣裙）不能穿了，辮子、燙髮被剪，高跟鞋被砍。五十年代時尚女性的打扮，這時都成了資產階級。革其命的，則多是媽媽們的寶貝女兒，她們穿著洗得發白的軍裝、戴著跟男生要來的軍帽，腰裡紮著武裝帶，雄糾糾，氣昂昂地向男性化奮勇前進。

一個現成的例子：《女人無窮動》中夜太太的扮演者平燕妮，「父親平傑三是當時統戰部的副部長，被關押七年毫無音信，她非但沒有萎縮，反而天天梳著無縫鋼管頭，跨上嶄新的二八男車，率領著一群狂女，飛奔在西單大街……」[6]

有行動，就會有語言。女紅衛兵打人抄家，比男生還凶。她們要用行動來證明，誰說女子不如男！四十年前，下鄉插隊的女生們，「不管是哥們兒還是姐們兒，都稱為哥們兒」。[7]「哥們兒」的異化表明女性對男權的臣服已經上升到了理性的高度。

最理性的是江青。她之所以要把所有知道她三十年底細的人都置於死地，是因為她要按照男權的標準打扮自己，而她當年在上海留下的風流事蹟，嚴重地破壞了男權所要求的女性形象——守身如玉和從一而終。

在江青自殺十二年後，美國新墨西哥州的聖塔菲露天歌劇院演出了一部歌劇——《毛夫人》。編導們把江青想像成一位超級女權主義者，把此劇的主題定位為「壓抑與復仇」。最經典的一幕，就是江青對著自己上吊的屍體咬牙切齒：「是的，我就是她，被你們這些男人虐待、背叛，你們教會我仇恨！」

有好多人，像《毛夫人》的編導那樣，殫精竭思地把江青打扮成一個另類的女權主義者，樂此不疲地尋找樣板戲中的暗示象徵，挖掘其中的微言大義。她／他們不知道，在《毛夫人》中，江青重複最多的歌詞就是：I am the wife of Mao zhedong.I speek according to the book——現代意義的女權，只能來自於高度發達的文明。在文革的土壤上，只能長出皇權。

---

6 《女人無窮動》頁30。

7 孟曉青：《永遠的大草原》自印書，頁2。

新時期來了，去男性化一浪高似一浪。電影《街上流行紅裙子》告訴人們，灰藍色屬於鄉下人，勞模也可以穿上紅裙子去公園「斬裙」。去男性化，其實就是去政治化。而去政治化的最有效的工具，就是資本主義商品經濟。結果，男性化去了，男性的價值觀、審美觀卻來了。經濟男權替代了政治男權，於是，有了「小秘」、「二奶」和「美女經濟」。

這是不是「補課」必交的學費？

物價上揚，學費也隨著看漲——近來，成功女性有了一個新稱謂——「爺」。比如，大美女、小明星范冰冰，就有了一個新稱謂——「范爺」。

范爺之「爺」，不是指父親之父親（grandfather），不是對男性長輩的尊稱（uncle），不是老天爺、閻王爺的「爺」，與「此處不養爺，自有養爺處」的自矜之詞也無關。打開詞典，最接近此「爺」之意思的是「舊時對主人、上官或尊貴者的稱呼，英文用這三個單詞來表示：sir、master、lord。

語言是約定俗成的，是什麼習俗，使人們把那些成功女人稱為「爺」呢？

# 關於套話

有一個腦筋急轉彎——

趙本山：請聽題，當官的要精通哪四種語言？

范偉：英語、法語、俄語和日語。

高秀敏：錯！假話、空話、大話和套話。

在這四種話裡，假話、大話、空話不用解釋。套話值得一說。什麼叫套話？《現代漢語詞典》的解釋是「特指套用現成的結論或格式而沒有實際內容的話。」這種定義似乎沒有考慮到禮貌語——「吃了嗎」、「慢走」、「Hi」、「Hello」有什麼實際內容？它們算不算套話？

照我看，套話至少有兩種：禮貌性套話和政治性套話。借用自由主義宗師伊賽亞·伯林的說法，禮貌性套話是積極性套話，政治性套話是消極性套話。「謝謝」、「請關照」、「多保重」雖然是套話，但不可或缺。說它是「積極性」的，並非過譽。

這類話落實到書信中，就成了「鈞鑒」、「敬稟」、「撰安」、「不另」一類的尺牘套話。錢鍾書寫八行箋，從不打稿，一氣呵成。與其說這是天分使然，不如說他熟悉套話。請看錢鍾書致陳夢家的信：

夢家吾兄教席：

不晤數句，估想佳善。頃得顧起潛書附一紙囑轉致記賓，即附並祈收。

並頌日祉不備。嫂夫人均佳。

弟：錢鍾書再拜。內人同叩。十月四日夜

全信五十四個字，名字、稱謂、日期用了十三個字，有實際內容的十九個字（頃得顧起潛書附一紙囑轉致記寶，即附並祈收）。套話占了二十二個字（不晤數旬，估想佳善。並頌日祉不備。嫂夫人均佳）。《中國尺牘文學史》專門附錄了「尺牘套語」。作者趙樹功告訴人們，文言尺牘「除主要內容外，其他多有習慣的套語。」[1]「這類套話無實際意義但很有用，它是禮貌、教養、文化程度的標誌。沒有它，人家就不高興，社會就不和諧，事情就辦不成。

政治性套話多用在官場和公媒上。這些套話使用最多的群體，以前叫國家幹部，現在叫公務員。有好事者，在網上把這類套話分門別類地開列出來，並且舉例說明，比如：

對於這個問題，黨和政府已經給予了高度重視，出臺了一系列相關的政策措施，以切實維護人民群眾的根本利益，落實科學發展觀，建設社會主義和諧社會，讓全體人民共用改革成果。

關注民生、重視民生、保障民生，改善民生，是我們黨全心全意為人民服務的宗旨的一貫要求和傳統作風，是人民政府的基本職責。

1 趙樹功：《中國尺牘文學史》石家莊，河北人民，1999，頁638。

這類話之所以消極，因為它讓人想起了官場的貪腐和不作為，想起「狗掀門簾子——嘴的本事」的歇後語，想起了「表揚與自我表揚」的新風尚，所以，說了還不如不說。

有人把政治性套話比成八股。這不對，這種套話跟八股不挨邊，八股雖為形式所囿，但「理盡一言，語無重出」。八股不但有益於邏輯思維，而且還把你訓練得文精意賅。「形勢大好，不是小好，越來越好。」有什麼邏輯，有什麼文采？

把政治性套話說成是「黨八股」還庶幾近之。毛澤東給「黨八股」開了八條罪狀，至少前四條——「空話連篇，言之無物。」「裝腔作勢，藉以嚇人。」「無的放矢，不看對象。」「語言無味，像個癟三」——都可以用在這種套話上。

「黨八股」生於延安，政治性套話的籍貫在哪兒？何方的答案也是延安。「每天晚上點完名，指導員都要講話，內容除討論連隊上存在的問題外，大多是空話、套話、車軲轆話。人們聽煩了，後來就流行了一個順口溜：天不怕地不怕，就怕指導員來講話。」[2]指導員的套話，來自於搶救運動中產生的新八股。儘管這種新八股被贊為延安文風，但「其專橫武斷、不要證據、強詞奪理、不容辯駁，空話套話，永遠正確等，絕不在舊八股之下。只是引證馬恩列斯改成更多地引證毛澤東就是了。何方建議，將一九四三年的《解放日報》搶救運動中關於坦白的報導，與大躍進時期新華社和《人民日報》關於「放衛星」的報導做一對比，就可以看出這種新八股的紹續繼承。[3]

如果深究一下這類套話的血緣家系，就會有一個驚人的發現：它是權力與媒體的私生子。權力要宣傳，宣

2 何方：《從延安一路走來的反思》上，香港，明鏡，2007，頁81。

3 何方：《黨史筆記——從遵義會議到延安整風》下，香港，利文，2005，頁434。

傳靠媒體。媒體不願意宣傳，權力就誘之以官祿德，將媒體軟硬兼施拉入房中，媒體不得不從，為保全臉面，只好向外界宣佈，它們是自由戀愛自願結合。以後的事，無須細數——媒體把那宣傳重複上成千上萬遍，弄得人人耳熟能詳，張嘴就來，成了條件反射。於是，政治性套話呱呱落地。

不同的時代有不同的政治，不同的政治產生不同的套話。遙想當年，這個私生子的威風比現在大多了，「階級鬥爭，一抓就靈。」「團結的大會，勝利的大會。」「東風浩蕩，春雷滾滾。」「一不怕苦，二不怕死。」「脫胎換骨，重新做人。」……一類的文字見於報端，聞於廣播，騰於眾口，大會念小會讀，日記抄信裡寫。幹部講學生說，無人不曉，無處不在。它影響到人們的思維、心理和行動。要是深究文革發生的原因，這類套話的「父母」不能辭其咎。

重慶文聯的退休幹部楊世元在一九六二年七月的日記中，抱怨一九五九年「反右傾」後的副刊難編，尤其是言論稿子不好寫，要寫也只能是套話，他把當時的套話概括為兩句話：「『三六九』一味藥，醫不好糊塗症。」「所謂「『三六九』一味藥」，是我總結那幾年宣傳工作中的常用套話：雖有三年嚴重自然災害，但我們有六億人民，九百六十萬平方公里土地，只要高舉三面紅旗，堅持六條標準（辨別香花毒草的六條標準），縱有問題也是九個指頭與一個指頭的關係……」在文革中，這則日記成了「黑話」，他被批了一個月。[4]

我看文革時的日記和通信，奇怪自己竟能寫出如此套話連篇的東西。再看張新蠶的《紅色少女日記》，王林父子的文革日記，邵燕祥、杜高、李慎之、趙丹等人寫的檢討交代，才知道，那時候大家都這麼說，這麼寫。

後來看了巴金的《隨想錄》，才知道，套話也分等級，我的套話，不過是小兒科，最高級的套話，是巴金談到的：「四人幫」打倒了，一些寫了大小「走資派」的作品出不來。「腦子靈敏的人會想辦法，便揪出『四

---

4 楊世元口述：《文革風暴中的重慶市文聯》，《昨天》2012，第6期。

人幫』來代替……於是我們的文壇上又出現了一種由『反走資派』變為『反四人幫』的作品。這樣一來，吹捧『四人幫』的人又變成了『反四人幫』的英雄」。[5]

幹部要守紀律，套話非說不可。媒體是喉舌，套話不登不行。那麼，為什麼一般民眾也要說套話呢？這是因為套話有兩大好處，一是安全，二是省事。安全的功效是眼前的，省事的功效是長遠的——大報抄小報，小報抄梁效。抄來抄去，腦袋就長到人家肩膀上去了。

《一九八四》年中的語言學家家塞納和他的同事們，在「老大哥」的指導下努力創造「新話」——「世界上唯一一種語彙總量在日益減少的語言」。創造的辦法就是消滅單詞，「幾十個幾百個的消滅，」反義詞一個不留，「把語言剔得只剩下骨頭」。[6]新話的目的，塞納說得明白：「就是窄化思想」，「到了最後，我們將會讓思想罪變得完全不可能再犯，因為沒有單詞可以表達它。每種必要的概念將被一個單詞精確地表達出來，這個單詞的意義有嚴格規定，其他次要意義將被消除，然後被忘掉。……年復一年，辭彙量越來越小，意識的範圍越來越窄。……語言變得完美時，革命就完成了。」[7]

其實，要達到上述目的，消滅單詞是個笨辦法，聰明而省力的辦法是大量地製造套話，大力地推廣使用套話。塞納們一定會明白這個道理：套話就是重複，重複某些辭彙，重複的結果必然會使辭彙減少。與此同時，套話中辭彙的詞義也就會因此變窄，一詞多義的現象從此消失，而那些帶異端色彩的辭彙也就歇了菜。塞納，確切地說，奧威爾，沒有看到，套話才是控制思想的最高境界。

---

5 《隨想錄》頁45，北京，三聯，1987。

6 《一九八四》上海，譯林，2008，頁37。

7 同上，頁38。

毛澤東說「黨八股」害黨害國，要大家趕緊把它扔進垃圾桶裡去。作為「黨八股」的堂兄弟，政治性套話也無緣享受更好的待遇。但是，你可以告別司徒雷登，卻告別不了此類套話。為什麼？上面說了，套話的老爸是權力，老媽是媒體，你不把這兩者拆散，這種套話就永遠跟著你。

## 滑溜溜的委婉——「光榮」、「帽子」、「因公死亡」

「九一三」以後，久不見林彪露面的外國記者在北京的胡同裡瞎轉，想從市民的嘴裡套出點消息來。碰到一群瘋玩的孩子：「你們的林副統帥到哪裡去了，怎麼不出來了？」孩子們拍著屁股嚷嚷：「格兒屁著涼大海棠了！」老外恍然大悟：噢，林彪病了，腸炎（打咯放屁）加感冒（著涼）。可為什麼「大海棠」呢？老外回去查詞典。

這是坊間流傳的一個段子，它說明一個問題，有些委婉語像泥鰍一樣滑溜溜，你弄不清它是什麼意思。就拿「光榮」來說吧。這個詞有時候意思明確——「班長，要是我光榮了，就把我的入黨申請書交給指導員。」這是紅色文藝中常見的表達。此處的「光榮」來自於「為革命犧牲是光榮的」的理念，以形容詞「光榮」來承擔名詞「犧牲」的意思，為戰死沙場的慘烈戴上一頂榮譽之冠。

另一種「光榮」的意思就滑溜溜得難以把握了。一位從延安過來的老幹部告訴我，在一九四二年的搶救運動中，他的一個同學在逼供下亂咬，說他是藍衣社（國民黨特務組織之一）。大家逼他承認，他不認。女友動員他：「誰坦白誰光榮，你坦白了，咱倆還是朋友。」他反問：「說假話能光榮嗎？這種光榮我不要！」結果女友離他而去，嫁給了一個大首長。為了讓他早日「光榮」，班長決定發動「車輪大戰」——七個人分成三個小組，不捨晝夜地對他進行威脅利誘式的啟發教育，熬到第四天，他頂不住了，在迷迷糊糊之中，承認了藍衣社。

一個月以後，在王家坪的桃園舉行坦白大會，葉劍英主持，號召失足者快點坦白。主席臺兩邊設有「光榮席」，桌上擺著香煙茶水。他被同志們連拉帶拽弄到了「光榮席」上。半個世紀過去了，他一想起來那份「光榮」還渾身冒汗。

何方在他的書裡也提到了這個坦白大會，提到了主席臺兩邊的「光榮席」，書裡說：「一坦白，就算『光榮』了，還可以抽一支煙。」——要知道，那時的延安，香煙是最難得的奢侈品，投奔革命的煙民們緩解煙癮的唯一辦法，就是在開會時坐在主席臺前，撿首長們扔的煙屁。儘管如此「『光榮席』上的香煙吸引力並不大，許多人被積極分子連拖帶拉就是不上去。」何方就是其中一個，他老兄摟著一棵桃樹，積極分子們說破了天，就是不撒手。「讓他們嚷嚷去，嚷嚷完了總得散會。」抱定這個蔫主意，他終於沒有獲得那份能抽一支煙的「光榮」。[1]

這個「光榮」給語言學出了一道難題，它是什麼意思？你怎麼解釋它？按上述語境，它應該是「坦白交代」的委婉語。麻煩的是，那坦白交代是假的。如果真的坦白交代算做光榮的話，那麼假的坦白交代只能歸為恥辱。這種「以恥為榮」的語言現象說明了什麼？

「幫助」也有點滑溜溜。何方把它解釋成「圍攻」——「由領導給分工，找幾個積極分子，再搭配幾個普通學員，去圍攻（名義上的幫助）一個重點，日夜鏖戰，直到被圍攻者『坦白交代』」。[2]這種釋義雖然形象生動，但有些含混，是否可以這樣解釋：在政治運動中，為了促使某些人達到掌權者的要求，有組織地對其進行說服動員，以至刑訊逼供的作法？

---

1 何方：《從延安走來的一路反思——何方自述》上，頁121。

2 同上，頁111。

「幫助」大體上可以分成冷、熱兩種。冷幫助主要用語言從精神、心理上給被幫助者以威脅恫嚇。通縣河北梆子劇團的舞美設計江皓先生，曾這樣記述團裡的造反派「重點幫助」他的女友劉煒：一武生主演聲嘶力竭地痛斥貧農出身的劉煒忘了本，背叛了她的紅色家庭，竟和一個資產階級的孝子賢孫搞對象，丟盡了革命家庭的臉。[3]

「熱幫助」不但用語言，還要用暴力，用傷害被幫助者的肉體來達到目的。「挖肅運動」時期，土默特右旗「群專指揮部」的工作人員，常常這樣威脅「內人黨」：「灰爛各拋，肉皮子癢癢子麼？要不要爺找人幫助幫助你？」這種幫助的結果，就是皮開肉綻，筋斷骨折。

「帽子」這個詞，我們常用，但是要把它的意思準確地說出來並不容易。「五子登科」中的「扣帽子」，可以解釋成「強加罪名」。毛澤東批評江青開「帽子工廠」，也可以說是開「罪名工廠」。可是，「戴帽子」、「摘帽子」中的「帽子」就不好這樣理解。比如，你不好把「帽子拿在人民手裡，隨時可以給你戴上」改成「罪名拿在人民手裡，隨時都會給你按上」。如果你認為，「黨委決定給張三戴上中右的帽子」可以解釋成「黨委給張三加上中右的罪名」。那麼「現行反革命」的帽子就會不容商量地扣在你的頭上。

帽子的滑溜溜，與它前面的動詞有關，如果「扣」上去，那麼帽子就是貶義的；如果戴上去或者摘下來，那麼它至少是中性的，像英文翻譯的那樣，成為標籤（name-calling／labelling）的另一種表述。

「因公死亡」大概是滑溜溜之最。字典解釋：「國家機關、事業單位的工作人員因履行公職遭受事故傷害造成死亡，或者患職業病經醫療救治無效死亡的，稱為因公死亡。」文革造成了大量的非正常死亡，有的死因不明，有的雖然死因清楚，但不好明說。怎麼辨？都歸為「因公死亡」。比如，一九六六年八月二十日，女三

3 《缺鈣時代》，北京，自印書，2008，頁226。

中校長沙坪被學生毆打折磨致死，四十年後，同事們出書，稱她為「壯烈犧牲」。[4]而當時的北京市教育局則稱其為「因公死亡」。再如，一九七〇年十月二十三日，原科委主任，著名記者范長江的遺體在其關押的河南省確山幹校的一個農村的機井裡發現。如果是自殺，水性好的范長江不會選擇投水，如果是他殺，又找不到兇手。於是就來個「因公死亡」。

文革結束後，公安司法部門對秦城監獄的看守在文革中的表現進行了深入細緻的調查，那些用法西斯手段折磨犯人的酷吏受到了不同程度的懲處。據說有十七人被秘密處決，而其家屬得到的是「因公死亡」的通知。

這裡的「公」耐人尋味。上例似乎提示我們，因為國家幹部、事業單位的工作人員在政治運動中的所作所為。比如，批鬥與挨鬥、遊街與被遊街、施暴與被施暴、看牛棚與關牛棚、搞專案與被審查都是履行公職。所以，如果在這中間出現了死傷——不管打人的還是被打的，都應該歸為因公。換言之，張之霖、老舍、卞仲耘、孫維世、傅連璋、鄭君裡、張志新等成千上萬死難者，都是因公死亡。

這讓我想起了一個故事，「四人幫」抓起來之後，有一次，北京大學批鬥遲群、謝靜宜，聶元梓和蒯大富被拉來陪鬥。聶、蒯憤憤不平：豈有此理！遲群、謝靜宜把我們關了十年。我們怎麼跟他們一起挨鬥！如果他們知道「因公死亡」的相容並包，就會好受得多。

很少有哪個委婉語像「因公死亡」一樣的大肚能容。一般的委婉語只是把壞事說成好事，至少是不那麼難聽——國民黨把「逃亡」叫做「撤退」或「不守」，大陸管「三年大饑荒」稱為「三年自然災害」，日本管「經濟蕭條」叫做「經濟調整」，美國人給窮國留面子，稱其為「發展中國家」……

4 《撐起女三中的人們：記1949—1966年的教職工》自印書，頁7。

委婉語這種滑溜溜的品性，甚至足以讓人丟掉性命。民主柬埔寨時期，有一個不祥的詞——「sneur，意為『邀請』或『詢問』……紅色高棉會來某人家中，sneur（請）某人的兒子去學習或去受教育。很多人被這種禮貌的要求所迷惑，完全沒有反抗。但人們很快就意識到那些被請去的人就再也沒有回來。這個詞有了新的含義：『帶走殺死』。」[5]

無獨有偶，饒瑞農先生給我們講述了這樣一個沉痛的故事：他解除勞教後，不能自謀職業，只能「留廠就業」。「所謂『留廠就業』是一種冠冕堂皇的說法，與另一種直言不諱的說法『留廠繼續改造』交替並用——需要你『安心留廠』時用前者，需要你『服從管教』時用後者。其實大家都心知肚明這『就業』是怎麼回事——我們這些人的『法定名稱』叫『廠員』而不是『職工』，相互不能稱『同志』而只能叫『同廠』。儘管從法律上講我們都已恢復了公民權，但與同廠犯人的區別也就是不剃光頭、不住監房、有工資，『理論上』還能請假外出而已。」

不幸的是，他的同廠許小彥，一個二十多歲的刨床工，把「留廠就業」這表面的堂皇當了真，以為自己既然從法律上恢復了公民權，就可以真正享有之。在批林批孔期間的「某個休息日，因家有急事又怕不能准假，便毅然以『公民身分』擅自離廠，結果被以『逃跑』罪名抓回、手銬腳鐐投入禁閉室內。一日，廠部最高領導王政委親臨禁閉室對其進行當面教育，話不投機還被帶鐐踢了一腳——這『身分僭越』的一腳，其代價就是『廠員公民』許小彥不久後以『呼喊反動口號』為由被定為『現行反革命』判處死刑。……在全廠大會上當場點名、當場宣判、當場執行。」[6]

---

5 西德尼：《戰火之外》西安，陝西師大，2012，頁115。

6 《走出恐懼——「九一三」事件40年祭》《記憶》第75期。

有了這些滑溜溜的委婉語，就會有滑溜溜的委婉文。六十年代初，北京大學某班主任「經過了反右之後，對缺點和問題就不再直截了當地指出來，而是採用了迂回曲折的暗示方法，即反面文章正面做。如有的同學性格孤傲，脫離群眾，作為鑒定語言，則寫成『希望能廣泛聯繫群眾』。有的同學驕傲自大，剛愎自用，在鑒定中則寫成『希望掌握好批評與自我批評的武器。』有的同學婚前與異性發生了性關係，這在當時是一個嚴重問題，我們在班會上對這位同學進行了嚴肅的批評，但在鑒定中則寫成：『希望在生活作風上加強自我修養。』這類含混不清的語言，使人讀了不知所云。據說，用人單位曾派一幹事到北大中文系，專門詢問鑒定關於『在生活作風上加強自我修養』一語。是否指該生曾犯有偷竊罪。」[7]

這位慈悲為懷為懷的班主任，為中國委婉語的發展壯大增添了悲愴的一筆。

7 黃侯興：《北大九年》，自印書，2011年，頁193—194。

## 從「這年頭」到「鬼世道」——海峽兩岸的禁忌語

與臺灣的表兄聊天，他要我猜個謎：「臺灣的公交車沒有哪條線路？」我答不出，他亮出謎底：「臺灣的公交車沒有八路。因為老蔣對八路恨之入骨。」

六十年代初，王鼎鈞在臺灣新成立的中國電視公司做編審組長，節目部在螢幕上打出的每一個字，事先都要他簽字。簽了幾天，王先生有了跟電視劇中的李鴻章一樣的感慨：「世上最難寫的字就是自己的名字！」比如，電視劇中有這樣的臺詞：「這年頭人心不古」，「這年頭沒有是非」，「這年頭好人難做」。王先生略加思考，大筆一揮，將「這年頭」三個字刪掉。

王先生講了個中原因，「這些話，三十年代的左翼作家都用過，所謂『這年頭』指的是國民黨政府。臺灣的劇作家多半是他們的學生，或者是學生的學生，不知不覺也用了。」[1]如果不刪掉，萬一有個好事者告上去，說這三個字影射當局，就可能砸了飯碗。

在一個綜藝節目中，主持人與來賓對談，因為來賓的普遍話說得生硬，主持人好奇地問：「你說的是哪一國的國語呢？」來賓：「是臺灣國語啦！」王先生再揮大筆，把這個對話砍掉。他的理由是，「臺灣國語」這四個字的前三個字可以組成一個「臺灣國」，倘若人家說這是為台獨張目，他吃罪不起。

---

1 王鼎鈞：《文學江湖》臺灣，爾雅，2009，頁390。

還有一次，他從一個已經通過的電視劇劇本中發現了一個大隱患——劇本講一個從大陸來台的有著二子一女的家庭在逃亡中離散。二十年後，大兒子當了員警，小兒子當了流氓，唯一的女兒淪落風塵。兄弟姐妹三人互不相識，結果流氓哥哥嫖了自己的妹妹，員警哥哥打傷了自己的流氓弟弟。而這三個孩子的老爸叫鍾正。這不是指著鼻子罵老蔣嗎！王先生立即叫停這個節目，勒令修改家長的名字。[2]

王鼎鈞是臺灣十大散文作家之一，讀他的書，不僅體味了文字之美，而且長了不少見識。見識之一，就是臺灣戡亂時代的語言禁忌。

禁忌語各國都有，日本天皇皇后的名字是禁忌，英語裡淫穢的語言（obscene language）是禁忌。禮儀之邦的中國在釣魚臺蓋別墅的時候，「出於對外賓習俗的尊重」，就把西方人認為「不吉祥的一號、四號和十三號」摒棄在編號之外。[3]

禁忌語至少可以分兩種，一種是生活禁忌語，一種是政治禁忌語。前者比後者壽命長，後者比前者威力大。前者經得住歲月的汰洗，後者往往政改禁去。前面說的臺灣的那些禁忌語，也就活躍了三十年，到了上世紀七十年代後期，就隨著蔣總統的嗚呼而無影無蹤。我跟臺灣的一個政治學博士說起「這年頭」的典故，他瞪大眼睛，張大嘴巴：「哇塞，是真的嗎？」

大陸的青年博士也好不到哪兒去，你跟他談三四十年前的禁忌語，他也哇塞。

那時候，買毛主席像不能說買，得說「請」。跟農村人逢年過節「請神」一樣。陳獨秀的孫女就是在買主席像時說了一句，「太貴了」，成了「現行反革命」。八十年代中，我回內蒙古鑄鍛廠，見到當年的工友們，

---

2 同上，頁391。

3 樹軍編：《釣魚臺歷史檔案》中共中央黨校，1999，頁130。

問呼市火車站的毛主席像是怎麼拆的？工友們連連擺手：「可不敢這麼說。那是送，送主席像。」

請神容易送神難，就是送瘟神也得「紙船明燭照天燒」。送主席像就更難了，第一，你不能從容不迫，必須速戰速決。第二，你不能大張旗鼓，只能偷偷摸摸。

重慶大學的毛主席鋼筋水泥塑像，是在一個夜裡用炸藥炸的。「有點像夜半行竊，活兒幹得乾淨利索，凌晨三點動手，平明拂曉，東方紅廣場上便只餘下一片廢墟。」雲南大理的駐軍要毀掉一個玻璃鋼製作的主席像，「軍領導做了周密佈置，也是黑夜，塑像四邊用編織布圍個密不透風，然後讓工兵迅速對領袖實施切割，大卸數段，用軍車迅速拉上蒼山，投入事前挖好的大土坑，澆上汽油：燒！——火焰蓬然而起的一剎那，聽說，一戰士躲避不及，眉毛和臉部被猛撲而來大火燎過，幾天未見好。他嚇得誠惶誠恐地私下念佛，對人說：啊呀！毛主席真菩薩呀！瞧，我們一動粗，老人家就顯靈啦！[4]

說主席顯靈，源自個人崇拜。不過，這崇拜多半是被崇拜者所賜。「史達林死了以後，蘇聯提出反對個人崇拜。到了中國，毛澤東認為個人崇拜還是要的……他既然堅持要個人崇拜，我們就一度把個人崇拜改為個人迷信，好像個人崇拜還可以，迷信才不好似的。」[5]

個人迷信改成了個人崇拜，政治禁忌有增無減。美學家高爾泰在敦煌時，每天起得很早，總是第一個到辦公室，冬天辦公室要生爐子，所以，他來到辦公室的第一件事就是劈柴。「有一次，遇到一樹根，實在難劈，高一邊劈一邊罵：『真他媽特殊材料製成的。』有人聽到了，運動一來就成了罪狀。被人揭發，說他辱罵共產

4 周孜仁：《毛澤東巨像：從造到毀》，《記憶》2008年，第3期。

5 黎澍：《通向文化革命之路——關於文革產生的文化背景的一場談話》，《戴晴文集》，自印書，頁407。

黨員，因為史達林說過共產黨人是特殊材料製成的。」[6]奇怪的是，高爾泰在他的自傳性散文集《尋找家園》裡竟沒有提這件事，估計是他當時的罪名太多，這點事已經不算什麼了。

四川自貢的王銳先生在文章中提到了這樣一件事：一九五九年，重慶十五中的吳老師下放勞動。時值月末，其友清理飯票，發現尚餘三斤半。旁人羨煞：「你好闊氣啊，一個月怎麼吃法？還有三斤半！」其友曰：「你沒看見，我這個月四處打游擊哇？」「打游擊」意為去別處「蹭飯」。越三年，「階級鬥爭」大倡，此事被揭發。「打游擊」被說成是配合臺灣「反攻大陸」，其友被捕。但「打游擊」非一人可為，吳老師遂成了同夥。一九六三年，二人皆以「反革命」罪獲刑八年，刑滿勞改於「苗溪茶場」。胡風、章詒和都是他的難友。[7]

我的南京朋友方子奮講過這樣一個故事。文革中，他因「現反」罪在南京勞改，與另一個「現反」老戴相友善。老戴獲罪完全是禍從口出：一九六八年十二月二十六日那天，他一早就出去買麵條，為的是給侄女過生日。轉了兩個小時一根也沒買到。一打聽，原來這天是偉大領袖的誕辰，南京人早就把麵條買得精光。老戴快快而返，快到家時，正趕上一麵條代銷點突然到貨。老戴奮不顧身擠上前去，一下買了好幾斤。回家後有兩位老大媽來串門，看到他買的麵條，交口稱讚他有好運氣。老戴受了誇獎，頭腦發熱，發起議論來：「中國人真他媽的邪門，平時哪一天不能吃這倒頭的麵條？一個個偏偏要擠到今天來趕時髦，也不知湊的哪門子熱鬧。這好，麵條搞得比金條還難買，成了他媽的什麼鬼世道！」沒誠想，就這幾句話，他就成了「惡毒攻擊偉大領袖，惡毒攻擊廣大革命群眾自發紀念偉大領袖生日，把大好革命形勢下的社會主義污蔑成『什麼鬼世道』」的「現行反革命」。老戴先是被「群眾專政」，然後送勞改。他的惡運並沒有到此結束，毛主席去世時，他不慎

---

6 蕭默：《一葉一菩提——我在敦煌十五年》新星出版社，2010，頁137。

7 王銳：《一個短笛手的命運》，《昨天》，2012年，第4期。

哼哼「亞克西呀嘛亞克西」「大寨亞克西」的曲調。指導員認為他「對偉大領袖的逝世幸災樂禍」。於是給他辦了學習班。老戴被打得鼻青臉腫，大小便失禁。[8]

這種「亞克西式聯想」在電影的片名上也多有體現。第六代導演王小帥的《越南姑娘》被認為片名太曖昧，容易讓人想入非非。只好改，改來改去，改成了《扁擔姑娘》，成了一個老掉牙的農村片。路學長的《鋼鐵是這樣煉成的》，被認為片名太反叛，只好改成了毫無懸念的《長大成人》。讓人家以為是美國電視劇《成長的煩惱》的翻版。王朔的《我是你爸爸》被斥為「這不是罵人嗎?!」頑主一氣之下，改成了沒有一點娛樂性的《爸爸》。從此枯燥乏味的片名《我的父親母親》不再形只影單。儘管如此，《爸爸》仍未通過。平實如《爸爸》者尚且如此，《打左燈，往右拐》這種影射禁區的片名更別想通過。編導們寢食不安，晝思夜想。集思廣益的結果，是將它改成了一句廢話——《紅燈停，綠燈行》。

海峽兩岸的例子說明了政治禁忌語在發生學上的兩大特點：第一，它們產生於全能體制，體制越全能，禁忌語越多。人們對「這年頭」、「鬼世道」的另類讀解就是例證。第二，它們得益於想像力，想像力越發達，禁忌語越奇特。比如上面說的「打游擊」、「特殊材料」、「亞克西呀嘛亞克西」。

政治禁忌語對社會有什麼影響，我沒有研究。我只知道，它會給日常生活帶來麻煩。比如，在階級鬥爭為綱的時代，不能說「農民」，因為農民中有地富。所以，住在老鄉家裡的學生，半夜尿急，又摸不著尿桶，也不知電燈開關在哪裡，就只能大叫：「貧下中農開燈，貧下中農開燈！」[9]如果這戶人家恰巧是中農，這位同學就只好尿炕了。

---

8 方子奮：《老戴的「幸災樂禍罪」》，《記憶》2009年，第21期。

9 張曉良：《文革開始時我剛上小學》，《昨天》第7期。

# 「同志」ABC

## 一、「同志」的來歷與用場

一八三一年，里昂工人起義，在巴黎發表《革命宣言》，第一句話就是「同志們。」大約從那裡起，「同志」就進入了政治。到了二十世紀初，國際共運由歐入亞，「同志」從英語譯成俄文，又從俄國流入日本，再由日本來到中國。

其實，「同志」是中國的土產，三千年前就有了這個詞：「同姓則同德，同德則同心，同心則同志」（《國語・晉語》）。在老祖宗那裡，「同志」是與氏族血緣連在一起的。到了漢代，這個詞的血緣色彩漸漸稀薄：「嘗與同志宴集於會稽山陰之蘭亭。」「同志」成了朋友的同義詞。而當它從日本來到中國的時候，就成了政黨內部的稱謂。

「同志」並非是左派的專利，右派也同志同志的。剛上臺的希特勒給德國工人黨講話，以「我的黨員同志們」開頭。蔣介石在共產國際的文件中一直被稱為「蔣介石同志」（如《托洛茨基論中國革命》）。蔣介石的講話、文章、遺囑裡，「同志」也不少見。

## 二、「同志」：毛澤東時代的關鍵詞

如果讓我選毛澤東時代的關鍵詞，有兩個詞一定要入選。一是「革命」，二是「同志」。「革命」另文再說，這裡只說「同志」。

「同志」從五十年代走出黨內，覆蓋神州，澤披黔首。至六七十年代登峰造極，成了使用頻率最高、最能表現時代精神的辭彙。語言是社會現象，「語言中最活躍的因素——語彙，常常最敏感地反映了社會生活和社會思想的變化」。[1]「同志」反映了哪些變化，下面嘗試言之。

「同志」反映了思想的大一統。語言學家把稱謂分成九類：社交稱謂、關係稱謂、職銜稱謂、謙敬稱謂、親屬稱謂、代詞稱謂、姓名稱謂、親昵稱謂和戲謔稱謂。「同志」首先趕走了先生太太女士小姐等社交稱謂，然後，又代替了老師、師傅、同學、老闆、朋友等關係稱謂。接下來，它又向職銜稱謂進攻，大夫醫生護士教練會計經理工程師等職業性稱謂久攻不下，就將火力轉向頭銜性稱謂，於是部長、市長、團長、主任等官銜都不准稱，上下一律稱「同志」。隨後，「同志」又把槍口對準謙敬稱謂。在弟子、在下、老朽、愚兄、鄙人、賤內、犬子、敝友、家嚴、家慈等自謙的說法被掃蕩的同時，尊夫人、尊大人、尊翁、尊府、尊堂、令尊、令堂、令兄、令弟、令郎、令妹、令愛、令嫂、令徒等敬稱也統統滅頂。此後，「同志」鼓其餘勇，又向親屬稱謂進攻，於是，要求進步的青年，把「父親大人」改成了「父親同志」。至此，「同志」已經在稱謂中占了統治地位。餘下的你我他等代詞，張三李四王五等姓名，大李老李和小李等昵稱，小子、老農、板爺兒等戲謔稱

---

1 陳原：《語言與社會生活》北京，商務，2004，頁1。

謂，也都成了「同志」的擁躉。「同志」一統天下，「同志」的思想磅礴萬里如虎。

稱謂的功能是交際。「同志」大一統的結果，意味著社會生活的變得整齊劃一，單純乏味。所有的人，都成了同志，全國成了一個大軍營，生活就像軍營中的被子一樣，見棱見角，千篇一律，固然整齊，卻沒了變化，少了生氣。你能要求磚頭有生氣嗎？所以，王小波要把他的人生追求定位於「有趣」。

## 三、「同志」：「我國人民的稱謂」

土改工作組進村，村民們有的叫長官，有的叫幹部，有的叫先生。兩個月之後，工作組離開的時候，村民們齊刷刷地都管他們叫「同志」。貧下中農叫「同志」可以，地主富農怎麼也跟著瞎攙和？

工作組組長對他們進行了耐心的教育：「兩個月前，你們的成分沒定，叫『同志』還行。現在你們定了成分，成了剝削階級，剝削階級就是反動階級。所以你們不能再叫我們『同志』了。」

「是，是，同志，那我們以後還叫你們長官。」

「不行，共產黨最講平等，不能叫長官。」

「哪我們叫你們先生？」

「不行，先生是資產階級的稱呼。」

「那我們叫工作組什麼？」

這一下，把組長問住了。

這是「同志」的第一次泛化。四九年前後，它從黨內漫延到黨外。隨著土改，走向農村。開始農民們管官家人叫「同志」，後來，他們用「同志」來稱呼所有城裡來的人。

「同志」的第二次泛化，在工商業改造期間。經過「私改委員會」和「普查辦公室」的悉心領導，無論是上海的資本家，還是河套的小業主，以及那些自以為是的民主黨派，都迅速地認識了一個真理：先生女士太太小姐都已經跟著司徒雷登和國民政府一道逃到了海外。你要在這塊土地上生存，就得跟「同志」打交道，如果想生存得好，最好把你自己及子女也變成「同志」。

你說，我不想當「同志」，我就想當我。那好，人家告訴你，這裡除了同志就是敵人，自然也沒有「我」待的地方。你怎麼辦？你只好當「同志」。

這一次泛化可以說是徹頭徹尾，以至於影響到語言學——《現代漢語詞典》（一九七九年版）告訴人們，「同志」是「我國人民之間的稱呼」。

注意，這個泛化只是外延的擴大，它的內涵——同意本黨的黨章，遵守本黨紀律者稱為「同志」——並沒有變化。這並不意味著中國大陸籍人士無形之中都具備了共產黨員的資格，而是表明，被稱為「同志」的人們除了聽黨的話，跟黨走之外，別無選擇。

## 四、「同志」中的羅曼蒂克

語言塑造心理，改變觀念。男尊女卑的觀念，與「他」的使用有關——當所稱對象不能確定男女時，人們使用「他」，而不是「她」。與父母、夫妻、子女等詞語的運用有關——男性總是放在女性的前面。還與女性詞語的貶化有關：傻B、娘希匹，他奶奶的、小B養的等粗口髒話多拿女性說事，[2]那麼，鋪天蓋地的「同

---

2 王德春等《社會心理語言學》上海，外語教育，1995，頁79。

志」，會帶來什麼心理和觀念呢？

心理之一，就是把附著在「同志」身上的羅曼蒂克，當了真。有一首雄壯有力，節奏分明的蘇聯歌曲——《祖國進行曲》，從抗日時的延安一直唱到建國後的北京，其中有這樣的幾句歌詞——

我們驕傲的稱呼是同志，
它比一切尊稱都光榮；
有這稱呼到處都是家庭，
不分人種黑白棕黃紅。
這個稱呼無論誰都熟悉，
憑著它就彼此更親密。

只管信仰，不分膚色，憑著一個稱謂就親密無間，就走遍天下。這是社會主義陣營的自我想像。二〇〇二年八月金正日訪俄。俄國外交官稱金正日「主席先生」，金正日回答：「我很樂意用『同志』來稱呼彼此，我對這個稱呼很熟悉，聽起來很親切。」這一表述，說明說話人的心理狀態還停留在冷戰時期。而對於已經改變了顏色的俄國來說，「先生」似乎更熟悉更親切。

理性化的心理，就成了觀念。「同志」帶來的觀念之一，就是將其中凝聚的烏托邦理想奉為牢不可破的信念。請看下面一段文字——

我們黨從創建起，就把「同志」推崇為極光榮的尊稱。正是「同志」這一稱謂，凝聚了無數革命先輩的崇高理想和信念。應該承認，我們發展社會主義市場經濟，進行改革開放，在許多社交場合已不能使用「同志」這個稱謂，但是這絕不意味著，「同志」已經過時。建設有中國特色的社會主義，必須依靠廣大的工人、農民、知識分子和解放軍官兵。理想追求的一致性，實現理想力量的社會性，決定了使用「同志」這一稱謂的廣泛性和長期性。「同志」的貶值，在一定程度上反映出人們對共同理想追求的淡化。[3]

在作者看來，「同志」的使用與否，關係到能否建設有中國特色的社會主義這樣的頭等大事。按他的邏輯，「同志」的式微，意味著中國背棄了上述理想和信念，意味著我們今天搞的是有中國特色的資本主義。這位同志的見微知著和憂國憂民令人感佩。

## 五、「同志」的名實關係

你沒入黨，可人家一定要稱你為「同志」。你受寵若驚，以為自己成了「黨外布林式維克」。可是，你沒想到，有名就得有實。你既然成了「同志」，就要像「同志」那樣，就得履行「同志」的責任和義務。什麼是「同志」的責任和義務？沒人規定。但是，凡是被稱為「同志」的都知道，「同志」應該成為革命機器上的齒輪和鏍絲釘。黨要你幹什麼，你就得幹什麼。從改變作風到改變思想，從選擇專業到選擇對象。如果哪天，黨需要你去死，你就應該心甘情願地去死。如果黨說，光死不行，還得背個黑鍋。那你就要高高興興

3 博振坤：《中國紀檢監察報》1996年1月16日。

地背著黑鍋去死。

所以，鄧拓的絕筆這樣寫：「只要對黨對革命事業有利，我個人無論經受任何痛苦和犧牲，我都甘心情願。過去是這樣，現在是這樣，永遠是這樣。」[4]

## 六、「同志」的等級

大陸出的語言學的書，凡是談到「同志」這一稱謂的，幾乎眾口一辭地說它代表著新的社會關係，反映了人與人之間的平等。這一說法固然令人欣慰，卻很有些革命浪漫主義。「同志」能用在資產階級身上嗎？能用在地富反壞右身上嗎？既然不能，那麼，語言學家就應該給這個稱謂的使用做個限制——它只適用於人民內部。

極少數語言學家意識到了這一點，並在著作中隱曲地透露出來：「社會主義社會在理論上是推翻一切剝削階級，消滅一切等級差別的社會。……這一時期出現在的稱呼語『同志』，本來是一個崇高的稱號——它代表社會成員之間平等的關係和親如手足的關係。」[5]細心的讀者可以從「在理論上」和「本來」這樣的表述中，看出作者的深意——崇高、平等只是「理論上的」、書本上的、口頭上的。也就是說，「同志」所表達的是一個被理想化的社會，一種被美化的人際關係。

---

4 袁鷹：《玉碎》，周明主編：《歷史在這裡沉思》三，華夏，1986，頁126。

5 陳原：《社會語言學》北京，商務，2004，頁258。

北影的老編劇陳瑞晴給我講過一件事：一九五八年冬，北大荒七五四農場派右派們到山裡伐木。臘月二十九那天，難友周世明因為太累了，在拉完第二個鋸口時，坐在地上沒有躲開，樹倒下的時候，震在一根樹樁上，彈回來打在周的前胸。周的內臟被震碎，當即身亡。同伴們傷心不已，找了一塊平滑的石板做墓碑，想刻上了「周世明同志之墓」。總場得知，命令指導員：「碑上不准寫『同志』」。來自北影的右派，著名演員張瑩（《小兵張嘎》裡的連長羅金保的扮演者），時任伐木隊隊長，質問指導員：「那寫什麼，總不能寫『周世明右派』吧?!」指導員回答：「寫『先生』。別的連隊死了人都是這樣寫的。」難友們反對：「先生」是稱黨外人士的，拿它來稱呼革命同志是對死者的污辱。大家商量後，決定在碑上寫「周世明大哥」。當晚，總場來了緊急通知：「只能寫『先生』，不得寫別的。」刻在石碑上的「大哥」無法更改。人們只好把石碑扔掉，找了一塊水曲柳，用毛筆草草寫上：「周世明先生之墓」，插在墳前。

陳瑞晴將這件事寫進了《只有雲雀知道你》，她在書裡說，在當時人們的觀念裡，「『先生、小姐』是罵人的話，誰都不願意用這兩個字來傷害死者的靈魂，刺痛活人的心。」[6]可胳膊擰不過大腿，總場堅持原則，就是要把周世明排除在「同志」之外。儘管周是一位早年參加革命，立過好多功，僅僅給領導提了點意見的老同志。

這類故事有成千上萬。每一個都浸透著血淚。它們告訴我們，「同志」反映的不是人與人的平等，而是不平等。

毛澤東時代的中國社會，有兩個大等級，一個是「人內」（人民內部），一個是「人外」（敵我）。「人內」是同志，是自己人。「人外」是敵人，是賤民，是中國的猶太群體。逝者已矣，無論稱他什麼，他都茫然

---

6《只有雲雀知道你》北京，文化藝術，2007，頁171。

無知。總場的指示，是給活人看的，指示者就是要「傷害活人的靈魂，刺痛右派的心。」就是讓這些人知道，他們是「人外」之物。

是否稱做「同志」，在建黨後意味著內外，在建國後意味著尊卑，在文革中意味著生死。

## 七、「同志」的淪落

一個詞語的興衰，與外部環境有關，與其代表的概念更有關係。如果人們一提起「三鹿牛奶」，想到的不是牛奶，而是毒藥，那麼這個詞語肯定就變了味，而失去了原來的意義。同志也一樣，國際共運的衰落，固然很讓它難堪，多元經濟固然帶起了新的稱謂，但是，讓它衰敗的，恐怕還在它自身——概念變了，名實背離。同志不成其為同志。

按字典的說法，同志指的是為共同理想、事業而奮鬥的人。那麼同志之間的關係，就應該是真誠坦白、平等民主，互助友愛。這種好日子在延安有過，「當時的同志關係，完全做到了像一首蘇聯歌曲上所唱的：『我們驕傲的稱呼是同志，這個稱呼比什麼都親密。』人們把抗大比作一座熔爐，確實，許多人一進去就很快被熔化了。」[7]無數延安出來的人，一說起「搶救」前的人際關係，不勝懷念。

可是，搶救運動來了。昨天的同志，今天成了國民黨特務。還沒成特務的同志，則變成了刑訊逼供的工具。雖然後來甄別了，但是，同志的內核、同志的感情破壞了，真誠坦白少了，平等友愛沒了，同志變了味。

---

7 何方：《從延安一路走來的反思——何方自述》上，香港，明鏡，2007，頁85。

文革來了。以中央為首，天天上演「同志」變敵人，敵人變「同志」的慘劇和鬧劇——大量「同志」被害，大批「同志」自殺，剩下的「同志」則成了特務叛徒現反歷反牛鬼蛇神。同時，壞蛋、小人、投機者、野心家搖身一變成了「同志」。今天還代表無產階級司令部到處講話，明天就成了小爬蟲、變色龍……

你說，這麼一折騰，「同志」還能長久嗎？

戴晴的公爹王磊，一九三七年棄學出逃，投奔革命的「赤匪」，在飽經整肅之後，患了肺癌。一九八九年去世前，他異常清醒地囑咐家人：「絕對不許開官方主辦的追悼會，不要官方悼詞，不要通知任何『同志』」。[8]在這位革命者眼裡，「同志」成了投機者、刀筆吏的代稱。

中央民族大學的副教授蒙曼在「百家講壇」上講「大隋風雲」時，一本正經地稱隋煬帝為「楊廣同志」。「同志」從最神聖最崇高最親密的稱呼，淪落成了央視的戲稱。

你說說，這該怨誰？

---

8 《我的四個父親》，《戴晴文集》自印書，2011，頁212。

# 革命的用法

如果評選毛澤東時代的十大關鍵詞，「革命」肯定會排在第一。如果把評選的時間向前延伸一百年，相信「革命」仍會入選。二十世紀是革命的世紀，革命是這百年中用得最多，傳播最廣、內涵最豐富，最富於變化，也最攸關生死的詞，它不入選，誰入選？

可是，語言學家——不管是革命的、不革命的，還是反革命的——對這個至關重要的詞似乎都沒有深究過。因此，生在革命中，長在革命下，深受革命恩澤的我，要不自量力地說一說「革命」這個詞。

革命是個多義詞，《現代漢語詞典》給它列了三個義項：一，被壓迫階級用暴力奪取政權，摧毀舊的腐朽的社會制度，建立新的進步的社會制度。革命破壞舊的生產關係，建立新的生產關係，推動社會的發展。二，具有革命意識的。例：工人階級是最革命的階級。三，根本改革。例：思想革命、技術革命、產業革命。（修訂本，一九九六）其實，在人們平常的理解中，革命就是造反，就是殺人放火，就是暴力奪權。韓寒的《談革命》[1]中的革命就是這個意思。

詞典上說的只是革命的辭彙意義，按語言學的說法，詞義不但包括辭彙意義，還包括語法意義和色彩意義。據我看，革命的語法意義也很有些革命的味道，你看，它簡直是一個全面手，既是名詞和代詞，在句子中充當主語；又可以居動詞之位，在句子中做謂語；同時，它還是一個曾經氾濫成災的形容詞，在句子中做定語

---

1 《週末文刊》，2012年，第23期。

來限定名詞或代詞；另外，它還常常以狀語的身分出山，把謂語修理一番。可以說，在語法上，革命簡直就是一個巨無霸。

辭彙的色彩意義指的是它包含的感情和感覺——褒貶、冷暖、親疏、莊諧。在這方面，革命既使算不上巨無霸，也屬於神通廣大的巨靈神、雷震子一類。三十年前，它居褒義詞的頂端。新時期以來，它似乎又帶上了貶義。有時，它溫暖如春，有時，它寒冷徹骨。有時，它像你的親人；有時，它又成了眾生的陌路。它曾經莊嚴肅穆，令人仰止行止，可即使在「告別」之前，它就帶上了嘲諷的韻味。而在「告別」之後，它更成了口頭筆端的戲謔。

總之，革命一詞，可道者多矣，茲擇允許道者，略道一二。

## 一、革命作為形容詞

革命作為形容詞，在文革期間用得最多。請看下面這句話：

革命的紅衛兵和革命的學生組織要實現革命的大聯合，只要兩派都是革命的群眾組織，就要在革命的原則下實現革命的大聯合。

這個句子摘自一九六七年十月一日「兩報一刊」（人民日報、解放軍報、紅旗雜誌）的社論——《無產階級專政下的文化大革命勝利萬歲》。「兩報一刊」主宰了中國近十年，其社論代表著黨中央毛主席的意志，權威性不言而喻。這個句子出現在這個社論中，說明這是當時唯一正確的表述。

這個句子共五十三個字，其中有七個名詞——「紅衛兵」、「學生組織」、「大聯合」、「群眾組織」等，共計二十一個字。有六個形容詞——「革命的」，共計十八個字。剩下的是動詞連詞介詞。作為修飾名詞的「革命的」幾乎占了全句的三分之一。其重要性可見一斑。

如果抽去這十八個字，這句話就成了這個樣子——

紅衛兵和學生組織要實現大聯合，只要兩派都是群眾組織，就要在原則下實現大聯合。

從語法上講，沒有這六個「革命的」，這句話也講得通。從作文上講，加上這六個定語，這句話就變得累贅囉索，似乎成了繞口令。

「革命的」大量地用於定語，意味著很多名詞——紅衛兵、學生、聯合、群眾、組織等表達的事物，第一、已經分成了性質不同的種類：革命的、不革命的、假革命的、反革命的。第二、這些種類又混在一起，難以分辨。第三、這些事物與革命的關係隨時都在變化——昨天在臺上做報告「幹部」，今天可能就成了走資派。今天還是響噹噹硬梆梆的造反組織，明天就成了反革命集團。在此危難之際，不請出「革命的」來限制它們，那革命還搞得成嗎？

「一切名詞都是現實世界客觀事物的反映。」[2]一個名詞一旦需要用「革命的」來限制，就意味著它代表的事物本身失去了原有的規定性。林彪對此深有體會：「過去我們南征北戰，那種戰爭好打。因為敵人清楚。這回無產階級文化大革命，比那種戰爭困難得多。」「問題就是犯思想錯誤的，同敵我矛盾混合在一起，一時

2 陳原：《社會語言學》北京，商務，2004，頁52，

還搞不清楚。」（林彪在中共九大上的報告《人民日報》一九六九年四月二十八日）林副統帥搞不清楚，正統帥同樣搞不清楚，搞不清楚，就只好在文字上做些許改良——用「革命的」來限制那些名詞。

語言是文化現象，史無前例的文化大革命，竟然連這一現象的區區小命都革不了，而只能做如此笨拙的點滴改良，實在令人沮喪。好在當時的革命者對這個改良品欣然接受——他們相信只要在學生、組織、同志、群眾等等名詞前面加上「革命的」這個定語，是否革命與真假革命就會大白於天下。

按照陳原的說法，這是革命的「語言的靈物崇拜」。[3]它跟善男信女念叨「阿門」、「阿彌托佛」一個道理。跟《紅樓夢》中的馬道婆給鳳姐、寶玉施「魘魔法」——將年庚八字寫在紙人身上，用藍紙鉸的五個青面鬼拿針釘在一起，同一種思維方式。這時候的「革命的」成了神漢念的咒語，巫覡畫的符籙。而到了這個地步，語言就「不再是思想的直接現實，而是思想本身。語言不是『載體』，而是有神力的思想。」[4]

## 二、革命作為代詞

七十年代初，閻連科還是個農村的小青年。有一天，他正在同生產隊的老少社員在田地翻紅薯秧子——

> 不知為何，竟有兩輛卡車上拉了革命者的青年，架著機槍，從田頭公路上駛過，突然，他們朝著田裡的我們，打了一梭子機槍，子彈就落在田頭的草上。草搖土飛之後，當過兵的一個退伍軍人，突然大喚：

3 《語言與社會生活——社會語言學札記》頁46，北京，三聯，1980。

4 陳原：《社會語言學》，頁349，

> 「臥倒——」社員們就都學著他的樣子，各自臥伏在了紅薯秧的壟溝。起來之後，卡車已經遠去，載著革命者和他們的笑聲。不知這革命從哪兒來，又到哪兒去。於是，生產隊長就對著革命的背影大喊大罵：「操你們奶奶，我們種地，你們革命，井水不犯河水，礙著你們啥兒事啦?!」[5]

這段文字中，革命有三種語法功能，一、名詞（革命者），二、動詞（你們革命）三、代詞（對著革命的背影）。前兩種司空見慣，不必多說。值得一說的是代詞。生產隊長「對著革命的背影」大罵。這裡的「革命」，指代的是前面提到的「革命者」。

為什麼不直接說「對著革命者的背影」大罵，而偏要用「革命」指代「革命者」呢？這正是閻連科的高明之處。他知道，只有指代，才能把時人對造反派，對文革，對世道的不滿表達出來，也只有如此表達，才能透露出作者對「革命」的嘲諷。

## 三、革命作為狀語

語言的「靈物崇拜」，又叫語言的「物神化」。「為革命……」就是這個「物神化」的一個重鎮。「為革命種田」、「為革命寫作」、「為革命鍛煉身體」、「為革命學好外語」、「為革命苦練基本功」……這是毛澤東時代常見的說法。

---

5 閻連科：《我的那年代》，《七十年代》，頁395。

到了鄧小平時代，巴金對這種說法產生了疑惑：身體是革命的本錢，為什麼不提倡為革命吃好飯，睡好覺呢。（《隨感錄》，頁一四四）。巴金忽略了，「為革命……」是目的狀語，它後面跟著的都是有一定難度的事。種田，臉朝黃土背朝天，誰願意？寫作，就算是寫黨八股，也要費些腦筋；鍛煉身體，需要吃苦、受累、意志堅強；學外語、練基本功也一樣。一般情況下，吃飯、睡覺沒有難度，所以用不著把革命搬出來。如果吃飯有了難度，且與「革命」有關，那麼，解決吃飯的人就會被革了命。一九五九年，安徽省委副書記張凱帆，為了挽救瀕臨餓死的五十萬百姓，開倉放糧，被判了二十年。一九六〇年，山西河曲縣委書記劉毅，也因為擅放國庫糧丟了官。

因為有難度，才需要抬出一個偉大莊嚴之目的，「為革命」云云，就像《西遊記》裡的神仙祭起的法寶。那法寶一旦高懸空中，凡人就只有匍匐在地，屏氣息聲，俯首聽命。江青對她的護士、警衛、秘書說，你們為我服務，就是為革命服務。這種服務包括陪她打撲克，為她養狗養猴，為她追捕蚊子，還包括被她辱罵：你給我滾！

為了逃離土地，擺脫當農民的命運，閻連科選擇了當兵。「可在軍營，所有的人問我為什麼當兵時，我都會說是為了革命，為了保家衛國。問我為什麼寫作時，我都不說是為了我的命運，而是說為了革命而提高自己的文化水平，去爭做一個革命的、有文化的合格軍人。因為革命，是那個年代的根本，革命掩埋、掩蓋了那個年代裡人的一切。」[6]

## 四、革命成了調侃

在八〇後的臺灣人廖信忠那裡，革命則完全是另外一種意思——父母為了他能考上好高中，讓他上初四班

6 閻連科：《我的那年代》，《七十年代》，頁411—412。

（升高中的補習班）。這種班實行封閉式管理，天天考試，考不到規定的分數，就由班導師進行體罰——差幾分就打幾下。

> 被打的同學很自覺地把手撐在桌上，班導師充滿殺氣地揮起木棒，不，是鼓勵棒，然後拉弓，將滿滿的鼓勵從屁股下方幾寸的大腿肉上注入全身。只見被打的同學臉上一陣陣的扭曲，尤其是老師下手的那一瞬間，表情忽然變得非常猙獰，讓後面的同學覺得更加恐懼。……班導師打人時用力之猛，一班六七十個學生打下來，一天總要耗損幾根棒子，挨打的同學常常都被打到手掌及屁股都淤青變黑。……說也奇怪，大家還是不懂得努力一點讀書，避免挨打，反而研究起被打時怎麼不痛，但後來我才曉得，一起研究這些事情是增加革命情感的好方法。[7]

這裡的「革命情感」，實際上是挨打引起的同命相憐的感情。作者為什麼不用「受苦」、「患難」而偏要用「革命」呢？因為後者有趣，帶有調侃的味道——現代的年輕人，不管是大陸還是臺灣，都想戲謔一下曾幾何時充斥兩岸的「革命」。

## 五、革命的渾沌

二十世紀是革命的世紀。可是，「革命」卻人言人殊。

---

[7] 廖信忠：《我們臺灣這些年》重慶，重慶出版社，2011，頁140。

孫中山說：「革命尚未成功，同志仍須努力。」這裡的革命是中國的統一富強，是三民主義的全面實施。

蔣介石說：「非達成國民革命之責任，絕不中止！」這裡革命是「光復大陸國土、復興民族文化、堅守民主陣容。」

毛澤東說：「革命是暴動，是一個階級推翻一個階級的暴烈的行動。」這裡的革命是槍桿子裡面出政權，是階級鬥爭、反修防修、全國全面內戰和在腥風血雨中交班。

鄧小平說：「改革是中國的第二次革命。」這裡的革命是社會主義不姓窮，是市場經濟，是讓少數人先富起來。

革了半天命，到底什麼是革命？

語言學家試圖用渾沌學來解答詞義的渾沌。他們認為，詞義的縮小和擴大是一種有序與無序的渾沌現象。渾沌學有一種「分形」理論——部分與整體的自相似性，「啟發人們通過認識部分來認識整體，從有限中認識無限。」「語言是用來描述主客觀世界的，主客觀世界中存在著很多自相似性特徵的事物」。「也就是說，存在著很多『分形』。」一詞多義與此緊密相關。「由於分形的普遍存在，隨著事物的不斷湧現和人的認識水平的不斷提高，詞義在發展進程中的某一個時段出現了分叉現象，……於是就從原有的詞義中，生出了新的與原有詞義相關聯的意義。」[8]

渾沌學使我對革命之人言之殊，有了渾沌性的理解：革命的義項之一，是「根本改革」。不管搞什麼樣的革命，不管根本不根本，改革總是吸引人的。因此，革命就有了形形色色的含義。由於認識水平的提高，法國

8 李宇宏：《詞義引申的渾沌學解釋》，《渾沌學與語言文化研究新進展》北京，中央民族大學，2009，頁151—152。

人用小寫和複數的方法把震驚世界的「法國大革命」歸結為「動亂」。[9]而中國人則用加引號的方法，把史無前例的文革歸為「浩劫」和「折騰」。

9 高毅：《法蘭西風格：大革命的政治文化》杭州，浙江人民，1991，頁138。

# 改良與革命──評《梁啟超傳》

李澤厚有一句話，「我不寫五十年以前可寫的東西，也不寫五十年以後可寫的東西。……我只為我的時代而寫。」按這一標準，此書五十年前不可寫，五十年後可以寫。而解璽璋現在把它寫出來了，實在超前。

此書首印五萬套。出廠當天就銷了四千套。網上三大書店：當當、卓越、京東每天銷量在三百套以上，當當一天就賣出了一百五十套。某廣東書商買了一千套販往香港去。警官大學一教師買了十套送人。一青年買了一套，剛拿回家，即被其老爸索去。不得不再買一套……。購書如此洶洶，出版方不得不在首印的當月，加印一萬套。這種種情況說明，此書雖超前，卻與當下的需求暗合。

暗合什麼呢？作者借龍應台的話做了回答：「一百年之後我仍受梁啟超的文章感動，難道不是因為，儘管時光荏苒，百年浮沉，我所感受的痛苦仍是梁啟超的痛苦，我所不得不做的呼喊仍是梁啟超的呼喊？我自以為最鋒利的筆刀，自以為最真誠的反抗，哪一樣不是前人的重複？」一百年後還在重複，說明問題之老大難。臺灣的龍應台尚且有如此感受，大陸的解璽璋的感受只能更痛更深：「從她回顧的戊戌百年，到今年的辛亥百年，又過去了十幾年，中國知識界最關切的問題，應該說還是中國的現代化，不僅是文化的現代化，還應該包括國家的現代化，人的現代化，乃至政治領域的現代化──也即民主化。這些都沒有超出梁啟超的政治遺產和文化學術遺產的範圍。有人說，二十世紀中國思想史上有一個承前啟後的『新道統』或『新學統』，其主鏈即梁啟超──胡適──顧准──李慎之，或者還可以增加晚年陳獨秀，在臺灣還有殷海光和雷震，他們一代又一代一波又一波所不斷追求的，歸納起來就是憲政主義、民主主義、民族主義。」[1]

如果有這麼一個「新道統」？那麼什麼是「舊道統」呢？

作者用他的洋洋數十萬言回答了這個問題：革命。伴隨著暴力、破壞與戰爭的革命。

一百多年來，中國一直在革命：辛亥革命、二次革命、北伐戰爭、國內革命戰爭，土地革命、思想革命、文革大革命……

三十年前，就有一位美國的漢學家問我，你們革了一個世紀的命，為什麼還要發動文化大革命？難道你們不厭倦？

厭倦？為什麼要厭倦？

你看看，國家大劇院演的是什麼？人民廣場唱得是什麼？電視臺播的是什麼？官書上寫的是什麼？二○○○年上演的《切・格瓦拉》是個活生生的例子。這部「為窮人說話」的話劇，把小劇場變成了大廣場，把一個「紅色話劇」變成了席捲全國的「紅色風暴」。電視轉播，各地邀請，媒體熱議……血脈賁張的觀眾，給編導寫來了無數熱情洋溢的信。清華大學教師徐彥輝給張廣天（此劇的導演之一）的信，值得一說。首先他向張介紹了自己的經歷和變化：他生長在遼寧農村，父母都是無權無勢的農民。從懂事起，他「就看不慣不公平的事，看不慣當官的欺侮窮人，搞不懂為什麼父母拼命幹活而收入卻遠遠低於那些什麼也不幹的人，更對貪官污吏恨之入骨。」上大學後，讀書多了，眼界開闊了，小資情調濃了，對勞動人民的關心少了。然後，他告訴張，這個劇給他的教育：「他告別了過去的生活，走上『革命』的第一步，也完成了人生的一次回歸。」回歸之後怎麼辦呢？他告訴張廣天，「我們要站在勞動階層一邊，而且更重要的是我們要忠於自己的信仰，我們要

1　解璽璋《梁啟超傳》下，頁333。

有行動。」什麼行動呢？除了參軍打仗之外，這位中共黨員、生物學博士的回答是「薪」和「釜」：革命的薪，「燃燒自己，短暫的生命投入到革命中。」革命的釜，「理想如同深潭之水，不會遇到大風就起波瀾，能夠忍受烈火的煎熬。」[2]

徐彥輝是清華生物系博士，一九九八年加入中共，曾經做過生物系的團委書記，在看戲的時候，即將擔任四個班的政治輔導員。他告訴張廣天，那天，他帶了生物系六十多個同學看了這部劇，他很希望張來校與同學和黨員座談。「為了擴大影響，我們幾個人做了一塊大宣傳板。」[3]

張廣天在回信中諄諄教導這位教師：「我相信，時代的事實會教育越來越多的勞動子弟回到本階級的立場上來，而且擦乾革命先輩的血跡，接過他們的槍，重新奔赴戰場。……只要時代需要，做革命的薪釜都在所不惜，犧牲在勝利之前，永遠是不可避免的。」[4]

血、槍、戰場、犧牲……革命在新生代的心中生根發芽。是啊，社會不公、貧富分化、官僚專制……哪裡有壓迫，哪裡就有反抗，用文革時的話講：革命有功，造反有理。

這種情緒、情感，梁啟超當年所見多矣。然而，他仍舊沒有選持革命。因為一、革命必施以暴力，引發戰爭，暴力戰爭會殃及無辜，令百姓塗炭。二、革命會誘發暴民，暴民會破壞社會秩序，造成國家分裂，列強乘機瓜分中國。三、革命以暴易暴，革命成功之後，還要靠暴力維持，形成惡性循環。四、條件不成熟。「人民程度，增進非易，恐秩序一破之後，青黃不接，暴民踵興，雖提倡革命諸賢，亦苦於收拾。」

2 劉智峰編《〈切．格瓦拉〉的反響與爭鳴》北京，中國社科，頁166—167。
3 同上，頁167。
4 同上，頁168。

梁啟超如此惡毒且系統地反對革命，在革命成功之後，自然沒有好果子吃。不說史書，就說影視。電視劇《走向共和》中的梁啟超成了一個跳樑小丑。電影《建黨大業》裡，他成了袁世凱的跟班。蔡鍔護國討袁被大書特書，而他這個主謀卻連提都不提。

其實，梁啟超也不是生下來就反對革命，反對破壞，曾幾何時，他也是個高談破壞，倡導革命的激進派。

他在主政《清議報》的時候，就發表了很多鼓吹革命和民權的文章。戊戌變法失敗之後，他逃亡日本，更大談革命，並把「破壞」譽為「天下第一美德」：「今日之中國，積數千年之沉疴，合四百兆之痼疾，盤踞膏肓，命在旦夕者也。」怎麼辦呢？他開出了這樣的藥方：「故破壞之藥，遂稱為今日第一要件，遂成為今日第一美德。」一八九九年，在東京辦高等大同學校時，他和他的學生們「天天摩拳擦掌要革命。」[5]他曾夫子自道：「當時承團匪之後，政府瘡痍既複，故態旋萌，耳目所接，皆增憤慨，故報中論調，日趨激烈。壬寅秋間，同時複辦一《新小說報》，專欲鼓吹革命，鄙人感情之昂，以彼時為最矣。」[6]

孫中山到了日本，康有為害怕，躲著不見。梁啟超不怕，非但不怕，還對孫「異常傾倒，大有相見恨晚之慨。」[7]有一次，二人在屋裡大談革命，梁啟超的女兒梁令嫻在隔壁聽見，以為他們吵起來了，跑過去一看，「見其父來回度於室中，孫先生則倚床而坐，各敘所見，狀至融洽。」[8]

5 解璽璋：《梁啟超傳》上，頁274。
6 同上，頁137。
7 同上，頁296。
8 同上。

本著愛吾師，更愛真理的精神。他在給康有為的信中直抒己見：「滿廷之無可望久矣，今日日望歸政，望復辟，夫何可得？即得矣，滿朝皆仇敵，百事腐敗已久，雖召吾黨歸用之，而亦決不能行其志也。先生懼破壞，弟子亦未始不懼，然以為破壞終不可得免，愈遲則愈慘，毋寧早耳。」（解著上冊，一三七）

梁啟超不但說，還要做。革命、破壞，知行合一。

他與孫中山商議維新派與革命黨合為一黨，孫為會長，他為副會長。

他配合唐才常，組織和領導了自立軍的武裝勤王運動，並在最危急的時刻準備親赴前線。

為了反對袁世凱稱帝，他赤膊上陣，成為蔡鍔的護國之役的「黑後臺」。

儘管如此，當他到美國考察之後，還是告別了革命，回到改良。一九〇三年是梁思想轉變之年。黃遵憲的「守漸進主義，以立憲為歸宿」成了他的宗旨。

梁啟超思想轉變，得力於他的對歐美各國歷史和現狀的考察，也得力於康有為和黃遵憲的勸說。

康有為是革命的天敵，他對革命的觀察和人性的體悟，超過梁啟超。請看他給革命開的罪狀：第一、革命以惡為善，虛偽騙人。「言革命者，必謂非經大殺戮，不能得大安樂。故殺人數萬萬，乃其本懷，原不足動其心。然使殺之而必能救中國猶可也，然自相殘殺，剪其種族數萬萬，乃其本懷。」康看得很清楚，如若披上革命的華服，天下最大的惡——殺人，就會成為積德行善的理由。赤地千里，不過是進入人間天堂的門票；死上幾千萬，不過是交給主義的學費。第二，革命是改朝換代，新瓶舊酒。「能以革命成大事之人，其智術必絕倫，又必久擁兵權者。中國梟雄積於心腦者，人人有漢高、明太之心。」因此，康認為，即使革命成功，也不過是「李自成之入燕京，黃巢之破長安，且為劉、項之入關中矣。」康預見到，革命領袖一定是權術、兵權兼備的梟雄，這種人嘴上說的是為人民服務，心裡想的是當皇帝，搞獨裁。「假令革命果成，則其魁長且自為君主，而改行壓制之術矣。」[9]

李澤厚稱讚康有為富有遠見，選擇了英國式的改良，以避免革命破壞。[10]但他也只預見到了革命會拿活人祭祀，不曾預見到還會革到死人頭上——青島的紅衛兵會把他的屍骨從棗兒山的墓地裡挖出來，放到翻斗車裡遊街示眾。他的顱骨上還會被貼上「中國最大的保皇派康有為的狗頭」的紙條，供人欣賞。梁啟超逃過了這一劫——賀鵬飛率領的北京紅衛兵只拆了清華的二校門，沒想到挖一挖清華「四大臺柱子」之一、老牌反革命梁啟超的墓。在「破四舊」上，清華大學的紅衛兵遠不如青島的小將們堅決徹底。

梁啟超生前身後，最遭人詬病的是他的多變善變。譚人鳳說他：「反覆無常，甚至賣朋友，事仇讎，叛師長，種種營私罔利行為，人格、天良兩均喪盡。」李肖聃說他「曲學阿世，且忍獻媚小生，隨風而靡。」連胡適也對他的善變頗有微詞。[11]

這些人，包括胡適，都忽略了清末民初的複雜情勢，沒有體悟到改良在兩硬的夾縫中求存之艱。在中國，保守易，革命易，改良難。保守派有政府，有國家機器，足以逞威於一時。革命派有群眾，有槍桿子，搞暗殺，搞暴動、搞起義，辦法多多，實在不行，還可以武裝割據。改良派上無國家機器，下無群眾武裝，有的只是一支筆，靠的只是開明士紳，中產階級。能做的只是辦報辦學，普及新知，啟迪民智，其所作所為，全是長久才能生效的文化軟實力。儘管從長遠上講，這軟才是命脈，才是根本。但是，即使武昌首義的成功，與梁多

---

9 同上，頁140。

10 《告別革命》，頁138，頁141。

11 解璽璋：《梁啟超傳》下，頁326。

年的啟蒙有大關係，但是槍桿子不認他的賬。梁啟超選了一條最難的路。這條路，讓他腹背受敵，兩頭作戰，既要反對康有為的保皇，袁世凱的稱帝，孫中山的革命。又要從中尋找共同點，試探與他們合作的可能。在現實之中，筆桿不抵槍桿，改良不敵保守，不敵革命是明擺著的。在兩硬之中，梁啟超要想在政治上有所作為就得不斷地調整自己的立場。這就意味著，梁必須善變多變，必須「不憚以今日之我與昔日之我挑戰」，否則他就無法堅守改良。鄭振鐸說得好，梁變的是方法，不是宗旨。

李澤厚看到了改良的深遠意義：「革命可說是一種能量消耗，而改良則是一種能量積累，積少成多，積小成大，看來似慢，其實更快。」因此，他也最體會改良之艱：「實際上改良更加複雜，更加艱苦，更需要耐心，更需要毅力，更需要意志。作改良家不像作革命家，只要一腔熱血視死如歸就行了。改良者需要更多的知識、經驗和學問，要作許多更瑣碎、更麻煩的工作……改良者需要與自己憎惡的人對話、協商、妥協、退讓，需要和自己不喜歡的人打交道交朋友，這非常不容易。」[12]

當下的改革正如當年的改良，如果一定要把它說成革命的話，那它革的就是暴力革命、階級鬥爭的命。改革是漸進，需要的是點滴進步，積少成多。不是躁動激進，一蹴而就。對於富於革命傳統的中國來說，改革是一個全新且艱難的課題，它意味著告別過去的思想傳統和文化資源，建立新的傳統，尋找新的資源。而梁啟超和他堅守的理念、事業正是這一資源中最可寶貴的部分。七八年前，還沒調到北大的焦國標給我看他寫的三十集電視連續劇《梁啟超傳》，憤然於沒人投資。如果主流話語仍舊把梁看成了拉歷史倒車的人物的話，就算有人投資，他的劇本也無法通過。

革命需要思想動員，《白毛女》讓戰士們血脈賁張，陳強演的黃世仁差點死於憤怒的子彈。改革拿什麼

12 《告別革命》，頁72。

動員？還是你死我活，還是陳勝吳廣，還是劉文彩、收租院嗎？沒有新的，舊的就會復活。社會不公、兩極分化、貪贓枉法的現實將這復活的階級鬥爭化成了這樣的詩句：「啟航，啟航，前往陳勝吳廣大澤鄉，前往斯巴達克角鬥場，前往昨天今天的三條石，前往姓張姓李收租院，……前往巴黎公社戰士最後倒下的地方。」《切・格瓦拉》以其感人的激情，呼喚著高校師生、呼喚著下層民眾，呼喚著下一輪暴力革命，下一輪你死我活。《切・格瓦拉》讓我們看到了這本書的現實意義。

然而，為梁啟超翻案困難重重。半個世紀以來的教育灌輸「使得幾代人都喪失了正確理解和認識梁啟超的能力。」作者則這喪失能力者之一，因此，他寫這本書，首先要戰勝的自己：「在我的意識裡，有太多的與梁啟超的思想和主張不能相容的東西，這些東西常常在我閱讀、思考梁啟超的時候跑出來，提醒我別忘了它的存在。……這是很痛苦的一件事，因為對革命的崇拜和嚮往對我來說幾乎是自青少年時代形成的、滲入骨髓的一種情結，一種詩意的想像，清除它猶如刮骨療毒一般。」[13]

正是經受了刮骨療毒般的痛苦，作者的有了如下的感悟：「如果說寫作《梁啟超傳》讓我有所收穫的話，那麼，最大的收穫就是在現實情感、社會政治、思想理念等層面對革命進行了深入的再思考，使自己能在當下中國紛亂複雜的現實中找到一種比較理性的立場。有朋友開玩笑說，因為寫作《梁啟超傳》，我變成了一個文化保守主義者。」[14]

---

13 《坦白與交待——回想〈梁啟超傳〉的寫作》，2012年8月29日。

14 同上。

從激進到理性，由革命而保守，不限於作者，不限於中國。蘇聯劇變後，曾經被列寧斥為「自由派蠢豬」的「路標派」，成了民眾的「先知教誨」。其代表人物別爾嘉耶夫在他的故鄉得到重新肯定，[15]當年的紅色兄弟們不約而同地認識到，除了革命之外，似乎還有別的路可走。

任公歸來否？問誰人，衣冠零落，浩歌曾有？少年中國多寂寞，可惜紅肥綠瘦。又目斷，幾家逐臭，我最憐君聞雞舞，到如今，不見經綸手。平生事，難回首。秋涼此夜驚雷吼，莽神州，江山萬里，牛奔馬走。尚有先生文章在，只把心魂相守。多少事，休說依舊，整頓乾坤終未了，夕飲冰，吾其內熱歟，英雄淚，杯中酒。（《金縷曲・梁啟超歸來》）

這是作者為此書填的詞。任公歿後八十年，悄然來歸。全憑作者四年來的中宵起舞和殫精竭思。他才以其卓越的工作讓我們重新認識了改良與革命，重新認識了梁啟超。任公的啟蒙事業，後繼有人。

15 金雁《顛倒紅輪》，頁133—135。

# 跋

臺灣中研院近代史所邀請我去訪學，各種證件者齊了，包括臺灣移民署開來了「入臺許可證」。我在國臺辦和小西天（我所在的研究中心）之間跑了Z次之後，終於得到了一個確切的結果——人家壓根不想讓我去。沒有功夫鬱悶，我要出這本書。校對之際，看到莫言答記者問。想起了幾年前填的《山坡羊》：

一

今日如豬，昨天似鼠。
由鼠變豬朕做主。
讀書人，毛焉附？
洗罷腦筋大鍋煮。
嘴上了嚼子頭上了箍。
生，心為奴。
死，魂為仆。

二

求真是禍，造假是福。
梁效朝霞沒入土。
文史哲，中藥鋪。
售與官商壯陽術。
著書立說都換了祿。
老，也媚骨。
少，也媚骨。

文人過去是臭老九，現在是香餑餑，從過街鼠一變而為座上賓。地位、身分變了，可角色、心思沒變。當初，梁效為主流而寫，《朝霞》為主流而辦，投稿人為主流而作。現在呢？人們不也是圍著主流轉嗎？不同的是，如今的主流不光有官，還有商；如今的文人不光拿政府的獎，還能拿洋人的獎。以學術、文藝換來的，就不光有名，還有利。說他們一身媚骨，「生為奴，死為仆」並不算冤。

感謝秀威的主編蔡登山先生，沒有他的慧眼，此書不可能問世。感謝本書的責編蔡曉雯女士，她的敬業精神給我留下了深刻的印象。

作者謹識于
北京櫻花園
二〇一三年一月四日

血歷史47　PC0294

新銳文創
INDEPENDENT & UNIQUE

# 錯亂狂飆的毛時代

作　　者　啟　之
主　　編　蔡登山
責任編輯　蔡曉雯
圖文排版　彭君如
封面設計　秦禎翊

出版策劃　新銳文創
發 行 人　宋政坤
法律顧問　毛國樑　律師
製作發行　秀威資訊科技股份有限公司
114 台北市內湖區瑞光路76巷65號1樓
電話：+886-2-2796-3638　傳真：+886-2-2796-1377
服務信箱：service@showwe.com.tw
http://www.showwe.com.tw
郵政劃撥　19563868　戶名：秀威資訊科技股份有限公司
展售門市　國家書店【松江門市】
104 台北市中山區松江路209號1樓
電話：+886-2-2518-0207　傳真：+886-2-2518-0778
網路訂購　秀威網路書店：http://www.bodbooks.com.tw
國家網路書店：http://www.govbooks.com.tw

出版日期　2013年4月　BOD一版
定　　價　440元



**Printed in Taiwan**

國家圖書館出版品預行編目

錯亂狂飆的毛時代 / 啟之著. -- 一版. -- 臺北市：新銳文創, 2013.04

面；　公分. -- (血歷史；PC0294)

BOD版

ISBN 978-986-5915-65-0 (平裝)

1. 文化大革命　2. 中國史

628.75　　102003274

# 讀者回函卡

感謝您購買本書，為提升服務品質，請填妥以下資料，將讀者回函卡直接寄回或傳真本公司，收到您的寶貴意見後，我們會收藏記錄及檢討，謝謝！

如您需要了解本公司最新出版書目、購書優惠或企劃活動，歡迎您上網查詢或下載相關資料：http:// www.showwe.com.tw

您購買的書名：＿＿＿＿＿＿＿＿＿＿＿＿＿＿＿＿＿＿＿＿

出生日期：＿＿＿＿＿年＿＿＿＿＿月＿＿＿＿＿日

學歷：□高中（含）以下　□大專　□研究所（含）以上

職業：□製造業　□金融業　□資訊業　□軍警　□傳播業　□自由業

□服務業　□公務員　□教職　□學生　□家管　□其它＿＿＿

購書地點：□網路書店　□實體書店　□書展　□郵購　□贈閱　□其他

您從何得知本書的消息？

□網路書店　□實體書店　□網路搜尋　□電子報　□書訊　□雜誌

□傳播媒體　□親友推薦　□網站推薦　□部落格　□其他＿＿＿＿＿

您對本書的評價：（請填代號　1.非常滿意　2.滿意　3.尚可　4.再改進）

封面設計＿＿　版面編排＿＿　內容＿＿　文／譯筆＿＿　價格＿＿

讀完書後您覺得：

□很有收穫　□有收穫　□收穫不多　□沒收穫

對我們的建議：＿＿＿＿＿＿＿＿＿＿＿＿＿＿＿＿＿＿＿＿

＿＿＿＿＿＿＿＿＿＿＿＿＿＿＿＿＿＿＿＿＿＿＿＿＿＿

＿＿＿＿＿＿＿＿＿＿＿＿＿＿＿＿＿＿＿＿＿＿＿＿＿＿

＿＿＿＿＿＿＿＿＿＿＿＿＿＿＿＿＿＿＿＿＿＿＿＿＿＿

請貼
郵票

11466
台北市內湖區瑞光路 76 巷 65 號 1 樓

**秀威資訊科技股份有限公司　　收**

BOD 數位出版事業部

..............................................................................................

（請沿線對折寄回，謝謝！）

姓　　名：____________　年齡：______　性別：□女　□男

郵遞區號：□□□□□

地　　址：________________________

聯絡電話：（日）____________（夜）____________

E-mail：________________________